京都を学ぶ 宇治編

―文化資源を発掘する―

京都学研究会編

『山城国宇治郡山科地方図（写）』（山・道・郷と里の概要）

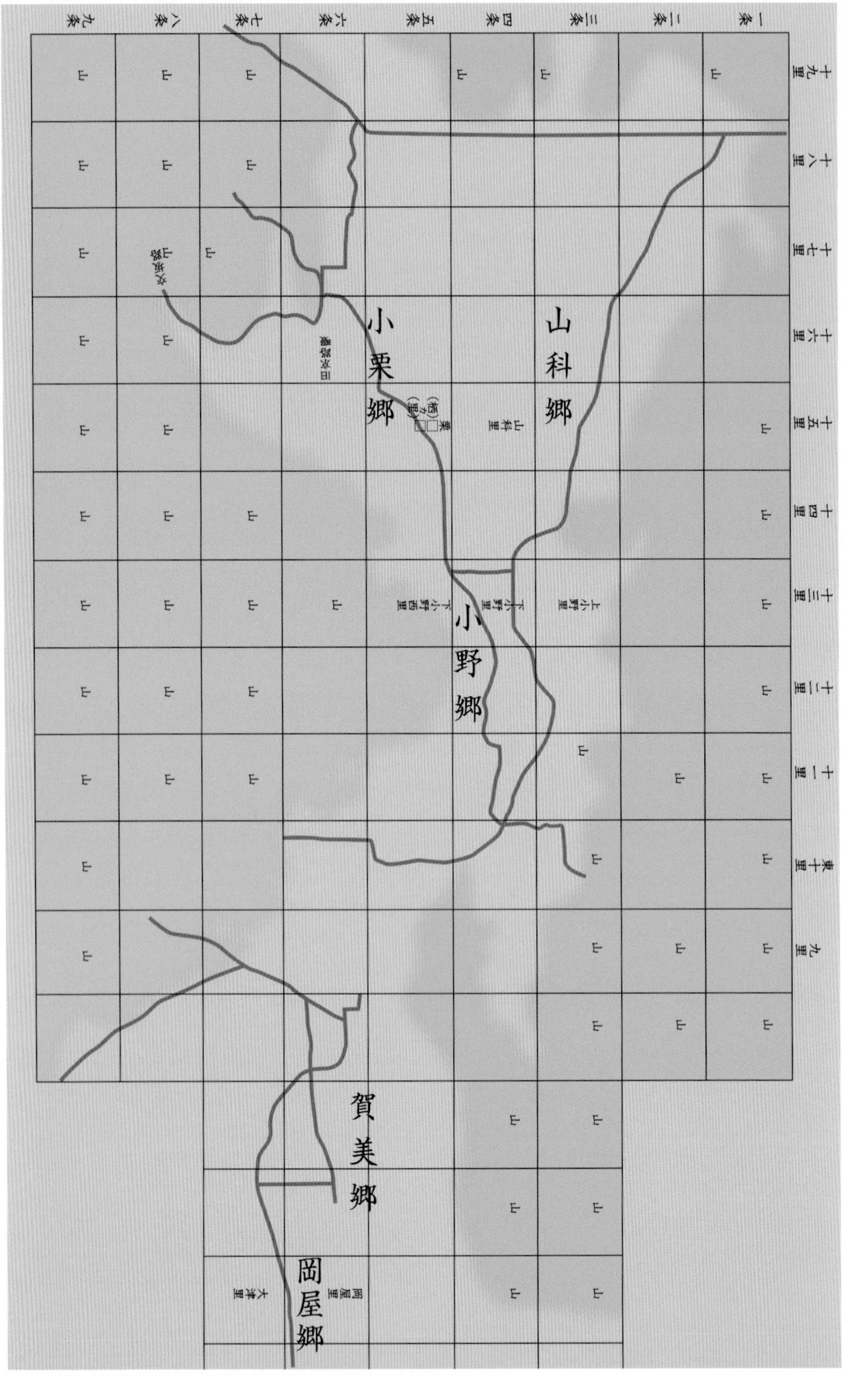

道

はじめに

本書は、「京都の文化資源」共同研究プロジェクトによる七冊目の出版である。このプロジェクトは、京都府立京都学・歴彩館と、京都府内の大学・研究機関との連携によって推進されている。平成二七年度から「洛北編」を第一期として始め、ついで「丹波編、南山城編、洛西編、洛東編、伏見編」とそれぞれの共同研究報告書に取りまとめるとともに、一般書としても刊行してきた。その七期目の出版である。

本書で取り上げた宇治は、平安京以前から『日本書紀』などに登場する要地であった。天武元年（六七二）の壬申の乱の記述には、勢多橋とともに菟道（宇治）橋も登場する。近江の大津宮と大和の飛鳥を結ぶ重要交通路の宇治川渡河地点であった。

ただ、宇治橋の創建については史料に齟齬があり、宇治橋断碑（橋寺放生院）は大化二年（六四六）僧道登によるとし、『続日本紀』は文武四年（七〇〇）の僧道昭の物故記事に道昭による創建と記す。いずれも壬申の乱以前という点では矛盾がないが、創建者名が異なる。

宇治は道路交通の要地であったが、一方で水上交通の要地でもあった。近江から宇治川を下されてきた木材が、下流の池（近世の「大池」、後の巨椋池）とそこへ流入した泉川（木津川）を経て泉木津（木津川市木津）に回漕され、陸揚げされて平城京に運ばれた。

平安時代に宇治は貴族の別業（別荘）の地となり、藤原道長から頼通へと受け継がれた宇治殿は、永承七年（一〇五二）に平等院となった。平等院は後の文明一七年（一四八五）、国人たちの会合の地となり、山城国一揆の発足となったことでもよく知られる。

交通の要衝であった宇治橋付近は、治承四年（一一八〇）以仁王の挙兵に応じた源頼政敗戦の地であり、承久の変（承久三年（一二二一））や『太平記』が伝えるような戦闘の場所ともなった。

宇治はまた、茶所としても著名な地となり、現在に至っている。

本書では、「洛東編」や「伏見編」に含めた宇治郡の北半部や、豊臣秀吉による宇治川の河道付け替えなど、広義の宇治に関わる事象であっても対象としていない部分もあることをご了解いただきたい。

また、本書の各論考は、基礎となった研究報告によりながらも、詳細な資料を割愛し、読みやすい形に再編した部分がある。さらに、冒頭の八世紀の宇治にかかわる節と、コラム五編を加え、宇治のいろいろな側面に言及する機会を増やした。元になった詳細な調査報告をご利用になりたい方は、『令和三年度京都府域の文化資源に関する共同研究会報告書（宇治編）』（京都府立京都学・歴彩館、令和四年九月）をご覧いただきたい。

本書の編集については、京都学・歴彩館長の金田章裕と京都府立大学文学部准教授の上杉和央が担当した。また研究全般ならびに編集全般の進行・調整について、京都学・歴彩館コーディネーター各氏のご協力を得た。本書出版についてはこれまでと同様に、ナカニシヤ出版のご高配を得ることとなった。お礼を申し上げたい。

本書が、宇治の文化資源の発掘とその理解の広がりに、多少なりとも寄与することがあれば、研究会としてこれほど幸いなことはない。

令和四年一二月

京都学研究会代表　金田章裕

京都を学ぶ【宇治編】——文化資源を発掘する——

目次

目次

写真●大扉／宇治橋から上流を眺める
目次／大吉山からの宇治市街の眺望

宇治編 概略図

名神高速道路
京阪京都線
地下鉄東西線
伏見区
藤森駅
JR奈良線
醍醐寺境内
醍醐山
千
伏見桃山陵
丹波橋駅
六地蔵駅
京都府
桃山駅
中書島駅
滋賀県
近鉄京都線
黄檗駅
五雲峰
笠取 IC
宇治西 IC
京滋バイパス
巨椋 IC
宇治東 IC
喜撰山
山 JCT
宇治駅
小倉駅
平等院
宇治川
宇治市
新田駅
大峰山
城陽駅
城陽 IC
城陽市
宇治田原町
城陽 JCT

Ⅰ 宇治橋・宇治川・宇治別業

◎八世紀の宇治
◎平安時代の宇治と藤原氏別業
コラム1　平等院が表現する極楽浄土の景観
◎宇治を描く
―『源氏物語』・歌枕・名所図―
コラム2　変化《へんげ》する宇治の橋姫

I

宇治橋・宇治川・宇治別業

八世紀の宇治

金田章裕

山背国宇治郡と久世郡

宇治（菟道《うじ》とも）の名称は、山背（後に山城）国では非常に早くから文献に現れる。『日本書紀（応仁紀・垂仁紀など）』には、「菟道野、菟道河」といった地名や「菟道稚郎子《うじのわきいらつこ》」といった人名が記されていることもよく知られている。これらの記事は、桓武天皇による延暦三年（七八四）の長岡京への遷都や、その一〇年後の平安京への遷都のはるか以前である。

長岡京以前の平城京（七〇七〜七八四年）の時代ごろ、宇治にはすでにいくつもの重要施設があり、人々によく知られた場所であった。後においても宇治はさまざまな事象の舞台となるが、その前段階でもあった八世紀ごろの宇治について眺めるのが本章の目的である。

八世紀からは随分時代が下がるが、近世～近代初期には宇治川の谷口付近一帯が、宇治郷と称され山城国久世郡の一部であり、茶業の中心であった宇治の市街が出現していた。その様相は、巨大で詳細な（縮尺ほぼ六〇〇分の一）「宇治郷総絵図」（宇治市歴史資料館蔵、享保七年（一七二二）～延享二年（一七四二）ごろ作製）に詳細に描かれている。この時期の宇治郷は、東北を三室村、北を槇嶋村、東南を白川村、西を小倉村に囲まれた領域であった。

近代に入って明治一四年（一八八一）、この久世郡宇治郷内の中心部を宇治町と改称、周辺部を宇治郷とした。同二二年には、この宇治町・宇治郷と白川村が合併して町村制の宇治町となり、宇治郷はその大字となった。同二四年製版の二万分の一仮製地形図には、図1のように宇治川西岸に「宇治町」が記入され、東岸に大字に相当する「宇治郷」が、南に「白川村」、北に「槇島村」の記入がある。

八世紀に戻りたい。近世・近代初期に宇治郷が属した久世郡は、天平一三年（七四一）の東大寺奴婢帳に綴喜《つづき》郡・紀伊郡・乙訓郡とともに記され、宇治郡もまた、天平二〇年の同郡賀美郷の家地売買券に大領（郡司の長官）以下の判が郡司の署名とともに記されている。さらに山背国内において、久世郡から北や南に離れた、愛宕《おたぎ》郡・葛野郡・相楽郡なども八世紀の文書に記されているので、八世紀にはすでに、山背国の郡はすべて存在していたことになる。

さらに天平一五年には久世郡弘福寺（川原寺）領の所在地が、「路里十七口利田二段七十二歩」などと表記されている（「弘福寺田数帳」）例が知られる。この表記は、「二段七十二歩」の同寺領田が、「路里」と称する里の「十七」坊（平安時代以後の「坪」に相当）にあたる「口利田」と称する小字地名的名称の区画に存在したことを意味し、里の列を示す「条」の記載はないが、条里プランによって土地の所在を表現した初見例である。

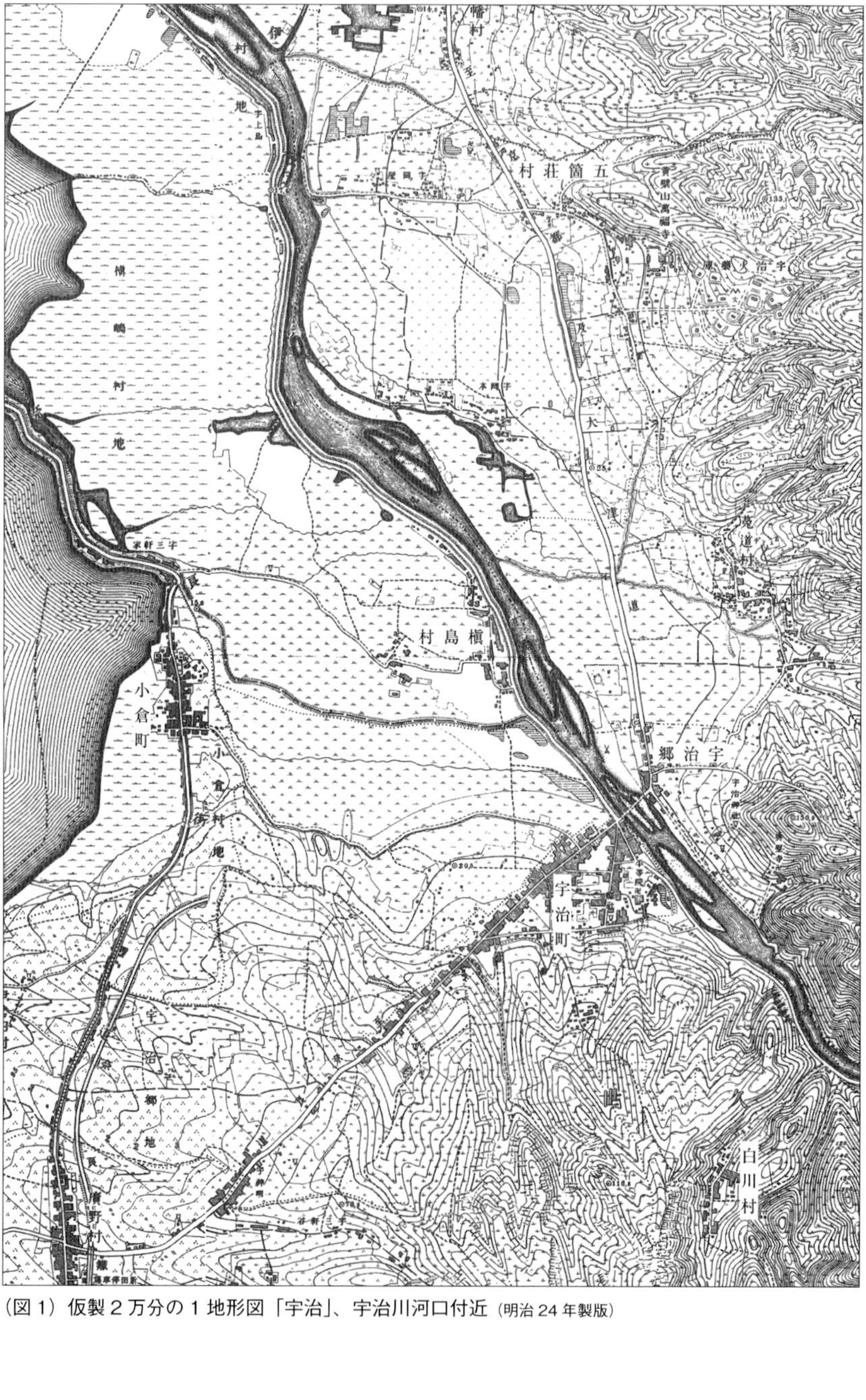

（図 1）仮製２万分の１地形図「宇治」、宇治川河口付近（明治 24 年製版）

八世紀中ごろには、久世郡のみならず各国において郡ごとに碁盤目状の土地区画を設定し、条里プランが整備されたことが知られる。条里プランは、「条（里が並んだ帯状部分）」—「里（面積三六町の正方形）」—「番号＋坊、または番号＋小字地名的名称（面積一町（一・二ヘクタール）の正方形）」によって所在地を表現する土地表示法である。国単位で条里プランの整備が行われたことが知られるので、久世郡と同じころに他の山背国各郡でも、条里プランが整備されたものであろう。

二つの宇治郷

少し時期は下がるが、『和名類聚抄』（源順編、延喜一一年（九一一）～永観元年（九八三）成立、以下『和名抄』）は、久世郡と宇治郡の両方に「宇治」郷が存在したことを記している。ただし、代表的な写本の一つである高山寺本には久世郡に宇治郷が記載されていないので、久世郡宇治郷の存在を疑問視する見解もある。しかし、比較的近年発見された名古屋市博物館本にも久世郡宇治郷の記載があり、それが実在した可能性が高いとみられる。まずこの点について検討しておきたい。

『和名抄』所載の郷名は池邊《いけべ》彌《わたる》によれば、九世紀前半ごろの状況を示しているとされている。すでに述べたように近世以後では、宇治川谷口の両岸が久世郡宇治郷であり、宇治の中心市街は西岸であった。先に久世郡弘福寺領の所在地の表現が条里プランによっていたことに触れたが、条の記載がないのでこの史料のみでは、久世郡条里プラン全体の復原ができない。

これについて谷岡武雄は、現存地名や条里プランの坪並などを勘案し、久世郡の条は宇治橋西畔から一条が始まって西へ数え進み、里は南の山麓ないし南の綴喜郡との郡界から北へ数え進む様式であったと推定した。

宇治郡の場合には、「山科地方図（写し、山科郷古図とも）」（口絵参照）と称される平安時代ごろの古地図が、同郡の条里プランを表現している。それによれば条は山科盆地北東隅から西へ数え進み、里は郡の南から北へと数え進んでいる。一～四里部分は欠損しているが、宇治川谷口の宇治橋東畔付近から一里が始まって北へ数え進んでいたことが知られ、山科盆地北端付近が一九里となる。久世郡における推定と同様のパターンの条里プランであった。

同図に表現された条里プランの五里には「岡屋里」、七里には「上堤田外里」、北半の山科盆地には「上・下小野里（一二里）」、「山科里（一五里）、栗栖里（一五里）」などの里名が記載されている。里の数値からして、これらが全体として南から北へと分布していることも知られる。

一方『和名抄』宇治郡には、「宇治、大国、賀美、岡谷、余部、小野、山科、小栗《おぐるす》」郷が記載されている。これらは、先に述べた宇治川東岸の宇治郷、賀美郷（前述の家地売買券の「上堤田外里」が同郷内）をはじめ、山科地方図に表現された岡谷里、上・下小野里、山科里、栗栖里などと合致する（口絵参照）。

この対比によっても大国・余部の二郷の所在地は不明であるが、余部郷は郷の前身であった「里」の編成に際して、戸数を基準としたことによって生じた端数に由来したもので、もともと実態がわかり難い単位であった。いずれにしろ宇治郡に宇治郷があったことには、同一名称の郡と郷の存在の例が多いことからしても疑問がないであろう。

このように宇治郡は宇治川谷口から北へ広がり、久世郡はそこから西に広がっていた。両郡を分かった宇治川の谷口の両岸付近に、両郡それぞれの宇治郷があったとみるべきであろう。しかも、両者をむすんだ宇治橋も早くから存在した。

宇治橋

宇治橋はまず、『日本書紀』天武元年（六七二）に「菟道守橋者《うじのはしもり》」として見える。宇治川の渡河地点は当時、すでに旧大津宮のあった近江と、飛鳥・藤原の宮地の大和をむすぶ要地であった。「守橋者」の実態は不明であるが、橋の存在を示していることは間違いない。

宇治橋の創建については、橋寺放生院（定光寺）境内に建てられている「宇治橋断碑」と、『続日本紀』の僧道昭（照）の物故記事に記されているが、両者は内容に違いがある。

宇治橋断碑は寛政三年（一七九一）に石碑の上方三分の一ほどが発見され、これを尾張の人小林亮適が『帝王編年紀』収載の銘文によって復原したものとされる。この碑文によれば、宇治橋は大化二年（六四六）、僧道登によって初めて造られたとする。

一方『続日本紀』は、文武天皇四年（七〇〇）に掲載された道昭の物故記事中に、宇治橋を道昭の造橋と記す。この相違や、両説についての検討はそれぞれになされているが、ここでは立ち入らない。いずれにしても七世紀中ごろのことであり、天武元年（六七二）に「守橋者」の記事が見える以前であることを確認しておきたい。宇治橋は、近江―大和をむすぶ道が宇治川を渡る要地に架けられたことはすでに述べたところである。

一方、宇治川上流の瀬田川と呼ばれる部分において、琵琶湖から流出してすぐ下流に架けられた勢多橋もまた、『日本書紀』の宇治橋と同じ記事中に「瀬田」の「橋の西」に近江朝軍が展開していたとして記載されている。さらに、八世紀ごろの勢多橋の橋脚（現・瀬田唐橋の少し南、琵琶湖博物館管理）が発見されており、宇治橋と同様に八世紀の文書にも「勢多橋」としてしばしば登場する。宇治橋と勢多橋は類似の起源を有していたものであろう。

勢多橋は大津宮から東へ向かう、後の平安京からの東山・東海道に相当する主要道の瀬田川渡河地点への架橋であった。発見された旧勢多橋の橋脚の位置は、近江国府の南へと向かう、八世紀の東山道の位置と東西に直線で並ぶ。

これに対して宇治橋は、大津宮から大和へ向かう、後の平城京からの東山・北陸道に相当する主要道の宇治川渡河地点への架橋であった。宇治橋・勢多橋ともに、七世紀後半以来の主要道であった東山道に相当するルート上の渡河地点に課された橋であったことを確認しておきたい。

宇治橋は、宇治川谷口のすぐ下流側、現在の宇治橋付近に架けられていたとみられる。その理由は宇治橋が、現在宇治橋通と呼ばれるほぼ直線の街路（八世紀の東山・北陸道と推定される）の延長上に位置することであり、勢多橋と同様の立地状況であるからである。ただし、この道が中世以後の建設であるとの考察もある。

宇治川

現在の宇治川は、谷口から宇治橋を経て北西へ流れ、さらに一旦北へ向かい、再び北西へと方向を変えて、伏見の南側を西南西へと向かう。この流路が開削されたのは文禄三年（一五九四）のことであり、豊臣秀吉が前田利家に命じた宇治川河道付け替え工事の結果であった。

新河道はその後、何度も破堤して洪水を引き起こし、例えば「上州久世郡槇島村」絵図（宇治市歴史資料館蔵）には、槇島村集落の西南一帯に、安永元年（一七七二）の「堤切、石砂入兼堤切ヶ（箇）所」が描かれて、破堤箇所と石砂の堆積状況が示されている。さらに集落西北部の堤防の西脇には、「堤切、渕成、石砂入」と、破堤と洪水による掘り込みと馬蹄形状の石砂の堆積状況（濃尾平野ではこのセットが「押堀《おっぽり》」と呼ばれる）が描かれている。

新河道の堤防はこのように破堤して洪水をもたらし、その度に修復を重ねているが、河道付け替えの際に築造された「太閤堤」と呼ばれる堤防遺構も検出され、文化財に指定されている。

宇治川はそれ以前、付け替え以後のような一本の河道ではなかったであろうが、現在は干拓されて消滅した巨椋《おぐら》池（近世には「大池」）へと直接流入していたのである。八世紀の明確な記録はないが、宇治橋の下流から、槇島村の集落との中間付近を西北西に流れ、巨椋池に半島のように突き出た小倉《おぐら》村（中世には巨椋荘）の集落部分を迂回した河道が主流であったと思われる。

宇治川河道付け替え以前の天正元年（一五七三）、織田信長が擁立した将軍足利義昭が、信長に反旗を翻して槇島城に拠った。宇治橋はこの当時失われていたようであり、天正七年に信長自身が「宇治川平等院の前に」架橋を命じている（『信長公記』）。

槇島城に対して出陣した信長軍の宇治川渡河の状況は、『信長公記』によれば次のようであった。信長軍の一手は「平等院の丑寅（北東）」から宇治川を渡り、「平等院の門前へ打ち上が」った。

本隊は「五ケ庄前川を西向きに」渡河して「中島」に達し、「暫し人馬の息をつかせ、其の後真木嶋へ」、

「南向に旗首《はたがしら》を揃へ」とある。槇島東北方の五ケ庄から西に渡河して中島に渡り、そこから南へ向かって槇島城に達したと記されている。

槇島城の位置は正確には知られていないが、『宇治市史』は槇島集落の西部と考えている。槇島のほかに、その北側に中島と記された中洲があったことになろう。槇島・中島の二つの中洲とも、宇治川の分流に囲まれた状況であったことになり、宇治川はいくつかに分流して巨椋池の東端に注いでいた、とみられる。

大規模な人工的改変が加えられていなかった八世紀においても、類似の状況であったと考えるべきであろう。巨椋池西端の淀付近には、北から鴨川と桂川が、南から木津川（古代には泉河）が流入し、また、淀川が流出していたことになる。

宇治津と宇治使

平城京への各種木材が、琵琶湖岸の「小川津」や瀬田川河畔の「石山津」から、宇治を経て木津川上流の「泉津」へ運ばれたことは、西岡虎之助の研究以来よく知られている。

西岡の整理によれば、宇治津から泉木津への「榲榑（杉丸太）」一本の輸送費が「三文（銭三枚）」、「柱」が一八〇ないし二七〇文、「雑材」が一〇・五文などとなっていた（天平宝字六年「宇治使解」『大日本古文書五』）。

このような榑《くれ》（丸太）と、柱（一次加工済の柱材）や雑材（小柱・桁や各種の板）などの輸送費の大きな違いが、筏に組んだ輸送か、舟（ないし筏）積みを必要としたかの違いであろうことはすでに述べたことがある。このことは次のような史料によってさらに明瞭に知ることができる。

例えば天平宝字六年（七六二）に「自勢多橋、間迄宇治橋、漕榑一千材之功食料」と、「桴工《いかだ》」の食料を書き上げた折には、「勢多橋─宇治橋」間の榑材の回漕としている（「造石山院所解」『大日本古文書　五』）。明らかに「漕榑」は「桴（筏）工」によったのである。

さらに注目したいのは、これらの榑の輸送費用を勢多橋から宇治橋としていることである。

一方、同年には「合比木（檜）五枝長一丈五尺、広八寸、厚三寸　薄板参拾枚」を「必進上宇治津」（「土師石国等解」『大日本古文書　五』）と、「宇治津」への回漕期日の約束を記している例がみられる。

宇治橋と宇治津の表現の違いは何を意味するのであろうか。宇治橋と宇治津が同一地点であったのであれば問題とするに当たらない。

宇治橋と記しているのは榑の桴（筏）輸送であり、宇治津と記しているのは檜材・薄板などの雑材輸送であることに注目したい。宇治川を下ってきた（「漕下」と表現）榑の筏はそのまま宇治川を下って巨椋池に入り、さらに木津川を「曳上」て、上流の泉津に至った（天平宝字六年「造金堂所解案」『大日本古文書　一六』）。

これに対し、雑材を積んできた筏あるいは舟は、一旦宇治津に入って積みなおしたものであろうか。この推定によれば、宇治橋は通過地点、宇治津が積み替え地点となる。

この宇治津の位置には不明な点が多いが、先に紹介した「山科地方図」には七条五里に「大津里」が標記されており、これが宇治郡の大津（郡津）の所在を意味している可能性がある。そうであればこの位置は後の五カ庄の西部付近であり、宇治橋から相当離れた位置である。

しかも、輸送費の例として紹介した文書は「宇治使解」、すなわち「宇治使」が「勢多津」から「泉津」へと「漕上」した「功銭」の報告書であり、造石山院が牒（上下関係のない機関への連絡文書）を発した（「造石山院所牒」『大日本古文書　一五』）「宇治司所」と関わりがあるかもしれない。宇治使と同様に木材輸送に関わった「高島山使」解も別に存在するので、これらはいずれも郡司とは別の役職ないし役所であり、郡津（大津）管理に直結するものではない。

いずれにしろ宇治川の木材輸送に関わって、「宇治使」ないし「宇治司所」なる役職ないし役所が設定されていたことは確かである。これはまた、同じく木材を取り扱う高島山使・造石山院所と同格の役職ないし役所であった。

東山道と北陸道

天平一二年（七四〇）一〇月、聖武天皇は「朕意《おもう》ところ有るによりて、（中略）暫し関東に往かん」と平城京から東国（伊賀・伊勢・美濃・近江）に行幸し、恭仁宮（京都府木津川市加茂町）に入って「京都」とした（『続日本紀』）。

この行幸の行程は、近江国では坂田郡横川頓宮、犬上郡犬上頓宮、野洲郡野洲頓宮と東山道を南にたどった。天平一二年一二月一一日には、近江国志賀郡「禾津《あわづ》頓宮」（大津市膳所）に至り、翌々一三日「志賀山寺」に詣でた。一四日には、禾津頓宮から山背国相楽郡玉井頓宮に至り、その翌日、恭仁宮に至った。

禾津頓宮から玉井頓宮へも東山道をたどったとみられ、逢坂山を越えて山科盆地に入り、宇治郡の東の山麓を経て南へ向かい、宇治橋を渡ってさらに西南へと向かったものであろう。天皇行幸は宇治を通過した官道をたどって進んだことになる。

ところで、聖武天皇の皇女が践祚《せんそ》した孝謙は、いったん淳仁天皇に譲位の後、上皇（高野天皇とも）として近江国に「北京（保良宮、保良京とも）」の造営を開始した。天平宝字五年（七六一）一〇月一三日、ほぼ完成した保良宮に行幸したが、わずか七か月ほどして同六年五月二三日平城京に戻った（『続日本紀』）。保良宮は勢多橋の西方にあり、その京域の少なくとも一部は、田原道と称される瀬田川東岸の道沿いに発見・調査された関津遺跡（大津市関津）の道路・邸宅跡であったと考えられる。

これより先、藤原仲麻呂は聖武天皇の恭仁京・紫香楽宮の造営にも強く関わっていたが、孝謙天皇・上皇の下でさらに権勢を強めた。大納言・中衛大将、紫微中台長官、大保（右大臣）、大師（太政大臣）を歴任、また橘奈良麻呂の変を未然に防ぐなどと活躍し、恵美押勝と改名した。しかし、孝謙と結んだ道鏡の排斥に失敗して政変の企てが発覚し、天平宝字八年（七六四）、自身が近江守を兼ねていた近江国府へ向かって平城京を脱出した（『続日本紀』以下同様）。

これを察した孝謙上皇軍は旧保良宮への短絡路であった田原道を経て先回りし、勢多橋を焼いた。近江国府への道が閉ざされた仲麻呂一行は、北陸道を北へ向かったが、子息、辛可知が越前守を務める越前国府へ到達することはなかった。この仲麻呂一行には、少なくとも「精兵数十」と「妻子三・四人」とこれに従う「三四人」が含まれていた。このような、兵に加えて婦女子を擁した一行が平城京から東山道・北陸道を北に進み、さらに宇治橋を経て宇治郡東麓を勢多橋へと向かったことになろう。この官道以外の道をたどったとは考えられない。

仲麻呂一行が進んだのは、聖武天皇の東国行幸とは反対の方向ではあった。しかし、宇治付近の東山道・北陸道は天皇行幸や、権勢者の一行がたどった道であり橋であった。

八世紀の宇治は山背国随一の要衝であったとみられる。

参考文献

◎金田章裕　二〇〇二「近江国府補論」『古代景観史の探究』吉川弘文館

◎金田章裕　二〇一九「南山城の南北交通―「南山城回廊」―」京都学研究会編『京都を学ぶ【南山城編】』ナカニシヤ出版

◎金田章裕　二〇二一『地形で読む日本―都・城・町は、なぜそこにできたのか―』日経プレミアシリーズ

◎西岡虎之助　一九五三『荘園史の研究　上』岩波書店

◎林屋辰三郎・藤岡謙二郎編　一九七三『宇治市史1　古代の歴史と景観』宇治市役所

◎林屋辰三郎・藤岡謙二郎編　一九七四『宇治市史2　中世の歴史と景観』宇治市役所

I

宇治橋・宇治川・宇治別業

平安時代の宇治と藤原氏別業

杉本　宏

はじめに

平安遷都《せんと》からほどなく、宇治には貴族たちの別業《べつぎょう》(1)が造営されるようになる。別業とは、平安京内に住んだ貴族たちが京外に設けた邸宅のことであるが、単なる別邸ではなく政治的・経済的な基盤を構成する施設でもあった。宇治での別業造営は、特に一〇世紀末に、藤原道長《みちなが》が宇治川畔の現在の平等院の場所に宇治別業を構えて以降、彼の一門（御堂流《みどうりゅう》）によって多くの別業や仏堂が建立され、権門《けんもん》都市の様相を呈してゆくことになる。世界遺産「古都京都の文化財―京都市・

（図 1）平等院鳳凰堂（© 平等院）

宇治市・大津市――」の構成要素となっている平等院、宇治上神社は現在に伝えられた、それらを代表する施設でもある。

宇治に、このような別業が求められた理由としては、同じく別業の地であった洛西嵯峨野《さがの》と同様に、都近郊の川と山と平野との境界地として、起伏に富んだ地形と水系とが織りなす風光明媚《ふうこうめいび》さがその基盤にあることは間違いないが、巨椋池《おぐらいけ》の南岸の地としての内陸水運の要衝、あるいは京と南都奈良とを結ぶ陸路の中継地としての便も、こと宇治に関しては大きな要因であったと考えられる。

これら平安期に造営された宇治の別業群は、現在の宇治の都市構造やイメージに大きく影響を与えているものの、その実像は必ずしも明らかとはいえない。ここでは、当時の貴族達の日記等に書かれた別業記事と、発掘調査で見つかった別業遺跡の状況から、藤原氏が造営した別業を中心に素描したい。

平安時代の宇治別業

●平安前・中期の宇治別業

宇治での別業の文献初見は、平安遷都後ほどない『日本後紀』弘仁《こうにん》五年（八一四）にある、嵯峨《さが》天皇が栗前野《くりくまの》の遊猟の帰り、桓武《かんむ》天皇皇子明日香《あすか》親王の「宇治別業」に立ち寄ったというものである。また翌年の記事には、播磨守《はりまのかみ》賀陽豊年《かやのとよとし》が「宇治之別業」で亡くなったとある。薬子《くすこ》の乱後に官職を辞していた賀陽豊年を嵯峨天皇がその才能を惜しんで播磨守に任じたが、三年で病を得て宇治に隠棲していた。彼は古老が語る仁徳《にんとく》天皇と菟道稚郎子《うじのわきいらつこ》皇子が皇位を譲り合った話に心を打たれ、「地下之臣」として陵に葬られることを願い許された人物である。一〇世紀では、藤原忠文《ただふみ》の「宇治山荘」、朱雀《すざく》上皇が遊猟でしばしば訪れた源融《みなもとのとおる》の「宇治院」などを知ることができる。宇治院は、後に幾人かの手を経て平等院へとつながってゆくことになる。

明日香親王や賀陽豊年の宇治別業の場所について具体的に知るすべはないが、嵯峨天皇が遊猟した「栗前野」は、宇治地区の西方、宇治市大久保地区が栗隈《くりくま》郷にあたるため、このあたりの野、すなわち宇治丘陵となろう。そこから都への帰路を考えれば、まさに今の宇治地区に別業があったとみるべきだろう。

宇治市街地のほぼ中央あたりの宇治橋通り沿い（図２の①）で、二〇〇四年に宇治市教育委員会によって発掘調査が行われた。宇治市街遺跡（妙楽《みょうらく》五五）である。以後、妙楽五五邸宅遺跡とする。ここでは、平安前期（Ⅰ期）と後期（Ⅱ期）の二期にわたる園池《えんち》跡と建物跡が見つかっている。遺構面標高は一九メートルほどである。この平安前期遺構について概述しておこう。

平安前期遺構として、調査地中ほどで検出した園池跡（図３）がある。南北七メートル、東西一三メートル以上の「Ｃ」字形の園池である。池全体に小石が敷き詰められ、岸には景石《けいせき》の抜き取りが認められている。埋土からは九世紀後半から一一世紀

（図２）宇治の地形と古道・宇治川及び旧巨椋池想定図（杉本2006に加筆）

後半の土器が出土しており、一二世紀になって埋め立て整地されている（杉本 二〇二二）。この園池遺構が、前述した別業のどれにあたるか、あるいは記録に伝えられていない他の別業に伴うものなのか、現時点では不明というほかないが、この地が平安前期に別業として利用されたことを具体的に示す重要な事例である。

●平等院前身別業と藤原道長

藤原氏が宇治に別業を積極的に造営するきっかけは、藤原道長が宇治に別業を構えたことに始まる。『花鳥余情《かちょうよじょう》』によれば、道長は長徳《ちょうとく》四年（九九八）に病没した左大臣 源 重信《みなもとのしげのぶ》の夫人から宇治別業を手に入れる。源重信は道長の妻 源 倫子《みなもとのりんし》の叔父にあたり、重信夫人は道長の叔母にあたる。この別業は、源融の宇治別業が伝わったものと考えられる。『花鳥余情』によれば、融の没後に宇多《うだ》天皇所領となり「宇治院」と呼ばれたという。その後はよくわからないが、源重信は宇多天皇の孫であり、おそらく伝領されてきたのであろう。

道長が別業を取得した翌年に引っ越しに伴う「移徙儀《わたましのぎ》」があり（『小右記《しょうゆうき》』）、直ちに大規模な造営が行われたことがわかる。その後、道長はこの別業を妻の倫子や息子の頼通《よりみち》、また公卿たちとしばしば訪れることになる。万寿《まんじゅ》四年（一〇二七）に道長が没すると、頼通に伝えられ、そして永承《えいしょう》七年（一〇五二）に平等院へと変貌する。

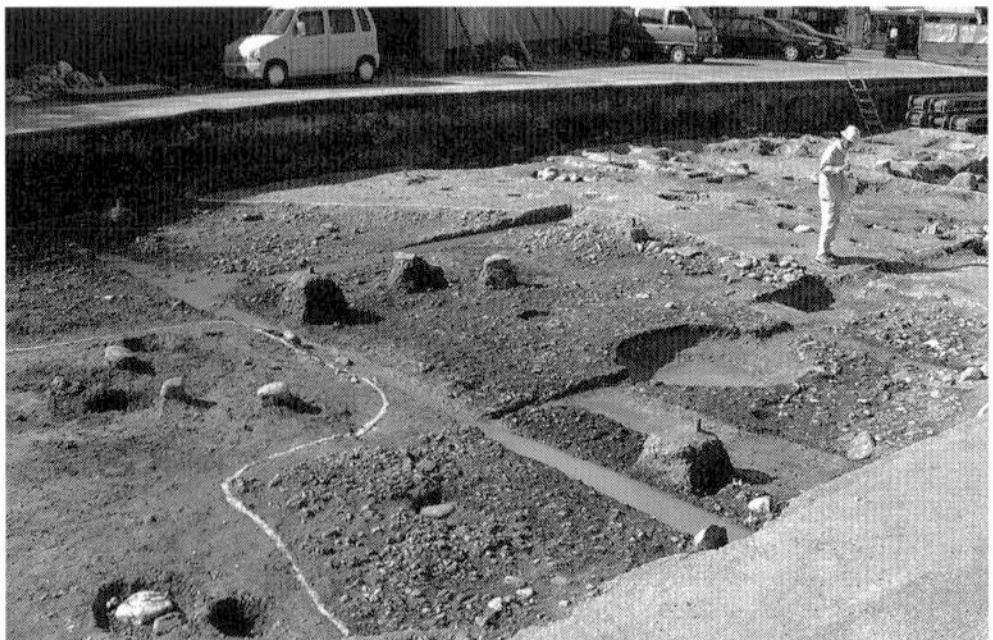
（図 3）妙楽 55 邸宅遺跡園池跡（宇治市教育委員会提供）

平等院前身の宇治別業の規模や内容については、記録からは詳しく知りえないが、現在の平等院境内と重なることは間違いない。また、宇治川へ釣殿《つりどの》を備えた平等院本堂は、別業寝殿《しんでん》が転用されたものであるとする（『扶桑略記《ふそうりゃっき》』）。平等院境内の発掘調査では、先行する大振りの川原石で敷き詰められた豪放な洲浜《すはま》を確認しているため（宗教法人平等院　二〇〇三）、鳳凰堂《ほうおうどう》を取り巻く園池の原形は、別業期に遡ることは確かだろう。

●池殿と藤原頼通

池殿《いけどの》についての記録は少ないが、平等院の創建に伴い新たな別業が必要となったために設けられたと考えられるもので、藤原頼通の御所であった（『殿暦《でんりゃく》』）。寛治《かんじ》三年（一〇八九）に頼通の娘で後冷泉《ごれいぜい》天皇の皇后であった四条宮寛子《かんし》によって、池殿に法定院《ほうじょういん》が建てられた（『百錬抄《ひゃくれんしょう》』）。長承《ちょうしょう》三年（一一三四）の鳥羽上皇の平等院御《ご》幸《こう》の時に、法皇は法定院と後述の泉殿をあわせて見回っている（『中右記《ちゅうゆうき》』）。これ以外にも両者は一緒に巡検されることが多く、近い距離にあることを推測させる。泉殿は宇治地区の西方数キロの小倉地区近くの矢落《やおち》遺跡に想定されるため、池殿もこの付近である。矢落遺跡の東側は、

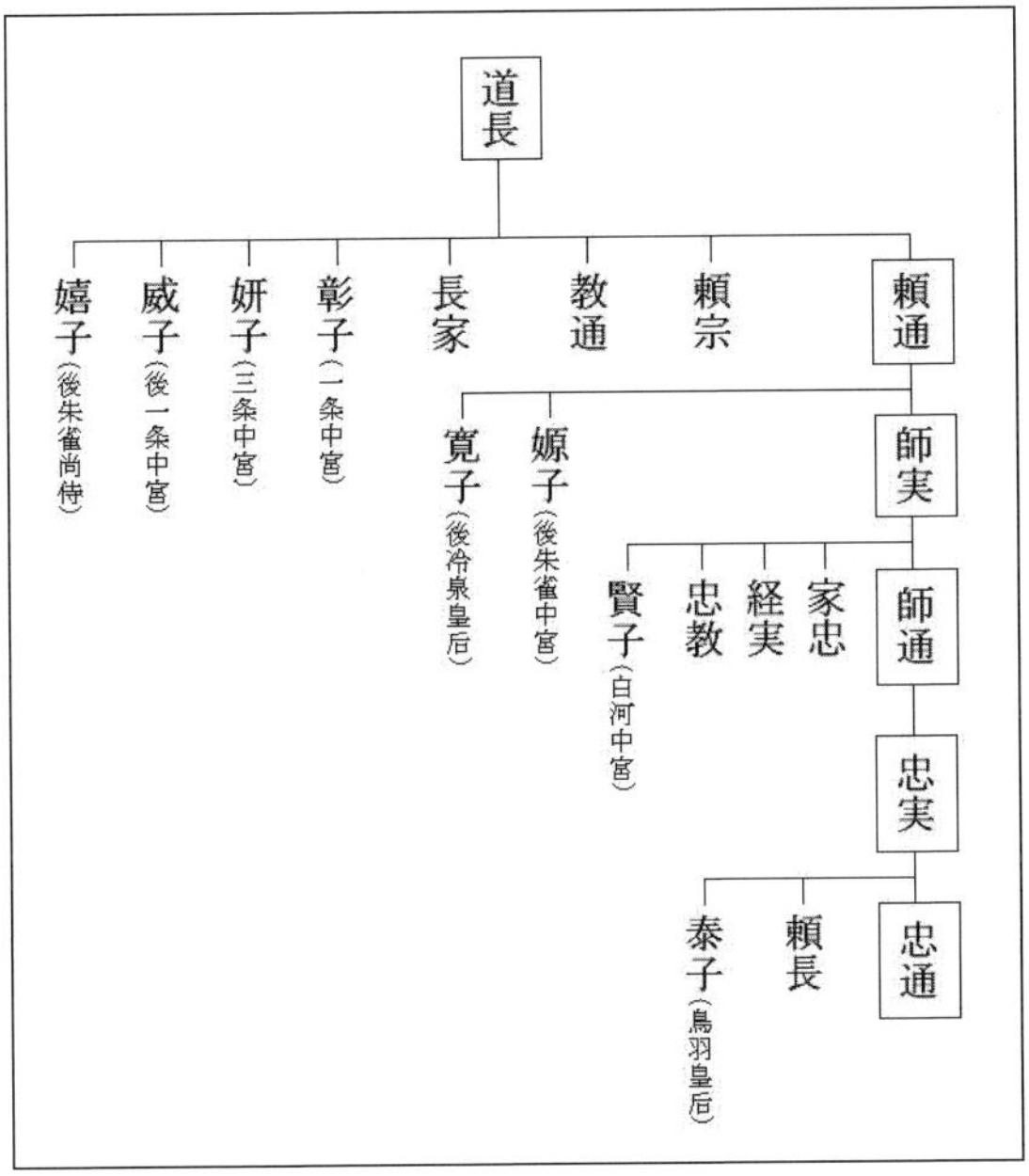

（図４）藤原氏略系図

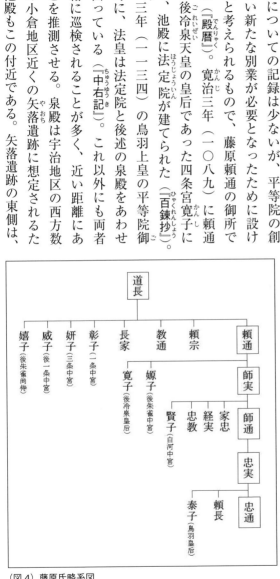

現在は完全埋没しているが、かつて折井《おりい》川の巨椋池への注ぎ口として入江状に湿地が切り込んでいた。池殿は矢落遺跡と向かい合うこの東岸あたり（図2の②）と考えるのが妥当であろう。しかし、江戸時代の『山城志《やましろし》』は宇治の池殿町がその場所とする。平等院西側の市街地であり、今も池殿町の名が残る。建仁《けんにん》元年（一二〇一）に摂政近衛基通《せっしょうこのえもとみち》が平等院に入り、法定院東門で宇治離宮《りきゅう》祭の行列や競馬《くらべうま》を見学している（『猪隈関白記《いのくまかんぱくき》』）。この競馬は、もとは宇治川東岸の離宮社前の川沿いの道で行われていたが、長承三年から平等院西側の南北道路である大和大路、現在の県《あがた》通りで行われるようになっていた（『中右記』）。すなわち、この段階での法定院は『山城志』の記載のとおりとなる。

この、場所に関する食い違いは、池殿・法定院のこの間での移転を示していると考えられる。池殿は頼通の御所として宇治の西方小倉地区近くの巨椋池畔に構えられ、四条宮寛子により法定院が建てられたが、寛子没後のある段階で宇治地区に移転したのであろう。現在、池殿・法定院をうかがわせる遺跡は見つかっていない。

●泉殿と四条宮寛子

泉殿は頼通の娘で太皇太后《たいこうたいごう》四条宮寛子の御所であるとともに、頼通の後を担った師実《もろざね》の御所としても使われた重要な施設であった。寛治《かんじ》三年（一〇八九）の四条宮寛子による歌合（『後二条師通記《ごにじょうもろみちき》』）、嘉保《かほう》元年（一〇九四）の寛子及び師実とその孫忠実《ただざね》による遊宴などの大きな行事が行われている（『中右記』）。また、寛治元年の白河上皇の鳥羽殿から泉殿への御幸（『為房卿記《ためふさきょうき》』）、長承三年の鳥羽上皇の御幸を知ることができる。

大治《だいじ》二年（一一二七）に四条宮寛子が泉殿で没し木幡《こはた》に葬られた。九二歳であった（『中右記』）。彼女はただ一人残っていた道長の孫であった。父頼通が没した年に太皇太后となり、泉殿など宇治の別業で暮らすことが多かった。泉殿の近くにあった頼通御所の池殿に法定院を建立したのも、父頼通への供養の意味が大きかったと思われる。

泉殿の場所については、現在のユニチカ宇治工場内の宇治七名水「泉殿」碑辺りに想定されることが多い（宇治市 一九七三）。しかし、次の記録には注意すべきである。保元《ほうげん》の乱（一一五六）により後白河天皇が藤原忠実から没収した領地をその子忠通に管理させる文書に「泉殿小巨倉内」がみえる（『平安遺文』）。泉殿は小巨倉《こおぐら》荘に所在していた。そこには「小巨倉津」があった（『台記』）。「小巨倉」の「小」とは、文字通り小さい意味、あるいは副次的な意味を持つから、小巨倉荘は摂関家領巨倉荘（小倉地区）に隣接する狭い範囲に想定できる。小倉地区の西は巨椋池となるため、小倉地区の東に接して津を持つ小巨倉荘があり、そこに泉殿は存在することになる。

ちょうどこのあたりに矢落遺跡（図2の③）がある。宇治市宇治矢落に所在し西隣が小倉となる。地形的には宇治丘陵の北裾がかつての巨椋池畔に接するあたりとなり、東西に走る府道小倉停車場線が巨椋池の湿地と陸地との境となる。二〇〇一年に宇治市教育委員会によって発掘調査が行われている。その結果、南寄りの標高二〇メートルほどの丘陵部では複数の礎石建物跡が発見され、その北の低地部では景石を持つ穏やかな洲浜敷きの園池（図5）が見つかっている。その北は巨椋池へと続く湿地となっている。出土した土器は一一

（図5）矢落遺跡園池跡（宇治市教育委員会提供）

世紀後半から一二世紀前半期のものである。部分的な発掘ではあるが、南の高台に邸宅、北に園池を持つ大型の平安後期の邸宅遺跡であることは確かである。遺跡の場所と内容、巨椋池畔という立地、そして年代からみても泉殿跡と考えてよいだろう（杉本 二〇〇六）。

●富家殿と藤原忠実

富家殿《ふけどの》の初見は、寛治元年（一〇八七）に藤原頼通の子師実が白河上皇の平等院御幸にあわせて、経蔵を開き諸堂を巡礼したのち、平等院から舟で富家殿に立ち寄り帰洛している記事である（『為房卿記』）。富家殿は「宇治北殿」とも呼ばれた（『中右記』）。康和《こうわ》元年（一〇九九）に忠実が氏長者《うじのちょうじゃ》となっているため、この時に師実から孫の忠実に伝えられたと考えられる。

永久《えいきゅう》二年（一一一四）に富家殿の改修が計画された。翌年には改修が完成して詩歌が催され、上皇の御幸があった。この改修には、忠実自身が築山《つきやま》や舟寄《ふなよせ》や廊辺りに立石《たていし》をしているなど、小まめに手をかけている様子が読みとれる（『殿暦』）。彼が「富家殿」とも呼ばれた事情を端的にしめす。富家殿は、忠実にとって重要な施設であることがわかる。

この富家殿も大治四年（一一二九）に放火により焼亡してしまう。翌年に忠実の近衛殿が放火され犯人を捕らえて白状させると、富家殿などの忠実の邸宅を狙った放火犯であったことが判明する（『中右記』）。富家殿はこの後に記録からみえなくなる。

富家殿の場所については、宇治地区の北、宇治川東岸の五ケ庄域に中世に冨家村があったことなどから、このあたりに想定する意見が主流である（宇治市 一九七四）。現在の宇治川は豊臣秀吉《とよとみひでよし》の流路整備によるもので、かつての宇治川は宇治橋下流で大きく西流し、網目状に巨椋池にそそいでいた。記録からうかがえる富家殿の場所は、平等院などと舟で結ばれていることから、巨椋池から宇治川畔にかけての水辺であることは確かである。『今鏡《いまかがみ》』には富家殿の前の宇治川に遊女を乗せた舟を浮かべたことが記されており、宇治川の流れに面する情景を彷彿とさせる。富家殿の場所は、宇治の北辺でかつての宇治川の流れに面する点を軸に推定したほうがよい。

　宇治地区の北辺、かつての宇治川が巨椋池へと流れ出すあたりで、二〇〇五年に宇治市教育委員会によって平安後期の邸宅遺跡が大規模に発掘（図2の④）されている。標高一四メートルほどで、かつての巨椋池畔からわずかに高い程度の場所となっている。宇治市街遺跡（里尻三六）である。以後、里尻《さとじり》三六邸宅遺跡（図6）とする。発掘地の中央部には幅二〇メートルほどの宇治川旧流路を利用し、岸辺に拳大の石の洲浜《すはま》を造成した園池が東西に五〇メートル以上続き、その園池南岸に東西四間《けん》以上、南北五間以上で、園池に面する北に庇《ひさし》を持つ大型建物、その東に接して大型井戸と饗宴などに使う土師器《はじき》皿の大量捨て場を検出している。園池埋土は下層に腐植土が堆積しその上は砂層で埋まっているため、園池が機能している段階は、宇治川からの給水が一定コントロールされていたと考えられるが、その後は宇治川からの水流で埋没したとみられる。

　この遺跡は、宇治市街遺跡において初めて邸宅主要建物、園池がともに一定の面積で確認できたもので、宇治別業の実態を明らかにする重要な遺跡といえる。一一世紀後半代に造営され、かなり頻繁に利用されながら一二世紀中ごろまでには役割を終えている。園池と建物の

（図6）里尻36邸宅遺跡（西上空から。宇治市教育委員会提供）

配置も興味深く、建物の北側に園池を持つ。建物からは園池を通して巨椋池、対岸の桃山丘陵、そして遠景として比叡《ひえい》山が望めたであろう。園池は宇治川旧流路を利用したものであり、埋没土が砂層であることは、宇治川とつながっていたことをしめす。いうなれば、かつて網目状に分流していた宇治川の流れの一部を邸宅内に園池として取り込んでいるのである。里尻三六邸宅遺跡は宇治地区の最北辺に所在すること、年代が一致すること、宇治川本流に近接し園池は宇治川流路を改修利用していること、大型の邸宅遺跡で出土土師器皿の量から活発な利用が認められることから、富家殿に想定できる最も有力な遺跡といえる（杉本　二〇二二）。

●小川殿と一条全子

小川殿《おがわどの》は一条全子《ぜんし》の邸宅である。藤原全子は右大臣藤原俊家《としいえ》を父とし、藤原師通《もろみち》との間に忠実をもうけている。一条殿と呼ばれ、氏長者忠実の母として一門から尊敬を受けた人物である。小川殿の文献初見は長承三年（一一三四）である（『中右記』）。離宮祭の行列が門前を過ぎたとあるから、池殿の項でも述べたように、現在の県通りに面していたことがわかる。

忠実が良く訪れた平等院の坊に小川成信房《じょうしんぼう》がある。平等院修理別当成信の坊である。成信は永久五年（一一一七）に亡くなっており（『殿暦』）、その坊を忠実が入手し母全子の御所としたと考えられる。

康治《こうじ》元年（一一四二）に殿内に小川御堂が建てられ、出家した忠実が参拝している（『台記』）。一条全子が没したのは久安《きゅうあん》六年（一一五〇）年のことで九一歳であった。この後、全子の菩提を弔う勝安楽院《しょうあんらくいん》が殿内に建てられている。小川殿はこの後、一三世紀初頭まで記録にみえ、宇治の藤原氏別業の中でも長期にわたって存在が確認できる施設となっている。遺跡はまだ見つかっていない。

●小松殿と藤原忠実・高陽院泰子

小松殿《こまつどの》は富家殿焼亡後の藤原忠実の主要別業であり、鳥羽上皇の皇后となった娘の高陽院泰子《かやのいんたいし》の御所としても使用された。初見は保延《ほうえん》元年（一一三五）の鳥羽院と高陽院泰子の宇治御幸のおり、小松殿が御所となったものであり（『中右記』）、その後の御幸でも小松殿が御所として使われている。

久安五年（一一四九）に藤原頼長の息子師長《もろなが》の元服が小松殿寝殿《しんでん》で行われ、その指図《さしず》が伝わっている（『兵範記《ひょうはんき》』）。図7はその指図の書き起こしである。寝殿は母屋《もや》が桁行《けたゆき》四間、梁行《はりゆき》二間の四面庇で南に孫庇が付くため、南面建物であることがわかる。東北に桁行七間の二間廊と土馬道《つちめどう》を経て東蔵人《ひがしくろうど》所《どころ》廊、東に中門《ちゅうもん》廊が付く。典型的かつ大型の寝殿造建物である。

康治元年（一一四二）に殿内北側に阿弥陀堂が建てられた（『本朝世紀《ほんちょうせいき》』）。成楽院《じょうらくいん》である。さらに久安五年（一一四九）に三間四面檜皮葺《ひわだぶき》の新たな御堂が建立された。西御堂である。中央間に本尊の半丈六大日如来《はんじょうろくだいにちにょらい》像が、南間に等身釈迦如来《とうしんしゃかにょらい》像、北間に千手観音《せんじゅかんのん》像が安置された。前年に亡くなった忠実

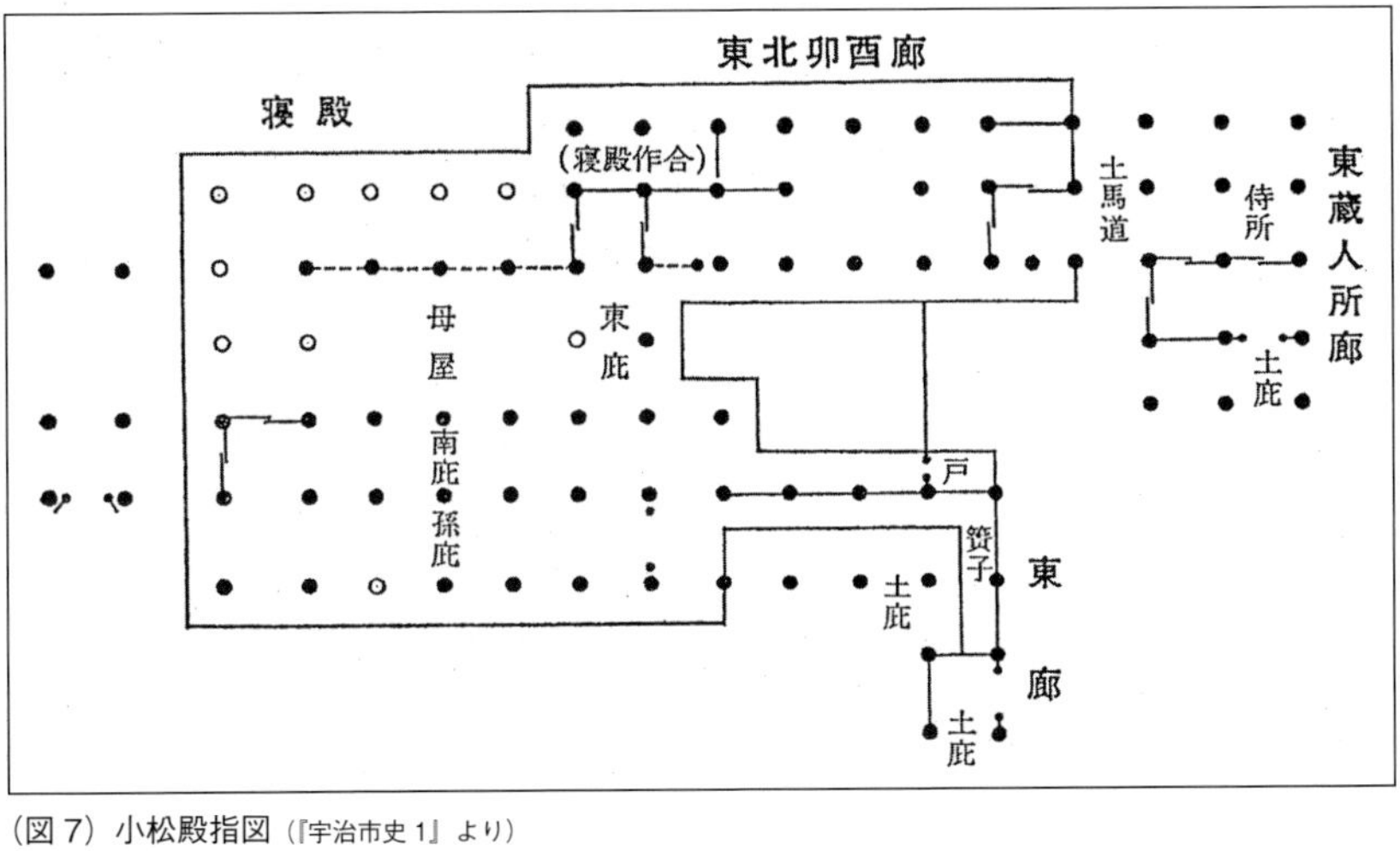

（図7）小松殿指図（『宇治市史 1』より）

の妻源《みなもとの》師子《しし》の追善のために建てられたものである。この堂は東向きで南と北に廊が敷設されていた。大型の堂である。堂前の東庭には遣水《やりみず》があった（『兵範記』）。このように小松殿は、忠実・高陽院泰子の御所として、鳥羽上皇を迎える施設として、摂関家の行事を行う施設として、寝殿造建物や庭園、東西に並ぶ二つの御堂を備える充実した大型の別業であったことが読み取れる。

小松殿の推定場所については後述するが、その一部と重なる場所で発掘調査がされており、一二世紀前半期の庭園跡と建物跡が見つかっている。前述した妙楽五五邸宅遺跡の平安後期遺跡である。庭園跡は西岸の洲浜を発見したもので、本体は東側の未調査区となる。建物は一辺四メートルほどの礎石建物で、平安前期の庭園を埋めて建てられている。この礎石横からは墨書のある石が出土している。状況的には、小松殿跡の西北部の一部を発掘していると考えられる（杉本 二〇二二）。また、現在の伍町《ごちょう》通りの延長上で東西道路側溝跡（図8）を検出している。溝の中心間は八メートルを測る。伍町通りが一二世紀以前にさかのぼることが判明した調査でもあった。

（図８）発掘された伍町通り旧側溝跡
（宇治市教育委員会提供）

●西殿と藤原忠実

西殿《にしどの》は小松殿の西側にあった邸宅で、忠実御所として使われている。初見は久安四年（一一四八）で、高陽院泰子が小松殿に入ったため、忠実が西殿へ移ったことを記す（『台記』）。この時は、泰子が小松殿寝殿を御所とし、頼長は小松殿内成楽院を御所とし、忠実は西殿を御所としていた。西殿の記録は少なく、これ以上知りえないが、主要別業である小松殿の控え的な使われ方がみえる。

●藤原頼長の宇治巡行にみる小川殿・小松殿

これら別業の位置関係を推測できるものに、仁平《にんぺい》三年（一一五三）の藤原頼長の春日詣《かすがもうで》の途次、宇治に立ち寄り巡行している記述がある（『台記別記』）。一行は京から昼頃に宇治に着き、宇治橋のたもとから舟で宇治川を渡り、西岸で牛車《ぎっしゃ》に乗り替えている。橋西詰あたりにあった鳥居から、現在の県通りである大和大路《やまとおおじ》を南に進み、小河大路との交差点を西に曲がっている。西に進むと成楽院東大路と出会い南に曲がったところで、高陽院泰子は成楽院の東に面して作られた桟敷《さじき》でこれを見学、忠実は車に乗って見学とある。この前を過ぎ成楽院南大路に出会うと東に折れて進み、大和大路に戻ると南に折れて宇治の西端にある一之坂《いちのさか》に至っている。

　これを図にしたものが図9である。宇治橋西詰めから続く大路大路の西側に東西の小河大路・成楽院南大路が

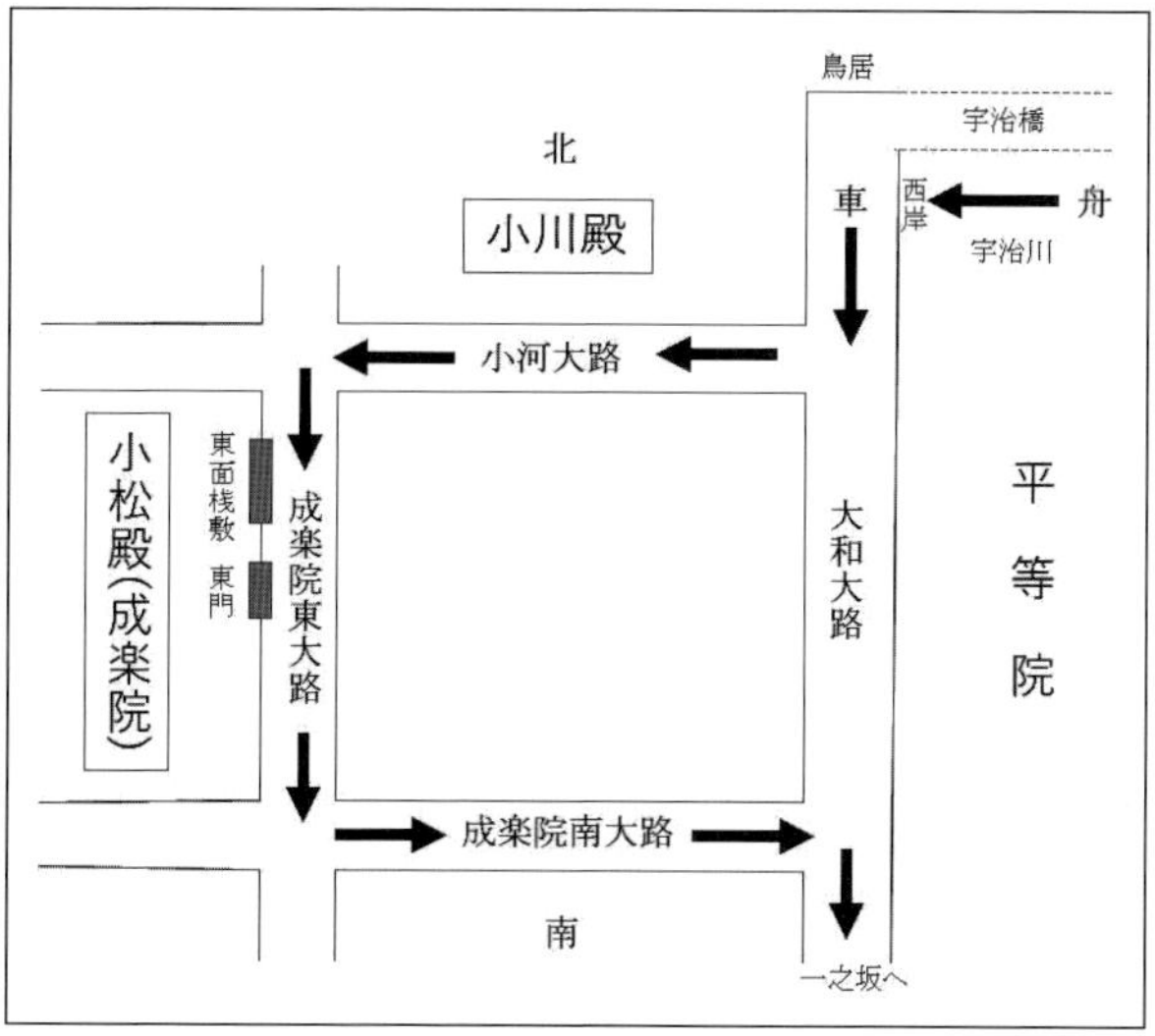

（図9）藤原頼長の宇治巡行想定図

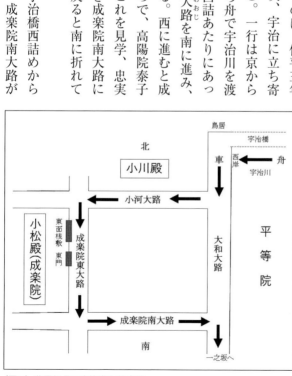

あり、それに直行する南北の成楽院東大路があることから、ある程度の方形街区が形成されており、そこに小川殿・小松殿・西殿が配置されていた。小河大路の名前からして小川殿は大和大路と小河大路交差点の北西角にあったとみてよく、小松殿は成楽院東大路の西側で小河大路と成楽院南大路の間となる。西殿は小松殿の西側となる。

大和大路は現在の県通りに継承されており、その西側の市街地には方形街区状の町割り（宇治街区）が残されている。この町割りの北辺の東西通りが伍町通りで、断続的に矢落遺跡付近まで続いている。この道が一二世紀以前にさかのぼることは前述した。小河大路は伍町通りに重なると考えられる。藤原頼長の宇治巡行にある方形街区が、現在の宇治街区に継承されていることは、妙楽五五邸宅遺跡の発掘で明らかであり、平安後期遺構については、小松殿の一部である可能性が高い。

水辺の別業から別業都市宇治殿へ

以上みてきたように、宇治での別業の造営開始は平安前期にあるが、急速に拡大するのは平等院創建後であり、藤原氏によるものである。平等院で行われる法会《ほうえ》や行事と関係しあいながら、藤原道長の一門を核とする別業造営が拡大していったと考えられる。これら別業は、京内の本邸に対する別邸にとどまらず、歌合などの遊宴が行われたり、元服の儀が行われたり、院の御幸があるなど、一門を支える重要な施設として機能していたことがわかる。また、身内の供養のための御堂も建立されるなど、祈りの場としての役割も担っていた。

一一世紀後半に造営された池殿、泉殿、富家殿の特徴として、巨椋池あるいは宇治川流路に面することがある。平等院前身の宇治別業も宇治川に面している。それぞれの間隔は、池殿と泉殿（矢落遺跡）が三〇〇メートルほどである以外は、平等院と富家殿（里尻三六邸宅遺跡）、富家殿と泉殿とはおよそ八〇〇メートルの距離となる。一一世紀後半代の宇治の藤原氏別業は、宇治の水辺空間に散在する特徴がある。

このように宇治で水辺に別業が設けられたのは、別業を価値づける要素として宇治の土地柄を活かした親水性と、水面を通す眺望景観が重要であったろうことは、矢落遺跡や里尻三六邸宅遺跡の庭園配置から十分に想定できる。が、さらに注意したいことは、平等院には舟を寄せる釣殿があり、泉殿は小巨倉津と一体的であったし、富家殿には舟寄が設けられたことである。記録からも、宇治の別業と京や難波などの交通は舟がよく使われていることが読みとれる。鳥羽上皇の宇治御幸も巨椋池対岸の鳥羽殿から舟を使っている。都と南都を結ぶ陸路にとどまらず巨椋池を利用する内陸水運に大きく注意を向けて、これら別業は造営されていた、ということであろう。

一二世紀前期の別業配置はまったく異なる。仁平三年（一一五三）の藤原頼長の宇治巡行記事にあるように、この時期の小川殿、小松殿、西殿は方形街区様に区画された都市空間の中に配置されていた。この宇治街区の実態はわからないところも多いが、現状の地図の上では一区画一辺が約八〇メートルから一〇〇メートルまでの幅があり、平面形も偏台形になっている（図10）。おそらく、当初より計画された方形街区として施工されたのではなく、施設が建てられる過程にあわせてその境界が連結し、段階的に方形的な街区へと移行したためであろう。いずれにしろ、平等院を包括しながら都市型の別業群を指向したのが、この時期の特徴となる。前代の別業は利用されなくなってゆく。

このような別業集中化の動きの中で、池殿法定院の宇治街区への移転が行われたと考えられる。また離宮祭が宇治川東岸の離宮明神前から宇治街区の大和大路を舞台とするように変えられたのも、同様であったろう。記録では、宇治別業は「宇治殿《うじどの》」とも呼ばれる。当初は、平等院前身別業を指していたが、次第に平等院はじめ他の宇治の別業を包括する言葉へと変化することが指摘されている（寺前 二〇一三）。すなわち、別業都市「宇治殿」が、この時期に名実ともに成立したといえよう。

なぜ、このような都市型別業群形成が始まったのかについては、ただちに答えることは難しい。が、その背景として注目しておきたいのが、この別業形成を主導した藤原忠実と鳥羽上皇との関係である。保安元年（一一二〇）、娘勲子《くんし》（後に泰子に改名）の鳥羽天皇への入内《じゅだい》をめぐって白河上皇の

（図 10）宇治市街地の平安期街区（宇治市教育委員会提供図に加筆）

逆鱗に触れた忠実は、実質上の関白を罷免され謹慎の身となっていた。富家殿焼亡の大治四年（一一二九）に白河上皇が崩御すると、鳥羽院政が開始され忠実は復権する。長承元年（一一三二）には、勲子を鳥羽上皇の妃とし、異例の措置で皇后へとのぼり高陽院の院号宣旨をうけている。小松殿の記録初見となる鳥羽上皇と高陽院泰子の宇治御幸は、この二年後のことである。すなわち、鳥羽上皇との良好な関係による忠実復権と都市型別業群の造営は一致するのである。院御所として白河上皇期から造作が続けられてきた鳥羽殿も、鳥羽院政期になって活発な造営活動が行われ巨大な離宮へと拡大する（鈴木 二〇一八）。宇治での藤原氏による都市型別業群形成と鳥羽殿の拡大は響きあっている、といえよう。保延二年（一一三六）に鳥羽北殿に鳥羽上皇によって造営された勝光明院《しょうこうみょういん》は、平等院鳳凰堂を模したものであったことは、いかにも象徴的である。

おわりに

宇治における平安期別業について、特に藤原氏関係の別業について述べてきた。一一世紀後半から一二世紀にかけてのこれら別業は、記録に比較的書きとどめられ、その内容の一端を知ることができる点で幸運な歴史遺産であるとともに、近年の発掘調査の進展により、具体的にその様子を知ることができるようになってきた。ただ、記録に表れる別業と遺跡との照合により、大抵の場合は一致する決定的証拠が獲得できることはなく、状況証拠により仮定するにとどまることが多い。したがってここでは、現状で理解し得る平安期別業について、少し大胆な仮定を含めて素描したことになる。

今回は紹介できなかったが、宇治市街地での発掘調査では、記録には表れない平安期邸宅を掘り出している。平等院の堂塔造営記録や発掘調査によって獲得された修理の歴史も、宇治の別業の形成と展開をより一層解明してゆくためには、十分に検討される必要がある。あわせて、このような平安期別業と現在との関係性についても、今に生きる歴史遺産の有様として認識をしたいと思う。

注

（1）平等院では「べつごう」という読みで伝わっている。

参考文献

◎宇治市　一九七三『宇治市史1　古代の歴史と景観』
◎宇治市　一九七四『宇治市史2　中世の歴史と景観』
◎宗教法人平等院　二〇〇三『史跡及び名勝平等院庭園保存整備報告書』
◎杉本宏　二〇〇六『宇治遺跡群―藤原氏が残した平安王朝遺跡―』（日本の遺跡6）同成社
◎杉本宏　二〇二二「平安期宇治別業群とその文化資源性」『令和三年度京都府域の文化資源に関する共同研究報告書（宇治編）』京都府立京都学・歴彩館
◎鈴木久男　二〇一八『シリーズ遺跡を学ぶ131　平安末期の広大な浄土庭園　鳥羽離宮跡』新泉社
◎寺前公基　二〇一三「平安中期における宇治の景観形成―藤原頼通・師実期からみた―」『鳳翔学叢』第9輯　宗教法人平等院

コラム1

平等院が表現する極楽浄土の景観

杉本　宏

藤原頼通が父道長より受け継いだ宇治別業を寺とし、平等院と号したのは永承七年（一〇五二）のことであった。この時に完成したのは、宇治川に面した別業寝殿を受け継いだ本堂（現在の観音堂の場所）であり、本尊は半丈六の大日如来であった。鳳凰堂（阿弥陀堂）が建てられたのは翌天喜元年である。平等院の中心的な仏堂である鳳凰堂は、別業庭園を受け継ぐ阿字池《あじいけ》に造成された中島に建てられている。本尊を安置する中《ちゅう》堂《どう》を核に南北に翼廊《よくろう》が建てられ、背後に尾廊《びろう》が付設される。極楽浄土にあるという阿弥陀如来の宮殿「宝楼閣《ほうろうかく》」を実体化した阿弥陀堂建築である。本尊は定朝《じょうちょう》作の丈六阿弥陀如来坐像である。これ以降、頼通が薨去した延久六年（一〇七四）までに一門によって多くの堂塔が建てられ、荘厳な寺院景観が整えられていった。現在の平等院の境内は、唯一今に伝わる鳳凰堂を中心に約二ヘクタールほどであるが、かつてはその五倍ほどの寺域があった。平等院が諸堂を失った大きな事件は、建武三年（一三三六）の楠木正成による宇治放火にある。

（図1）平等院鳳凰堂（© 平等院）

平等院は一二世紀中ごろに愛染堂《あいぜんどう》が建立され、堂塔がほぼ出そろうことになる。図2はこの頃の平等院伽藍を、記録を読み解きながら諸堂の位置と園路を復元したものである。この平等院の伽藍配置を見ると、大きく三つの特色があげられる。一つは寺域が東を宇治川に面し、南を山ぎわで画しており人工的な区画で取り囲まず、東に大きく景観解放されていること。二つ目としては北門が表門となり、堂塔が東を向いて配置されていること。すなわち、宇治川を向いて建てられているのである。通常の古代寺院の堂塔は南を向くことが基本である。三つ目には、伽藍配置に古代寺院に見られる左右対称を指向する規則性がなく、各堂塔の個別空間の集合体として伽藍が構成されていることである。平等院の伽藍は、それまでの寺院と比べると異色であり、自由であるといえる。

平成二年から一四年までの庭園整備に伴う発掘調査で、鳳凰堂及び園池の変遷が明らかとなっている。出土遺物のなかに創建時の瓦が極めて少ない事実から、創建時鳳凰堂の屋根は、現在のような本瓦葺《ほんがわらぶき》ではなく、有機質の屋根材で葺かれていたことが想定される。例えば岩手県平泉町の中尊寺金色堂の屋根のように、木の瓦「木瓦《こがわら》」であったかもしれない。中島周囲は小石敷きのおだやかな「洲《す》浜《はま》」で取り囲まれていた。また驚くことに、両翼廊先端には建物の基礎となる基壇はなく、翼廊の柱の一部は洲浜や池中に根をおろしていた。翼廊に池が入り込むような、大胆な造りとなっていた。まさに浄土経典に説かれた宝楼閣を彷彿とさせる建築表現である。園池は、現在より一回り大きく、特に園池と宇治川との間は、洲浜から続く小石敷きの平坦な庭園となり、その庭がそのまま宇治川の小石敷きの岸へとつながっていた。鳳凰堂から東への眺望景観は、まず穏やかな園池水面、そして小石敷きの平らな庭園を介して、すぐそこに宇治川の流れを眺め、その向こうに対岸の山並みが広がるという、庭園と自然とが一体となった雄大な景観が展開していた。

　創建時のかたちが変化したのは頼通薨去後、比較的早くの段階であり、鳳凰堂対岸の小石敷き庭園と池の一部が埋め立てられ、鳳凰堂の真正面に観覧施設である「小《こ》御所《ごしょ》」が建てられた。つぎの変化は鳳凰堂に表れる。康和四年（一一〇二）に藤原氏長者を継いだ藤原忠実《ただざね》が平等院修理の沙汰をしている。出土瓦の分析から、この修理で鳳凰堂屋根が現状の本瓦葺へと改修されたことがわかっている。また、洲浜や池中に柱をおろしていた翼廊が、石で囲った基礎である壇上積基壇《だんじょうつみきだん》の上

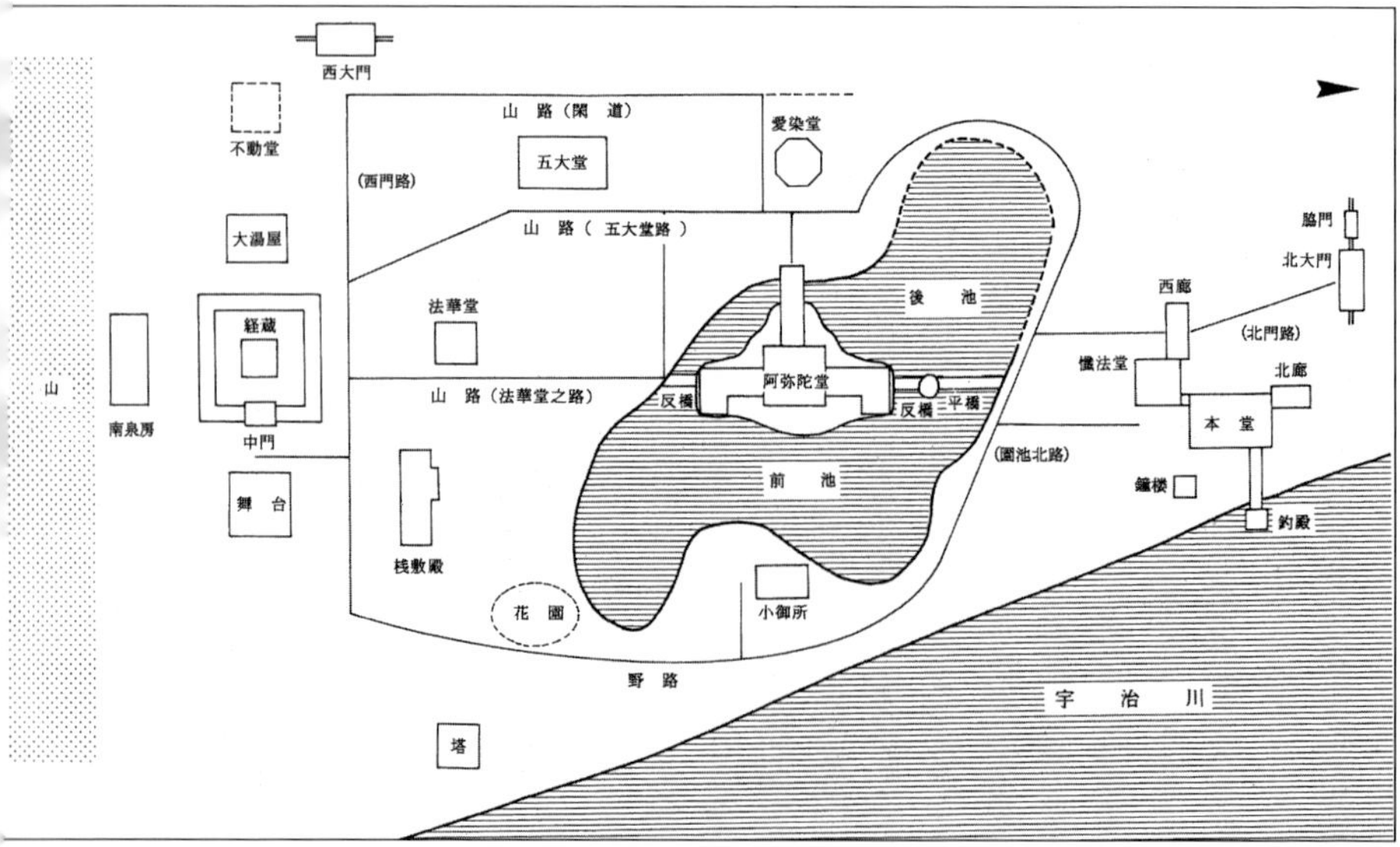

（図 2）平等院伽藍復元図

に建てられる変更が加えられた。いわば、親水性が高く軽やかな屋根の建物であった創建期鳳凰堂から、重厚な建築表現の改修鳳凰堂へと変貌したことになる。現在見ることのできる鳳凰堂と庭園は、後者が基となる。

平等院庭園は「浄土庭園」の範として国の史跡及び名勝に指定されている。浄土庭園とは、仏堂と一体となって浄土の景観を表現した庭園のことである。鳳凰堂と庭園とが織りなす景観に、当時の人は何を見ていたか。それをうかがうものに『扶桑略記』治暦三年（一〇六七）の後冷泉《ごれいぜい》天皇の平等院行幸の有様（図3の左）がある。病身であった天皇は平等院を訪れ、鳳凰堂前の池上に舞台を作り、錦で覆った仮屋を設け阿弥陀如来を礼拝している。池中には龍頭鷁首《りゅうとうげきす》の楽船が浮かび、童楽が奏でられたという。この様子は浄土経典を踏まえると興味深い。『観無量寿経《かんむりょうじゅきょう》』によれば、往生者は極楽の宝楼閣前にある宝池《ほうち》に生まれ変わり、阿弥陀如来と出会うと説く。後冷泉天皇の礼拝の仕方は、まさにこの経説と合致する。天皇崩御は翌年であった。

改修鳳凰堂では、『中右記』にある元永元年（一一一八）に四条宮寛子が行った十種供養（図3の右）が興味深い。この法会では、鳳凰堂前の池上に舞台が造られ舞が催され、池中は隙間なく蓮や水鳥の作り物で埋め尽くされ、龍頭鷁首の楽船が浮かべられていた。そして寛子はこの華麗な法会を小御所から観覧したのである。元永元年十種供養の光景こそは、極楽浄《じょう》土を描いた浄土曼荼羅《どまんだら》の様子そのものであろう。すなわち鳳凰堂と庭園が構成する鳳凰堂空間とは、擬似的現実としての極楽浄土の景観そのものなのである。

平等院が表現する極楽浄土の景観をさらに考える場合、『扶桑略記』康平四年（一〇六一）にある、平等院多宝塔の供養願文の次の一節は、広い範囲でどのような景観が期待されていたかを理解するうえで興味深い。

「平等院者。水石幽奇。風流勝絶。

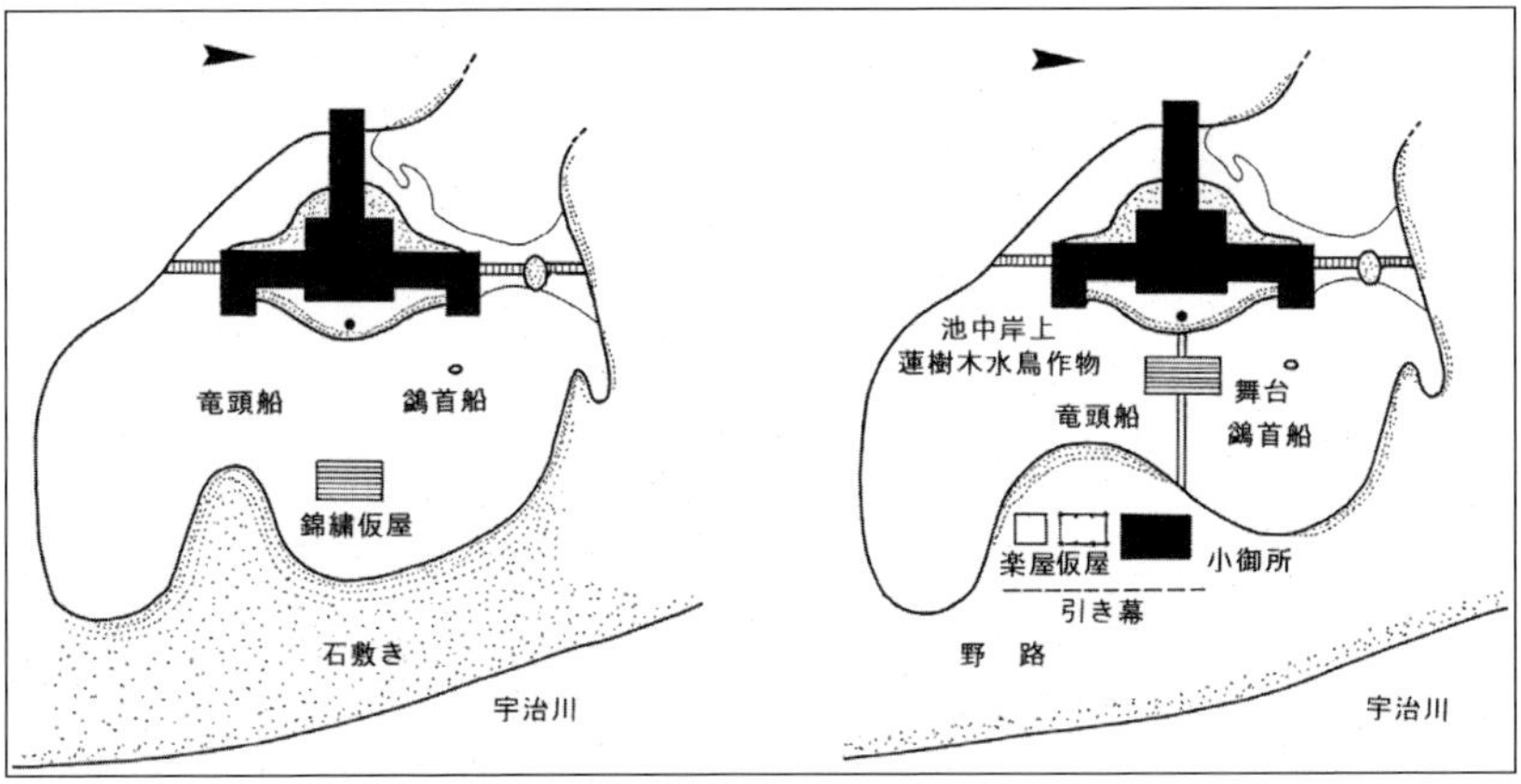

（図3）鳳凰堂空間での儀式復元図（左：治暦三年後冷泉天皇礼拝　右：元永元年十種供養）

前有一葦之渡長河。宛如導群類於彼岸。傍有二華之畳層嶺。不異積善而為山。是以改賓閣兮為仏家。廻心匠兮搆精舎。爰造弥陀如来之像。移極楽世界之儀。」

この供養願文からは、極楽世界の儀を移した鳳凰堂（精舎・弥陀如来之像）を彼岸《ひがん》（あの世）とし、宇治川（長河）を境界とし、生けとし生けるもの（群類）が住む仏徳山《ぶっとくさん》・朝日山《あさひやま》（二華之畳層嶺）のある平等院対岸を此岸《しがん》（この世）とする、という景観への仮託が読みとれる。鳳凰堂空間が表現する極楽浄土の景観の広がりには、境内を超えて眼前の宇治川そして対岸へと連続する宇治の自然景観を抱え込みながら、この総体に「この世からあの世への連続性」という宗教的意味が付されているのである。まさに此岸と境界宇治川をはさんで対峙する鳳凰堂空間こそは、この点において擬似的現実としての極楽浄土たりうるのである。

鳳凰堂の宇治川対岸に、式内社《しきないしゃ》であり地主神《じぬしがみ》を祀る宇治上神社がある。本殿は平安後期の建築、拝殿は鎌倉初期のものとして国宝であり、平等院とともに世界遺産の構成要素となっている。著名な神社のわりには、伝えられる記録は少ない。平成一六年に宇治上神社本殿の年輪年代測定が、奈良国立文化財研究所の光谷拓さん（当時）たちによって行われた。年輪年代測定とは、木材の年輪幅を測定することによって伐採年を測定する方法のことである。この結果、本殿の木材伐採年は一〇六〇年であることが確定した。鳳凰堂が実態的完成を向かえた頃、宇治川をはさんだ宇治上神社（離宮社）の現社殿は建てられたことになる。前述した後冷泉天皇の平等院行幸に関して行賞があった。頼通には皇后らと同様な准三后の待遇、平等院には寺家三〇〇戸、そして離宮社にも位記が授けられている。すなわち、平等院と離宮社は一体的な施設であったことを示す。離宮社（宇治上神社）は、疑似的な極楽浄土である鳳凰堂空間と対になる、この世空間のシンボルとして建てられたのである。

平等院が表現する極楽浄土の景観とは、華麗な鳳凰堂そして庭園にのみあるのではなく、広く宇治の自然と一体となって、雄大に提案されていたところに特徴がある。そしてこの景観は、今の私たちにも見ることができるのである。

（図４）平等院上空から宇治上神社を望む
（宇治市教育委員会提供）

参考文献

◎宗教法人平等院　二〇〇三『史跡及び名勝平等院庭園保存整備報告書』
◎杉本宏　二〇〇六『宇治遺跡群—藤原氏が残した平安王朝遺跡—』（日本の遺跡６）同成社

I

宇治橋・宇治川・宇治別業

宇治を描く
―『源氏物語』・歌枕・名所図―

家塚智子

はじめに

大化二年(六四六)、僧道登によって、宇治橋が架けられたという由来を記す「宇治橋断碑」は、「浼浼《べんべん》たる横流、その疾《はや》きこと箭《や》のごとし」という文句から始まり、激しく流れる宇治川の様子を活写する。また「ちはやふる」という枕詞は、漢字では「千早振る」と表記し、宇治にもかかる枕詞でもある。宇治川の流れが速く勢いがあることに由来する。私自身、幾たびも宇治川の流れの速さに驚いた。天ヶ瀬ダムができ、巨椋《おぐら》池が干拓され、近代的な護岸工事が施されたとしても、宇治川の勢いには圧倒されるのである。

朝日山から昇る月を眺め、遙か西山に沈む夕日を拝む。先人たちも実際見たり、思いを寄せたりした光景である。そうした光景はどのように、和歌に詠まれ、物語にしたためられ、絵画化され、記録に残されたのか、見ていこう。

宇治の歴史や文学を形成する重要な要素であり、特徴として、「虚実綯《な》い交ぜ」という以上に、「嘘から出た真」「真から出た嘘」が往還し、新しい物語、文化が育まれていると指摘したことがある。物語や和歌の文学作品、そして絵画では、実景とは別に、時として理想化、あるべき姿が描写され、詠まれることが多い。言葉を返せば、理想としたもの、あるべきものを抽出することで、人びとは宇治に何を求めたのかを知ることができる。そこで、どのように宇治を描き、宇治に何を求めてきたのか、その変遷も含め考察したい。

宇治を詠む

●浼浼たる横流、その疾きこと箭のごとし

冒頭に挙げた通り、「宇治橋断碑」には、「浼浼たる横流、その疾きこと箭のごとし」とあり、人びとは、流れの速い宇治川を渡ることができなかったので、大化二年（六四六）、宇治橋が架けられたという。

宇治は、奈良の都からほぼ一日行程のところに位置しており、宇治川という最大の難所を控えている。天然の要害ともいえる栗駒《くりこま》山を越え、宇治川の急流や巨椋池が涯てしもなく拡がっている様子を目にしたとき、大和から来た万葉人は何を思い、歌を詠んだのか。『宇治市史』第一巻によると、『古事記』『日本書紀』『万葉集』において、宇治周辺を詠んだ歌謡は六〇余首あるという。そして、『万葉集』には、地名「宇治」の見える歌は一八首、そのうち「宇治川」・「宇治の渡」は一六首と多く、宇治川を中心とする宇治の景勝が、古代の人々にあたえた感動の深さをうかがい知ることができると指摘する。

●『古今和歌集』と宇治

平安時代になると、「千早振る宇治」のイメージから、「憂し」「宇治」へと変容する。『古今和歌集』とは、醍醐天皇の勅命により編纂された最初の勅撰和歌集で、延喜五年(九〇五)四月に奏上された。仮名序において、次の和歌を載せる。

わが庵は都の辰巳しかぞ住む世をうぢ山と人はいふなり

六歌仙のひとりである喜撰の和歌によって、『古今和歌集』以降、宇治＝「憂し」、さらに、『源氏物語』の宇治十帖によって、より一層「憂し」の印象が強固なものになった。宇治十帖とは、『源氏物語』全五四帖のうち、最後の一〇帖のことである。光源氏の死後、「匂ふ兵部卿・薫中将」と並び称された光源氏の子とされる薫、光源氏の孫の匂宮の二人の貴公子と、大君・中の君・浮舟という宇治の八の宮の姫君をめぐる恋の物語で、主な舞台が宇治に移ることから、「宇治十帖」と呼ばれる。『源氏物語』宇治十帖が描く宇治のテーマソングともいえる宇治の橋姫の和歌を紹介しよう。

狭筵に衣片敷きこよひもや我を待つらむ宇治の橋姫

『古今和歌集』恋四、読人しらず、六八九

この和歌では、宇治に住む女性を「橋姫」になぞらえている。宇治十帖の登場人物たちは、この和歌を踏まえ、「橋姫」になぞられて、それぞれ和歌を交わす。この和歌があったからこそ、宇治十帖が成立する。（なお、橋姫については、コラム2を参照していただきたい。）

●宇治十帖が描く宇治の光景

次に宇治十帖が描く宇治の光景について、宇治川の音や「網代《あじろ》」に注目して、考察したい。

網代とは、魚を取るための仕掛けである。網代木と呼ばれる杭を、水流を横切ってハの字型に打ち込み、中央に簀を張る。魚が中央に導かれて簀に上がったところを捕える。平安時代には、宇治や近江国田上が有名であり、九月から一二月まで設置され、琵琶湖から流れ出る鮎の稚魚を取った。鮎の稚魚はその透き通った姿から氷魚《ひお》と呼ばれ、珍重され、朝廷にも献上された。

『古今和歌集』『後撰和歌集』に次ぐ第三番目の勅撰和歌集で、『源氏物語』と同時代に編纂された『拾遺和歌集』には、

数ならぬ身を宇治川の網代木におほくのひをもすぐしつるかな
『拾遺和歌集』恋三、読人しらず、八四三

とあり、「氷魚」と「日を」を掛けて詠まれている。

そして、宇治十帖では、網代の描写が、視覚的にも聴覚的にも印象深く、まるで効果音のように描かれる。宇治十帖の最初の巻である巻四五橋姫では、桐壺帝の第八皇子で、光源氏らの異母弟である八の宮は、邸宅が火事で焼亡したことを契機に、宇治の山荘に姫君たちと共に隠棲した。その場所は、

網代のけはひ近く、耳かしがましき川のわたりにて、静かなる思ひにかなはぬ方もあれど、いかがはせむ。

とあるように、静かに暮らそうと思っている八の宮の思いとは裏腹に、網代の気配が感じられる宇治川の近くで、川の流れが耳障りであったことがわかる。

秋の末つ方、四季にあてててしたまふ御念仏を、この川面は網代の波もこのごろはいとど耳かしがましく静かならぬをとて、かの阿闍梨の住む寺の堂に移ろひたまいて、

とあり、八の宮にとっては、網代に打ち寄せる波の音が耳障りで、師である阿闍梨の住む山寺の御堂に移って、七日間の勤行《ごんぎょう》をしたのであった。この八の宮の留守中に、薫は八の宮邸を訪れ、八の宮の娘の大君、中の君の姿を垣間見る。そして大君のもとに通うようになった薫の宇治への道中の描写にも、宇治川の光景が描かれる。

網代は人騒がしげなり。されど氷魚も寄らぬにやあらん。すさまじげなるけしきなりと、御供の人々見知りて言ふ。あやしき舟どもに柴刈り積み、おのおの何となき世の営みどもに行き交ふさまどもの、はかなき水の上に浮かびたる、誰も思へば同じごとなる世の常なさなり。我は浮かばず、玉の台に静けき身と思ふべき世かはと思ひつづけらる。

とある。薫は、八の宮と同じように、網代に打ち寄せる波の音は騒がしく感じたが、一方で、柴を積んだ柴舟には世の無常を感じたのであった。そして、薫と大君は、宇治の橋姫に託して、歌を詠み交わす。

橋姫の心を汲みて高瀬さす棹のしづくに袖ぞ濡れぬる　薫
さしかへる宇治の川長朝夕のしづくや袖をくたしはつらん　大君

とあり、この和歌は橋姫という巻名の由来にもなった。

こうした描写は、宇治十帖のなかで効果的に繰り返される。大君の亡き後、薫は、大君の異母妹の浮舟にその面影を求める。巻五一の浮舟において、薫が宇治の浮舟の元をたずねる様子を紹介しよう。

山の方は霞隔てて、寒き洲崎に立てる鵲の姿も、所がらはいとをかしう見ゆるに、宇治橋のはるばると見わたさるるに、柴積み舟の所どころに行きちがひたるなど、ほかにて目馴れぬことどものみとり集めたる所なれば、見たまふたびごとに、なほ、その昔のことのただ今の心地して、いとかからぬ人を見かはしたらむだに、めづらしき中のあはれ多かるべきほどなり。

柴を積む柴舟は、網代とともに宇治を描写する要素となった。また鵲も橋とともに詠まれることが多い。こうした宇治十帖で描写された宇治の景色は、後世の和歌の世界に共通の知識として詠み継がれる。

八の宮にとって耳障りであった網代も、菅原孝標女の『更科日記』のなかでは趣を異にする。菅原孝標女は、少女のころより『源氏物語』に憧れ、読み耽ったことが『更級日記』からわかる。そして奈良の長谷寺に参詣の折、宇治を経由した。憧れの宇治の地に立つと、浮舟が住んでいたのはこういうところなのかと思いを馳せる。帰路に再び宇治に立ち寄った際には以下のようにある。

いみじう風の吹く日、宇治の渡りをするに、網代いと近う漕ぎ寄りたり、
音にのみ聞きわたりこし宇治川の網代の波も今日ぞかぞふる

話として耳にしたことがある宇治の網代。実際に網代に打ち寄せる波の音を耳にし、目の前に現れた時、宇治川の網代に打ち寄せる波の数まで数えてしまうほど、じっと宇治川をみつめ耳を傾けたのであろう。

宇治を描く

●網代を描く

宇治の情景は、和歌に詠まれ、物語に描写されるだけではなく、視覚化される。それが名所図である。また源氏絵、平家絵という物語を絵画化した作品にも宇治は描かれる。いくつかの作品を紹介し、宇治がどのように描かれているか考察したい。

鎌倉時代から江戸時代初期に宇治を描いた主な作品は、表1にまとめた。「源氏絵」「名所図」「柳橋水車図」と大きく分類した。これに『平家物語』を主題にする「平家絵」を加えるところだが、鎌倉時代に遡る平家絵の作例は確認できず、室町時代の記録のなかで絵巻を愛好している様子が記されている程度で

あるといわれているため、ここでは割愛した。

　まず、宇治を描いた作品として、平等院鳳凰堂中堂壁扉画に描かれた「九品来迎図」をみてみよう。永承七年（一〇五二）、時の関白・藤原頼通は、父藤原道長の別業を寺に改め、平等院とし、翌天喜元年（一〇五三）に阿弥陀堂（鳳凰堂）を建立した。永承七年は、まさに「末法」の元年であった。当時の貴族たちは極楽往生を願い、阿弥陀如来をまつる仏堂を盛んに造営した。「九品来迎図」は、『観無量寿経』を主題にし、天喜元年の創建当時の作品といわれている。そのなかの「下品上生図」（図1）には、川とともに網代が描かれており、宇治川を彷彿させる描写である。三善為康撰で保延三年（一一三七）以降五年までに成立したとされる『後拾遺往生伝』に、「極楽いぶかしくは宇治の御寺をうやまへ」と謳われた平等院こそ、当時の人びとにとっては、現世に示現した極楽浄土であった。宇治川が描かれていることも、自然なことであろう。

　また、時間軸は前後するが、内裏清涼殿の弘廂の北端に立てられた布張りの「荒海障子」の北面には「宇治網代図」が描かれていた。焼失するたびに作画され、現在の京都御所清涼殿にも設置されている。この「宇治網代図」について直接的には言及はないが、「荒海障子」については『枕草子』に記載されている。清少納言をはじめ中宮に仕える女房たちにとって、弘徽殿の上御局の近くにあったため、「荒海障子」そして「宇治網代図」は、日常的に目に入ってしまうものだったことがうかがえる。宇治との親近性を考えるうえで興味深い。

（表1）宇治を描いた主な絵画作品

宇治を描いた主な絵画作品（鎌倉・室町・桃山）		
伏見天皇宸翰源氏物語抜書　鎌倉〜南北朝　国立歴史民俗博物館	→	源氏絵
石山寺縁起絵巻　巻五　絵：南北朝末〜室町初　詞：南北朝時代　石山寺	→	名所図
扇面画帖のうち 宇治図　明応一〇年（一五〇一）賛　奈良国立博物館	→	名所図
洛外名所遊楽図屏風　左隻　狩野永徳　一六世紀半ば　個人蔵	→	名所図
源氏物語手鑑 総角一　土佐光吉　桃山　和泉市久保惣記念美術館	→	源氏絵
柳橋水車図屏風　長谷川等伯　桃山　香雪美術館	→	柳橋水車図

●水車を描く

鎌倉時代末から南北朝を経て室町時代初頭にかけて、宇治を彩る要素として、新たに水車が登場する。まず平安時代末に流行した今様で詠まれた水車を紹介しよう。一一八〇年前後に後白河天皇により編まれた今様の歌謡集である『梁塵秘抄』には、次の歌謡を載せる。

をかしく舞ふものは　巫　小楢葉　車の筒とかや　平等院なる水車　囃せば舞ひ出づる　蟷螂　蝸牛

植木朝子は、「憂し」の音を含む「宇治」でなく、極楽世界を移したともいわれる「平等院」の名をあげることによって、より明るい気分を漂わせていると指摘する。その後、永正一五年（一五一八）に成立した小歌の歌謡集『閑吟集』では「宇治の川瀬の水車　なにと憂き世をめぐるらう」（六四）と詠まれる。

和歌で詠まれないこともないが、水車はむしろ当時の流行歌謡のなかで、くるくると回るイメージと相まって詠まれているようである。

そして絵画として宇治を描く際、水車も加わる。伏見天皇（一二六五～一三一七）が『源氏物語』の

（図１）平等院鳳凰堂中堂壁扉画に描かれた「九品来迎図」のうち「下品上生図」（復元模写）（© 平等院）

本文を抄出して散らし書きをした「伏見天皇宸翰源氏物語抜書」の下絵には、柴舟、水車が描かれている。伏見天皇の宸翰と伝わるが、少し下がるとも指摘されており、鎌倉時代末から南北朝期の作品といえる。

宇治橋、宇治の網代、水車といえば、『石山寺縁起絵巻』巻五（図2）に描かれた宇治橋、網代である。巻五の絵師は粟田口隆光で、制作時期は南北朝末期から室町時代初頭といわれている。この図様は定番となり、後世の名所図に多大な影響を与えた。

また、記録のなかではあるが、宇治橋、水車という趣向は、近衛道嗣の日記『愚管記』応安二年（一三六九）二月二五日条に記される。近衛道嗣一行が木幡観音寺、浄妙寺を経て平等院へ訪れた折、従者の装束には、右袖に宇治橋、左袖に水車などの文様が施されていたとある。なんとも大胆な意匠であり、これを「婆娑羅」というのであろうか。

こうした宇治橋、水車の意匠は、後述するように、一七世紀になり、『柳橋水車図屏風』へと展開する。

狩野永徳が描いた宇治

●狩野永徳筆『洛外名所遊楽図屏風』

狩野永徳筆の『洛外名所遊楽図屏風』（図3）に描かれた宇治を紹介しよう。この

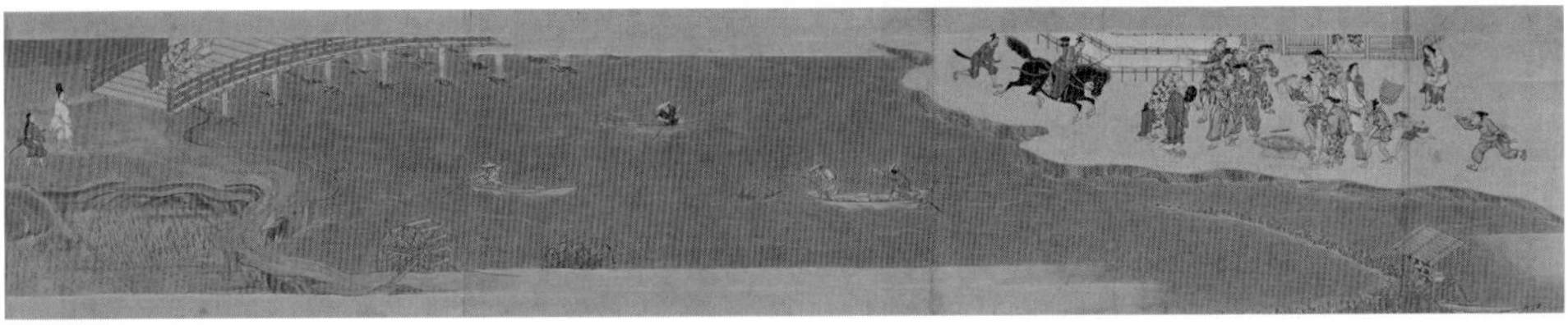

（図2）石山寺縁起絵巻 巻5に描かれた宇治橋（石山寺蔵）

作品は、永徳の二十代の作品と言われ、制作年代は一六世紀半ばである。四曲一双の屏風で、右隻に秋から冬の嵯峨を、左隻には春から夏の宇治、すなわち宇治川と平等院を中心に宇治の名所や景物を描く。源頼政が自害したと伝わる扇の芝を描いた早い作品と指摘したことがある。この作品に描かれている宇治の景色を手がかりに、俯瞰的に宇治を眺め、絵画化することについて考察していこう。

まず、本作品に先行する作品として『扇面画帖』がある。六〇面の扇絵を収めた画帖で、もとは屏風に貼り交ぜられたものといわれている。このなかの題箋に「山水図　土佐筆」とある一点には、臨済宗の蘭坡《らんぱ》景茝《けいし》の詩賛があり、没年の明応一〇年（一五〇一）が制作年代の下限である。宇治川に架かる宇治橋、平等院が中心に描かれ、橋のあたりには柳、柴舟、そして布を晒している様子が描かれている。

土佐派の作品ではあるが、こうした先行する作品があって、狩野永徳によって、屏風という大画面に宇治を描いた作品が登場する。

●扇の芝

平等院の境内に描かれている扇の芝は、源頼政が、戦に破れ自

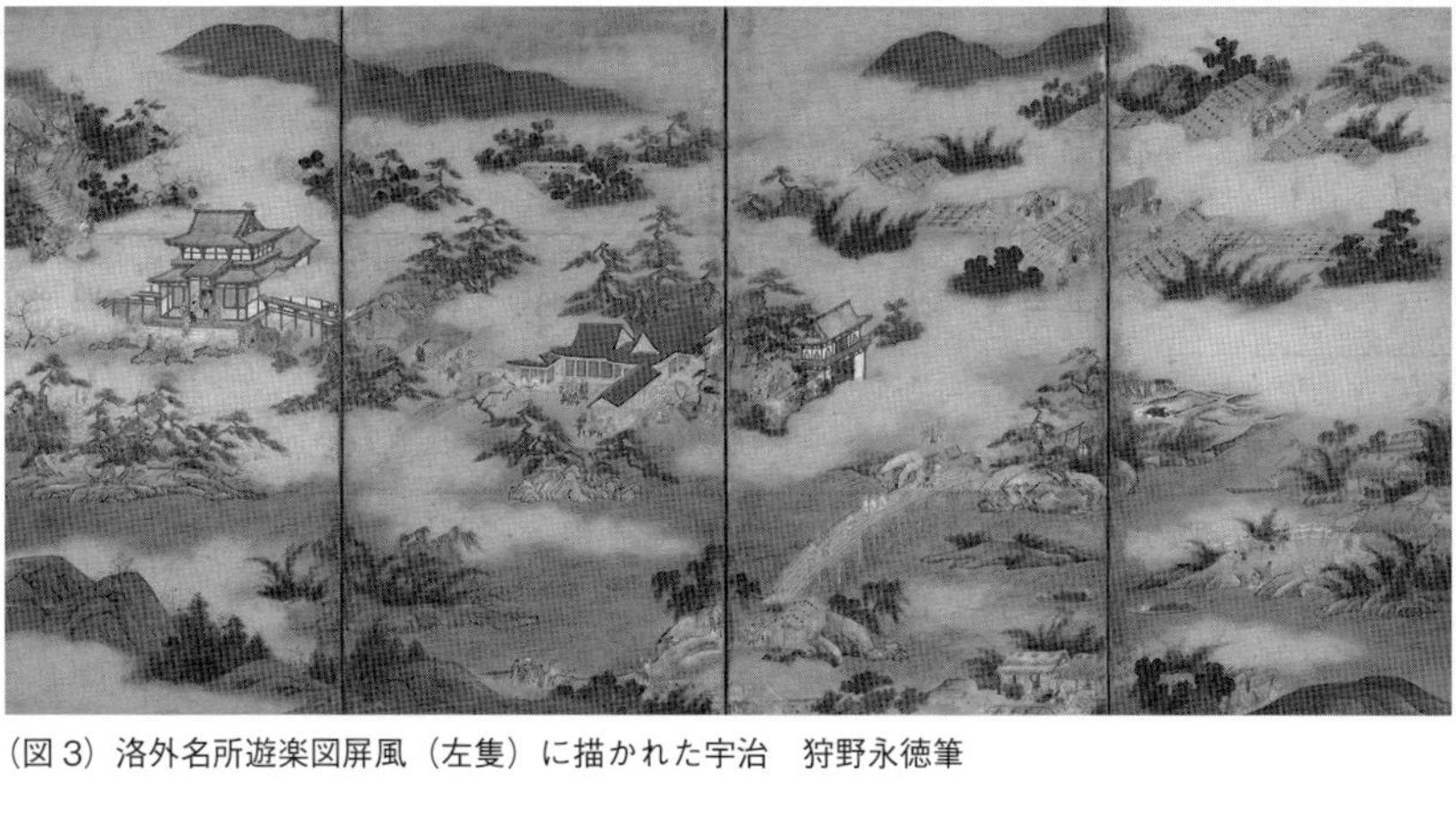

（図３）洛外名所遊楽図屏風（左隻）に描かれた宇治　狩野永徳筆

刃した場所として知られている。治承四年（一一八〇）、以仁王が諸国の源氏に平家追討の令旨を出し挙兵した。以仁王、頼政一行は、宇治で平氏軍の追撃をうけた。宇治橋をはさんで抗戦するも敗れ、五月二六日、頼政は平等院で自刃した。

扇の芝について、『平家物語』諸本に記述はなく、世阿弥作の能《頼政》が古いとされる。能《頼政》は、頼政の命日である五月二六日、宇治橋付近に、頼政の霊が現れ、旅の僧に宇治の名所を教え、平等院の扇の芝を案内し、戦の様子や、扇を敷いて自害したことなどを語り、成仏を願って芝の草陰に消えるという内容である。前場は、和歌や宇治十帖で詠まれた宇治の名所旧跡を余すところなく盛り込んでいる。旅の僧が京から宇治へ赴く道行にはじまり、「喜撰法師が庵」「槇の島」「橘の小島が崎」「恵心の僧都の御法を説きし寺」「朝日山」「平等院」「釣殿」という宇治の名所や「山吹の瀬」「柴小舟」という和歌の景物が謡われる。「げにや名にしおふ、都に近き宇治の里、聞きしにまさる名所かな」という文句の通りである。さらに後場でも、三井寺から平等院まで逃げ延びた以仁王一行の道中における名所も謡いこまれている。名所尽しの名作である。

能《頼政》の初見は、応永三〇年（一四二三）の奥書がある世阿弥の伝書『三道』である。近年好評を博している二九曲のひとつに《頼政》を挙げている。世阿弥自身も演じた。

そして能《頼政》以降、宇治の名所として扇の芝は定着したようだ。文亀二年（一五〇二）二月二八日、公家の三条西実隆が、奈良の春日詣の帰りに立ち寄ったという記録が、実際に扇の芝を目にした記録として古い。実隆の歌日記『再昌草』に、

　廿八日、還向の道、宇治の平等院にまかりよりて侍しに、頼政卿が扇の芝の桜のさきたるをみて

さきにほふ梢をとへは苔の下のその名も花にあらはれにけり

とある。実隆の私家集『雪玉集』にも収められている。

そして、扇の芝を描いた早い作品が、この『洛外名所遊楽図屏風』である（図４）。画面のほぼ中央に描かれた扇の芝を、人々が取り囲んで眺めている点も興味深い。

●槙島の晒

槙島で布を晒している光景は、江戸時代の宇治名所図には必ず描かれ、「槙島の晒」という呼称は、江戸時代の地誌に立項される。先に見た扇面の宇治図、および本作品は、「槙島の晒」（図５）を描いた早い作品であり、実はそれ以前にはほとんど確認できないし、槙島の晒の存在も不確かである。したがって、筆者としては、そもそも槙島の晒が如何なるところから出現したのか自体に関心がある。

槙島は、巨椋池の東岸に位置する歌枕である。

宇治川の川瀬も見えぬ夕霧に槙の島人舟よばふなり

『金葉和歌集』藤原基光

（図５）槙島の晒　洛外名所遊楽図屏風
左隻（部分）

（図４）扇の芝　洛外名所遊楽図屏風　左隻（部分）

朝ぼらけいざよふ波も霧こめて里訪ひかぬる槙の島人
『拾遺愚草』藤原定家

などと詠まれる。この槙の島人とは、鮎漁、氷魚漁を行う供御人である。

そして、わずかな事例ではあるが、『夫木和歌抄』に、

槙の島さらしかけたる手作りに見えまがふまで鷺ぞむれゐる 素覚法師
くまもなき月の光をひるかとて布やさらせるまきの島人 藤原宣兼

と詠まれている。もっとも、前者は鷺が戯れている様子を、布を晒している様子に喩えたものであり、注意を有する。『夫木和歌抄』は、鎌倉時代後期に成立した私撰和歌集で、『万葉集』以来の和歌のうち、勅撰和歌集に採録されなかったものが載せられている。採録した和歌は一七三八七首と大部な和歌集である。

鎌倉時代末期の装束・調度・馬具に関する故実書『布衣記』(『群書類従』装束部)には、「宇治さらし」を用いることが記されている。これが槙島の晒に該当するのであろうか。

文明八年(一四七六)春以前に成立したといわれている一条兼良の連歌の歌論書『連珠合璧集』(『続群書類従』連歌部)では、連歌の用語八八六語を四一に分類し、それぞれの用語ごとに寄合となる語を挙げている。布に関連する地名、語句のなかに、「うち(宇治)」とある。

近世以降になると、「宇治の晒」「槙島の晒」は広く知られるようになる。狂言のなかでも謡われている。狂言小舞と呼ばれるものに「宇治の晒」がある。

宇治の晒に島に洲崎に立波をつけて、浜千鳥の友呼ぶ声はちりちりやちりちりちりちりやちりちりと謡われる。現在では《千鳥》などでも謡われるおなじみの歌謡である。これがいつまで遡れるのか定かではないが、少なくとも江戸時代初期には親しまれていたようだ。

以上みてきたように、扇面の宇治図、および狩野永徳筆『洛外名所遊楽図屏風』は、宇治の晒、槇島の晒を描いた早い作品である。この作品の新奇性は、この扇の芝、槇島の晒だけではない。項を改めてみていこう。

●橋姫社と乙方

今日、宇治橋周辺には、宇治十帖の巻名を冠した古蹟が一〇か所点在する。伝来も由来も様々であるが、昭和のはじめに宇治町が「古蹟」の石柱を設置したことで固定化した。その後も新しい石碑や案内板が設置されたり、さらに場所が移動したりして、今日に至る。

江戸時代に作成された「山城国絵図」「宇治郷周辺絵図」（図6）（ともに宇治市歴史資料館蔵）などの絵図や、『都名所図会』をはじめとする地誌にも描かれている。「山城国絵図」は、正保年間に作成され江戸幕府に提出された「山城国絵図」の写しである。宇治川、宇治橋のあたりに注目すると、平等院・恵心寺（恵心院）・宇治離宮、宇治橋のたもとに「橋姫」、街道沿いに「浮舟」が描かれる。江戸時代中期とされ

（図6）宇治郷周辺絵図（部分）（宇治市歴史資料館蔵）

る「宇治郷周辺絵図」にも、「橋姫」「浮舟」「手習」「かげろふ」が描かれる。

そうした知識を前提に、本作品を見ていると、宇治橋の西詰に赤い鳥居と社が描かれているのが、橋姫社である。宇治川の右岸、宇治橋の東詰に目を転じてみると、板葺きの屋根が並び、人びとが行き交っている様子が描かれている。これは乙方の集落である。さらに川下へと目を転じると、先に見た槇島の対岸あたりまで、人びとが往来する様子が描かれている。これまで描かれることがなかった乙方の集落の賑わいについても貴重である。

●新しい宇治を描く

そして、この作品の先進的な点は、戦国期から江戸初期に形成された新町通沿いの町屋を描いている点である。中世後期の宇治郷には、「保」あるいは「番保」と呼ばれる字名とも混同される地縁的共同体の小単位があった。宇治離宮社の奉仕単位ともいわれている。江戸時代になると宇治郷の構成体として吸収されるが、番保の成立とともに、新町通（現在の宇治橋通）が形成されたといえる。宇治の番保の初見は、文安六年（一四四九）七月一三日付の売券（宇治堀家文書）で七番保に関するものである。以後、一番保、三番保、

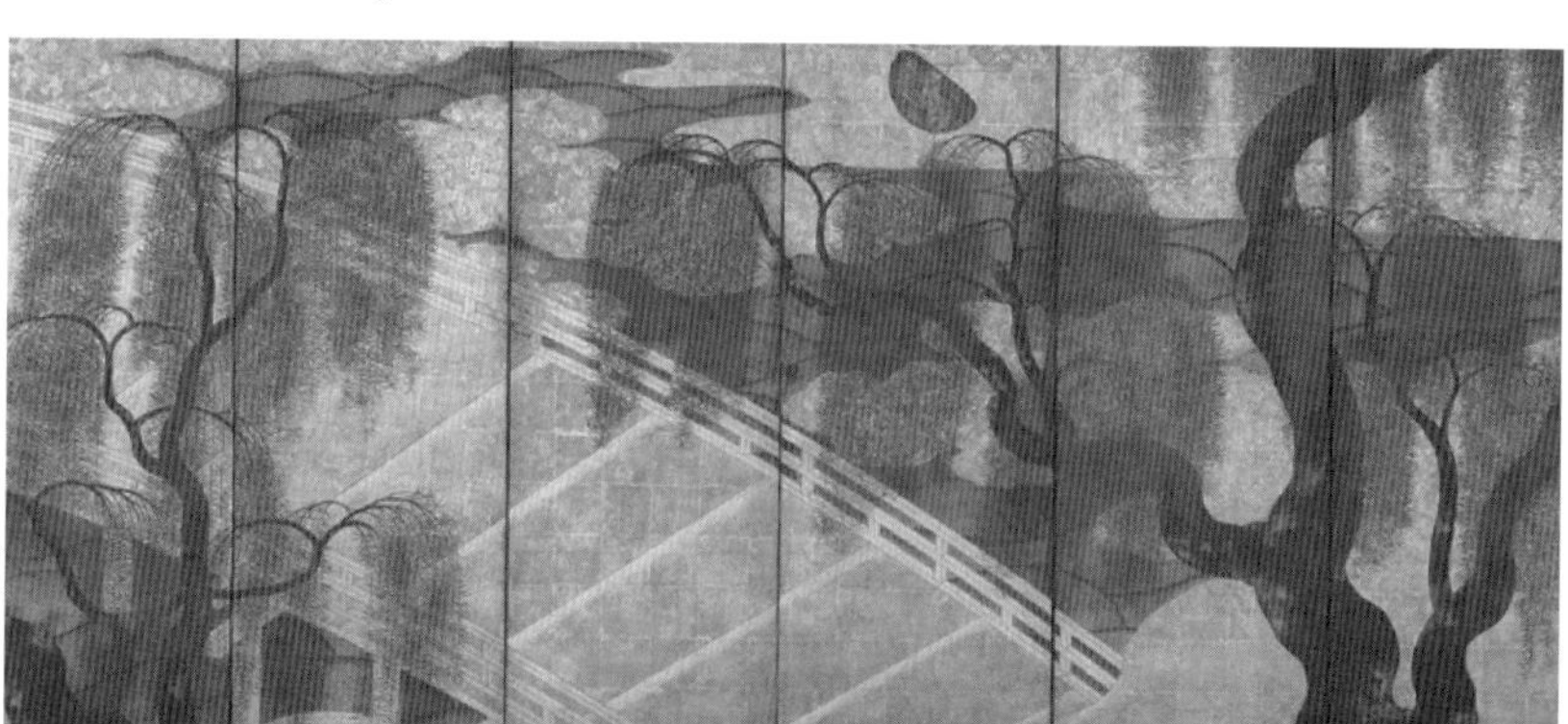

（図７）柳橋水車図屏風（右隻）　長谷川等伯（香雪美術館蔵）

四番保、五番保、六番保の存在を確認することができる。このように新しく形成されていく新町通とその町家の様子を描いている点も貴重であり、興味深い。

本作品は、四曲一双の屏風で、春から夏の宇治、秋から冬の嵯峨野を描く名所図である。同時に、宇治に関して詳細に見ていくと、中世から近世へと変容しつつある宇治の景色を描いている点も注目される。もちろんそれは今日の私たちが、近世への展開を知っているから理解できることであり、近世以降の作品では定番となるものである。そうした新しいものを敏感に察知し、描いた絵師の洞察力と感性に驚かされる。

まとめにかえて　柳橋水車図への展開

狩野永徳筆『洛外名所遊楽図屏風』から少しあとの時代になるが、宇治を描いた作品群として『柳橋水車図屏風』がある。二〇二一年秋には、大阪の中之島香雪美術館で、『柳橋水車図屏風』が一堂に会する展覧会があった。

一双の屏風に、端から端まで大胆に金色の橋を配し、柳を中心に

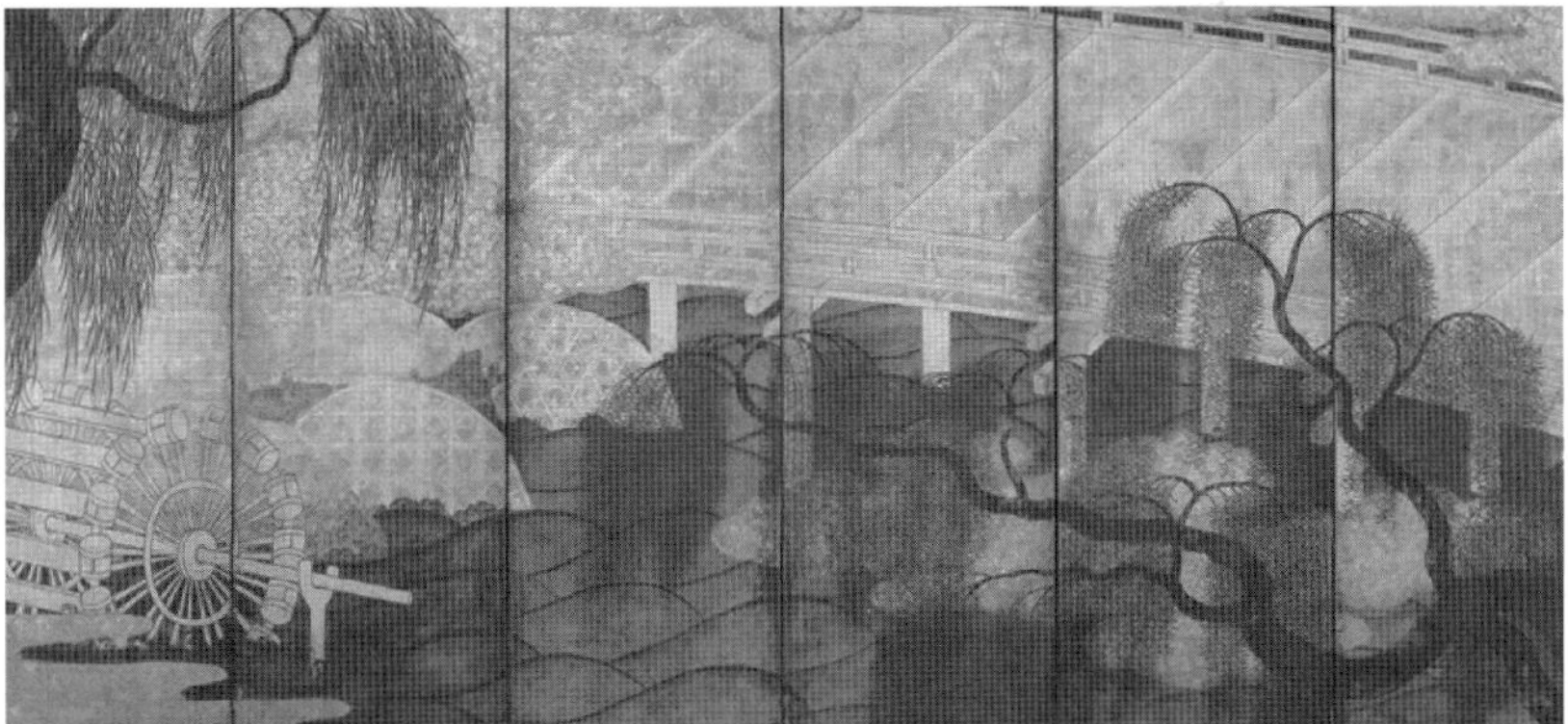

（図7）柳橋水車図屏風（左隻）（香雪美術館蔵）

水車、蛇籠などを描く『柳橋水車図屛風』（図7）は、一七世紀初めに流行し、二〇作品余の作品が確認されている。ここに描かれた黄金の橋を渡ると、平等院、あるいは極楽浄土をたどり着くことができる。柳は四季を移ろいを描く。そして、橋と柳、水車や蛇籠、柴舟などは、古くから和歌に詠われた宇治を表す景物でもあり、『源氏物語』宇治十帖など、宇治を舞台とした文学のイメージと重なる。稲本万里子は、橋、柳、水車、蛇籠を描く『柳橋水車図屛風』は、宇治十帖をテーマにしていると指摘し、示唆に富んでいる。

江戸時代以降、宇治橋を描く際は、「柳・橋・水車」が定番となった。したがって、そこに男女を描けば、宇治十帖の一場面、武者を描けば『平家物語』の橋合戦や宇治川の先陣争いを描くことも可能になった。一方、人物を描かずとも、人物を象徴する何かを描けば留守文様となった。まさに、柳橋水車図が宇治を描く到達点であり、出発点といっても過言ではなかろう。

江戸時代になると、宇治は宇治茶の産地と名声をあげる。名所図には、茶園、茶摘の様子、そして御茶師の屋敷、茶店で賑わう様子なども描かれ、新たな景物、名物が加わる。とはいえ、それにすべてとって替わられる訳ではなく、『万葉集』以来詠まれ、描かれた宇治の景色を重層的に描いている。

最初にも述べたように、宇治の歴史や文学を形成する重要な要素であり、特徴として、「嘘から出た真」「真から出た嘘」が往還し、新しいものが育まれてきた。それは、宇治を詠み、描くことも同じであり、理想的な宇治の世界を詠み、描き、さらに現実の世界にも登場させている。そして、時代の先端をいくかのごとく、瞬時に新しいものを取り込み、記録し、発信している。そうした名所は、地誌にも紹介され、名所図として描かれ、語り継がれ、今日に至っているのである。

参考文献

◎秋山光和ほか　一九九二「平等院鳳凰堂絵画の研究」『平等院大観』第三巻　岩波書店
◎家塚智子　二〇一五『初めての源氏物語　宇治へようこそ』　一般財団法人宇治市文化財愛護協会
◎家塚智子　二〇二一「源氏物語ゆかりの地・宇治を訪れた人びと」『旅行者と地域が創造する「ものがたり観光」』（京都文教大学地域協働シリーズ第三巻）ミネルヴァ書房
◎稲本万里子　二〇一二「宇治の景観を描く―「柳橋水車図屏風」」秋山虔監修『週刊朝日百科　週刊　絵巻で楽しむ源氏物語五十四帖』五〇　総角一　朝日新聞出版
◎植木朝子　二〇〇九「室町小歌・意匠・文様の世界」『日本歌謡研究』四九
◎宇治市役所　一九七三『宇治市史』第一巻
◎宇治市役所　一九七六『宇治市史』第二巻
◎川嶋将生　一九九九『「洛中洛外」の社会史』思文閣出版
◎小西瑞恵　二〇一七「中世都市の保について」『日本中世の民衆・都市・農村』思文閣出版
◎徳満悠　二〇一九「十五・十六世紀における山城国宇治の都市構造とその変容」『年報中世史研究』四四
◎冨島義幸　二〇一〇『平等院鳳凰堂　現世と浄土のあいだ』吉川弘文館
◎図録『狩野永徳』二〇〇七、京都国立博物館
◎図録『源氏絵と伊勢絵―描かれた恋物語―』二〇一三、出光美術館
◎図録『都を描く―洛中洛外図の世界―』二〇一五、京都文化博物館
◎図録『古絵図の世界』二〇二〇、宇治市歴史資料館
◎図録『柳橋水車図の世界』二〇二一、中之島香雪美術館
◎図録『歌枕』二〇二二、サントリー美術館

＊『古今和歌集』『源氏物語』『更級日記』、能《頼政》の引用は『新編日本古典文学全集』（小学館）により、表記を改めた。

コラム2

変化《へんげ》する宇治の橋姫

家塚智子

我待つ橋姫

狭筵に衣片敷きこよひもや我を待つらむ宇治の橋姫

『古今和歌集』恋四、読人しらず、六八九

この和歌では、宇治に住む女性を「橋姫」になぞらえている。「はし」は「愛し（はし）」に通じ、宇治で待つ愛おしい人という意味が込められている。『源氏物語』宇治十帖では、登場人物たちは、自らの想いを、この歌を本歌に歌を交わす。「我を待つらむ宇治の橋姫」は宇治の八の宮の姫君たち、すなわち大君、中の君、そして浮舟であり、この和歌があるからこそ、宇治十帖が成立しうるのである。本文には登場しないが、宇治の橋姫こそ、もうひとりのヒロインである。

（図1）宇治の大君、中の君を垣間見る薫
源氏絵鑑帖　巻四五　橋姫
（宇治市源氏物語ミュージアム蔵）

宇治の橋姫とは宇治橋の守り神である。現在、橋姫神社は、県通りに鎮座している。明治三年（一八七〇）に洪水で流されるまでは、宇治橋の西詰に祀られていた。宇治橋に限らず、近江国（現在の滋賀県）勢多の唐橋など古代にさかのぼる橋には、橋姫が祀られ、異境からの来訪者たちを見守り、時には侵入者を防ぐ。大和国（現在の奈良県）佐保川の佐保姫、龍田川の龍田姫も同様である。とはいうものの、宇治の橋姫ほど多様な顔をもった橋姫はいない。

『源氏物語』宇治十帖によって、「待つ女＝橋姫」像は、より強固なイメージとなった。『古今和歌集』では「橋姫」の和歌は冒頭の一首だけであるが、『新古今和歌集』には、人待つ「宇治の橋姫」の和歌を本歌とした和歌が五首選ばれている。

さ筵や待つ夜の秋の風更けて月を片敷く宇治の橋姫（秋上、四二〇、藤原定家）

片敷きの袖をや霜に重ぬらん月に夜離

るる宇治の橋姫（冬、六一一、法印幸清）

橋姫の片敷き衣さ筵に待つ夜むなしき宇治のあけぼの（冬、六三六、後鳥羽上皇）

網代木にいさよふ波の音更けてひとりや寝ぬる宇治の橋姫（冬、六三七、慈円）

うれしさや片敷く袖につつむらむ今日待ち得たる宇治の橋姫（賀、七四二、前大納言隆房）

なかでも、後鳥羽上皇と慈円の和歌は、承元元年（一二〇七）、三条白川に建立された後鳥羽上皇の勅願寺である最勝四天王院の障子絵のために詠まれた和歌である。障子には全国四六か所の歌枕を四季にあわせて描かせ、それぞれ一首ずつ歌が添えられた。後鳥羽は、自身を含め一〇人の歌人に四六の名所の和歌を一首ずつ詠ませ、合計四六〇首の中から、一首ずつ歌を選んだ。名所と和歌に彩られた障子絵が創り出す世界。ここはまさに空間・時間を支配する後鳥羽の「幻想の王国」といわれている。その「幻想の王国」の一ピースに、宇治、そして橋姫が選ばれたのである。

動き出す橋姫

橋姫とは何者か。

和歌に詠まれるだけではなく、『奥義抄』（藤原清輔　平安時代）『袖中抄』（顕昭　鎌倉時代）をはじめとする歌学書や『古今和歌集』の古注において、橋姫像がより具体的に解釈されるようになる。宇治川右岸の宇治離宮（現在の宇治上神社・宇治神社）の神と左岸の橋姫との通婚説話、あるいは住吉明神との通婚説話など様々な物語を紹介する。住吉明神は和歌の神であり、水の神である。そして、江戸時代の記録によると、橋姫社では、橋姫と住吉明神が並んで祀られている。明治三年（一八七〇）に宇治川の洪水によって流され、現在地に遷っても、橋姫と住吉明神が二社並んでいる。

また、祭祀で唱えられる大祓詞に登場する瀬織津姫《せおりつひめ》とも習合する。瀬織津姫とは結界、境界を守り、罪や穢れを祓い流す女神であり、各地に祀られている。祇園祭の山鉾のひとつ鈴鹿山の御神体は、伊勢国と近江国の国境・鈴鹿山で悪鬼を退治したとされる鈴鹿権現であるが、その姿は女神である瀬織津姫である。

橋姫と呼ばれた鬼女

橋姫はもうひとつ別の顔を持つ。それが嫉妬深い鬼女である。『平家物語』の読み本系異本である屋代本『平家物語』剣の巻のなかでは、より具体的に橋姫の物語が描かれる。嵯峨天皇のころ、とある公卿の娘が、貴船神社に籠もり託宣を受け、宇治川に二一日間浸り、生きながらにして鬼女となり、宇治の橋姫と呼ばれたという。源頼光の四天王のひとり渡辺綱は、一条堀川で女性と遭遇し、名刀「鬚切」で、鬼女の姿になった女性の腕を切り落とした。その功績から、名刀「鬚切」は「鬼丸」と命名されたという名刀の誕生譚となる。頼光と四天王の鬼退治の物語の冒頭を飾るのが橋姫である。この物語は室町物語や能へと展開する。

「橋姫」という能面がある。現在では

上演されない番外曲《橋姫》に用いられ、今日では、能《鉄輪《かなわ》》のみに用いられる。（なお、《橋姫》は、二〇一三年六月、京都観世会館において、第二回復曲試演の会で復曲上演された。）

能《鉄輪》は、夫に裏切られた女性が、貴船神社に丑の刻参りをして恨みを晴らそうとするも、安倍晴明に祈り伏せられ、「時期を待つ」と言い残して退散するという物語である。嫐《うわなり》打《う》ちをする主人公に用いる面が「橋姫」である。顔に朱を塗り、頭には鉄輪をいただき蝋燭をたてる。髪は千々に乱れている。心の内にこもる恨み辛み、苦しみが、「橋姫」の面ににじみ出ているように思える。

橋姫という銘

ところで茶の湯の世界では、道具に銘が付けられ、和歌に由来する銘を特に「歌銘」という。

「橋姫」という銘は冒頭に挙げた宇治の橋姫の和歌に由来する。「橋姫」という銘をもつ作品に、志野茶碗（東京国立博物館蔵）や唐物茶壺（徳川美術館蔵）などがある。こうした名品を目にし、親しんだ人たちは、「宇治の橋姫」「宇治十帖」とともに、茶どころ宇治にも思いをはせることであろう。

（図２）志野茶碗　銘　橋姫（東京国立博物館所蔵、画像提供：東京国立博物館 Image：TNM Image Archives）

変わらない橋姫

宇治の橋姫はその時代を代表する文学、芸能、文化のなかで変化《へんげ》する。私自身、あちらこちらで橋姫に遭遇し、驚き、戸惑い、そして関心を持つようになった。先人たちも楽しみ、さらに新たなものを育み、語り継いできたことだろう。こうした懐の深さは、宇治のもつ歴史的・文化的・経済的な豊かさに起因している。いつの世の人びとも、宇治の橋姫、そして宇治の魅力の虜になっている。

橋姫が変化しているように思えるのは、受け手の心の写し鏡であり、関心の深さの証しである。橋姫自身は今も昔も変わらず、宇治橋を行き交う人びとを見守り続けている。

参考文献

◎家塚智子　二〇一五『初めての源氏物語　宇治へようこそ』一般財団法人宇治市文化財愛護協会
◎家塚智子　二〇二一「源氏物語ゆかりの地・宇治を訪れた人びと」『旅行者と地域が創造する「ものがたり観光」』（京都文教大学地域協働シリーズ第三巻）ミネルヴァ書房
◎渡邊裕美子　二〇一〇『新古今時代の表現方法』笠間書院
◎渡邊裕美子　二〇一一『歌が権力の象徴になるとき―屏風歌・障子歌の世界―』角川叢書　角川書店
◎図録『歌枕』二〇二二、サントリー美術館

Ⅱ　中・近世の宇治と巨椋神社

◎中世後期の宇治・宇治田原
―戦乱・都市・城郭―

コラム3　宇治の合戦

◎絵図から眺める近世宇治郷

◎巨椋神社本殿の建築史
―史料・意匠・工匠―

中世後期の宇治・宇治田原
―戦乱・都市・城郭―

川口成人

はじめに

中世後期の宇治については、文明一七年（一四八五）、南山城の国人たちによって結ばれた山城国一揆との関わりが広く知られている。国人たちは応仁・文明の乱後も抗争を続ける畠山政長《はたけやままさなが》・義就《よしなり》方の軍勢を退去させた。そして、宇治平等院で集会して国掟《くにおきて》を定め、八年間のものあいだ、自律的な支配を実現した（川岡 二〇一二）。また、宇治田原については、本能寺の変後のいわゆる伊賀越えの際、徳川家康《とくがわいえやす》が宇治田原の土豪山口氏のもとに立ち寄ったことが著名である（宇治田原町 一九八〇）。しかし本章では、こうした著名な事例ではなく、あえてさほど知られていないと思われる事象を広く取り上げてみたい。

前半では、まず太極《たいぎょく》という禅僧の書いた記録から、宇治の様相をみていく。次いで、市場や旅館に着目して中世都市宇治の様相に言及する。さらに、宇治川の中州に位置した槇島に注目して、その武家の拠点としての性格を論じる。

後半では、宇治田原と戦乱の関わりについて、「宇治田原衆」などと呼ばれた在地の勢力の動向からみていく。さらに、宇治田原町に城跡が残りながら、文献史料に乏しいとされてきた岩本城を取り上げ、関連史料からその位置づけをさぐる。以上を通じて、中世後期の宇治・宇治田原地域を掘り下げていくことにしたい。

ある禅僧のみた宇治

●宇治川の蛍見物

中世を通じて、宇治の名所を訪れる人々は多かった。当時の京都や奈良の公家・僧侶の日記をひもとけば、平等院や宇治橋・橋寺、三室戸寺といった名所を訪れた記事をみいだすことができる。

ここでは東福寺の禅僧であった太極（一四二一〜?）の記した『碧山日録《へきざんにちろく》』のなかから、いくつかの記事を取り上げてみたい。太極の母方の親族には山城国木幡の満翁という人物がいた。そのため、しばしば太極は京都と木幡の寺庵を往来していた。また、応仁・文明の乱勃発後は、戦火を避けて木幡に移住し、終身そこで過ごしたとみられている。これにより、室町時代の宇治に関する記事をいくつも書き残してくれている。さっそくみていこう。

長禄四年（一四六〇）五月、木幡での般若会《はんにゃえ》に赴いた太極は、晩に宇治橋を訪れた。ここで太極は、蛍を見物し、「その群れ、幾千万、数を知らざるなり」と感想を記している。そして、宵闇で月が見えないときでもその明かりは昼のようであり、京中の風流を好む者は船や橋から終夜これをみるという、宇治の里人の話を書き留めている。

宇治川は蛍の名所であった。公家の近衛政家《このえまさいえ》や興福寺の僧侶、近江守護六角《ろっかく》氏なども蛍見物をした記録が残っている（『後法興院記』『大乗院寺社雑事記』『言継卿記』）。また、禅僧万里集九《ばんりしゅうく》も、宇治を描いた扇面画の賛に平等院の鐘と宇治の蛍を詠み込み、「宇治の平等院の鐘は有名。蛍もまた、宇治の壮観なり」と記している（『梅花無尽蔵』、市木 一九九三）。『碧山日録』の記事は宇治の蛍見物の早い事例である（宇治市 一九八三）。里人の談からも、広く宇治川の蛍が知られており、見物に訪れる人が多かったことがうかがえる。

（図1）宇治橋の様子（『洛外名所遊楽図屏風』部分）

●飢饉と徳政一揆

このように宇治の風光明媚な名所を書き留めた記事がみえる一方で、不穏な記事も少なくない。寛正二年（一四六一）二月にはいわゆる「寛正の飢饉」により、洛中の死者数が八万二〇〇〇人に及んだという情報が記されている。洛中だけでなく、木幡でも死者は多かった。二月一九日、土産を持ってきた満翁の使者に太極が尋ねたところによれば、木幡の死者は百余人、浮浪人たちはその倍はいるということであった。

さらに寛正三年九月、京都を徳政一揆が襲った。一〇月には木幡でも徳政一揆が蜂起し、道路は封鎖され、商店はみな営業を停止した。さらに宇治の徳政一揆は、木幡浄妙寺の御堂と木幡執行坊を攻撃し、放火している。道が塞がれたことによって、太極は東福寺に帰れなくなっていたが、脇道を通り戻ることができた。しかし、戻った直後に徳政一揆は東福寺を攻撃している。その時は退けられたとはいえ、一揆の動きはなお活発であった。翌十一月には徳政一揆は鎮圧され、道路も復旧した。徳政一揆の首班たちは斬首されている。太極は徳政一揆について、「徳政之盗」「盗」「盗人」などと記しており、一揆に対する冷たい視線が印象的である。

●応仁・文明の乱と宇治・木幡

こうした不穏な情勢のなかで、応仁元年（一四六八）、応仁・文明の乱が勃発する。現存する『碧山日録』の記事は、寛正六年二月の後が欠けており、次に残るのは応仁二年の一年間である。残念ながら、リアルタイムで太極が乱の勃発をどうみていたかはわからない。

応仁二年八月一三日、太極は木幡に向かった。東軍の「疾足の卒」（足軽）が南坂において追い剥ぎをおこなっていたため、迂回して伏見に向かい、小舟を借りて木幡に至っている。以後、東福寺に戻ることはなく木幡で過ごしたとされる。戦火を避けたはずであったが、木幡においても、煙と炎が空一面を覆い、兵士の声や軍鼓が騒がしい様子となっていた。なお、太極が木幡に向かった翌日の一四日には、東福寺へ西軍（山名軍）が突入し、寺僧たち数百人が追われ、堂舎への狼藉や什物の略奪がおこなわれたという。

一〇月一五日、木幡では里民・綱頭が西軍の攻撃に備えて防御を固めることとした。一九日、翌日に攻撃が予想されることを受けて、東軍の細川勝元《ほそかわかつもと》方の軍勢が駐屯した。民はみな震えおののいたが、翌日の攻撃はなく喜んでいる。ただ、西軍の陣に赴こうとする者が多く捕らえられたり、太極のもとへ盗賊に衣服を奪われた二人の上人が訪ねてきて、宿を貸したりするなど、治安の悪化と緊張は続いていた。

一一月三日には、宇治神社に参詣した東軍の足軽三〇〇余人の様子が書き留められている。足軽は各々長矛・強弓を持ち、頭には金の兜を着ける者もいれば、竹の皮笠や赤毛を被る者もおり、細葛の単衣を纏う程度で、寒さを恐れず肌を露出していた。こうした異形の姿で足を踏みならし、踊り跳ねるように参詣したという。翌日、この足軽たちは宇治から帰ったが、その親族数百人が出迎えたところ、西軍が脇道から挟み撃ちにし、二十余人が死んでいる。

五日、太極は早朝に宇治を出発し、近江の滋賀郡に出てから西に向かって鷺森坂《さぎのもりざか》に至り、日が沈み暗くなってから入洛した。まっすぐ行けば一八里の道を、五〇里かけて回り道したという。その理由は、道に賊が多くいたからであった。太極は東軍に属した親類の武士鞍智高夏《くらちたかなつ》を訪ね、旧交を深めるとともに、洛中の戦況について情報を得ている。七日には木幡に帰った。

●戦乱のなかの日常

このように、太極が暮らした木幡周辺では、応仁二年の時点で大きな戦闘こそなかったものの、東軍の軍隊が駐屯し、足軽や盗賊が跋扈《ばっこ》するあり様であった。また、洛中のみならず、近郊各地での合戦についての情報も頻繁に記され、まさに世上は乱世の様相を呈していた。ただし、太極が記したのは戦乱に関係する事柄だけではない。たとえば、釜が大きく雷のように鳴ることを怪しんだ西の家の主に対し、古書を調べて色々な原因を答えている。細川勝元の被官岩本某といった武士や、村の僧から贈りものを受けているし、先にみた盗賊に衣服を奪われた上人たちとは、宿を貸した翌日、聯句《れんく》を楽しんでいた。『碧山日録』からは、木幡で生きる太極の日常と、そこでの様々な階層の人々との交流も垣間見ることができる。

さて、応仁二年一二月一日、太極は宇治神社に参詣し、国家太平を祈った。しかし、周知のとおり、応仁・文明の乱はこの後も続き、宇治も戦場となっていく。太極は文明四年（一四七二）に木幡で『押韻集』という詩語の音韻別索引書を撰しているが、文明一八年までには没したという（玉村 一九五七）。彼が長引く戦乱とその時期の木幡・宇治周辺をどのようにみていたのか、今は知るすべがない。

都市宇治の市場と旅館

●宇治の市場の賑わい

応仁・文明の乱で戦火に巻き込まれながらも、宇治の街は賑わいをみせていた。この時期の宇治の都市構造については、徳満悠が考察を加えている（徳満 二〇一九）。以下、徳満の研究に依拠しながら、みていきたい。

狩野永徳《かのうえいとく》（一五四三～一五九〇）筆とされる『洛外名所遊楽図屏風』は、右隻には大堰川を挟んで愛宕山・釈迦堂（清涼寺）・天龍寺、渡月橋を渡って臨川寺・松尾大社といった洛西の名所が描かれる。そして

（図 2）宇治の街並（『洛外名所遊楽図屏風』部分）

左隻には、宇治川が流れ、槇島・橋姫社・宇治橋といった名所が立ち並び、左端に平等院が配されている。この左隻には、新町通り沿いの両側に町屋が並ぶ様子をみてとれる（図1・2）。徳満は、一四～一五世紀の間に、新町通りを軸とした街村状の景観が成立したとする。

宇治では毎月六度、市が開かれていた（壬生家文書）。京都の貴族の日記には、市の開かれる日以外にも買い物に行っている記事がみられる。先に挙げた『洛外名所遊楽図屏風』のなかでも、新町通りに向かって店が開かれており、常設店舗が存在する場であったようだ。市場では鰹・鮪・鰯・小鯛・海老・網魚が購入されていた。海水魚は大阪湾沿岸から輸送され、販売されていたと推測されている（『山科家礼記』）。

また野菜も市場で販売されていた。次にあげる史料は、公家の三条西実隆《さんじょうにしさねたか》（図3）の日次詠草『再昌』に記された詞書と和歌である（奥野 一九七二・伊藤 二〇〇五）。

（図3）三条西実隆像紙形（東京大学史料編纂所蔵、抜粋）

【史料二】『再昌』文亀三年（一五〇三）九月二八日条

今日は宇治市とかや、人々多く行ちがひたるはまことに市をなしたる、路すがらにて、行逢ふ人の帰るさも、又今朝見し人にありしかば、

あし早き宇治なりけりな帰るさの又行つるゝ今朝の市人

はじかみ大根ゑいといふ（こ脱カ）ゑの大きらかなるなどを、一つに荷ひもて行を見て

神明の利生とぞ見る宇治人の大根生姜《ハジカミ》ゑいと持ちたる

文亀三年九月二八日、実隆は後土御門上皇《ごつちみかどじょうこう》四回忌の仏事に参加するため、伏見の城南般舟院へ出かけた。この日は、宇治の市が立つ日でもあり、帰りには今朝会った市人にまた会うほど、人の往来が多かったという。また、大根や生姜などを「えい」と大きな声を出して、一つに担い持ち行く宇治の人々の姿に感嘆し、歌を詠んでいる。ここから大根や生姜などの野菜が持ち込まれ市場で販売されていたことや、宇治の市場の賑わいをみてとることができる。

●宇治の旅館

宇治には旅館も存在した。室町時代には、各地で屋号を持つ旅館の営業が知られている（榎原二〇二一）。宇治には、扇屋という旅館があった。この扇屋については、宇治の都市や旅館を考える上で、興味深いエピソードがある（以下、『大乗院寺社雑事記』、徳満 二〇一九、榎原 二〇二一）。

興福寺の衆徒超昇寺《ちょうしょうじ》の被官で、奈良西御門の住人である宇治次郎という人物が、扇屋の所有する馬を借りて荷物を運搬していたところ、宇治郷にて荷物を奪われてしまう。それからしばらく経った延徳二年（一四九〇）一一月、超昇寺が宇治次郎と扇屋を拘禁した。宇治次郎と扇屋が結託し、荷物を掠め取ったという疑いがかけられたとみられる。宇治の住民である扇屋が拘禁されたことを受け、宇治は報復として京都に行っていた興福寺東北院の寺侍を拘禁している。

このエピソードから、扇屋が馬を所持しており、京都と奈良の運輸業に従事する馬借とみられる宇治次郎に、馬を貸し出していたことがわかる。宇治では旅館が住人に馬を貸し出し、馬借として活動させていたのである。さらに、興福寺側が宇治の住民を拘禁したことに対し、その報復として宇治が興福寺側の人物を拘禁していることからは、宇治郷がその住民を守ろうとする自律的な共同体としての性格を持っていたと評価できる。

屋号を持つ旅館としては、ほかに永禄七年（一五六四）に山科言継《やましなときつぐ》が春日祭の上卿として南都に下向する際に休憩した「宇治市場桶屋」が確認できる。ここから市場に旅館があったことがわかる。この時は言継だけでなく、供の者や人夫を合わせて一七人という人数だったので、休憩した桶屋もそれなりの規模だったのだろう（『言継卿記』）。屋号は確認できないが、寛正六年（一四六五）に奈良から帰洛の途にあった禅僧季瓊真蘂《きけいしんずい》は、「宇治旅店」において、昼食をとり平等院の見物へ出かけている（『蔭凉軒日録』）。当時の旅館は宿泊だけではなく、休憩や昼食、馬の貸し出しといった活動もおこなっていたのである。なお、永正一八年（一五二一）に東大寺領美濃国大井荘の年貢催促に遣わされた定使も、帰路で宇治の宿に宿泊している（「東大寺文書」）。

京都と奈良を結び、さらに東ともつながる交通・流通の要衝である宇治では、旅館業も盛行だったのではないかと考えられる。

武家の拠点槇島

●上三郡支配の拠点

中世、宇治川の中州に位置した槇島には、在地の有力者で、室町幕府奉公衆にも編成されていた真木島氏が拠点を構えていた。とくに、元亀四年（一五七三）、織田信長《おだのぶなが》と決裂した足利義昭《あしかがよしあき》が籠城し、信長軍の前に降伏した場所として知られている。ただし、豊臣秀吉《とよとみひでよし》の宇治川付け替えや近代の淀川改修・巨椋池干拓によって、現在その様子をうかがうことはできない。本節では、義昭以前の戦国時代の槇島城についてみていきたい（以下、宇治市 一九七四、森田 一九九二、藤岡 二〇二二）。

応仁・文明の乱の際には、東軍に属した興福寺の成身院光宣《じょうしんいんこうせん》が軍勢を率いて「宇治槇島館」に入っている。一方、文明一〇年（一四七八）には山城国上三郡（久世・綴喜・相楽）の守護代となった遊佐国久《ゆざくにひさ》が、郡代を宇治槇島に入部させ、下五郡（乙訓・葛野・愛宕・紀伊・宇治）の守護代となった神保与三左衛門尉が、同じく郡代を淀へ入れている（『東院年中行事記』『大乗院寺社雑事記』）。宇治川をはさんで、南側の上三郡は槇島が、北側の下五郡は淀が管轄するようになったのである（今谷 一九八六、川口 二〇二一）。ただし、畠山氏が山城国守護を失った後、一度槇島は守護の拠点としての地位を喪失したようである。

やや時期が下って、明応八年（一四九九）には、京都の細川政元《ほそかわまさもと》（勝元子）（図４）方と対立する畠山尚順《はたけやまひさのぶ》（政長子）方で合戦があり、「真木島館」が落城している。これを機に、槇島は細川政元および、政元のもとで山城国上三郡の守護代を務めた赤沢宗益《あかざわそうえき》の拠点となる。

（図４）細川政元肖像（龍安寺蔵）

●細川政元と槇島城

明応九年八月に下向して以降、政元は槇島に滞在することが増えていく。文亀元年（一五〇一）六月には「真木島城」へ将軍足利義澄《あしかがよしずみ》が下向し、政元によって酒宴と猿楽が催されている。文亀二年二月には政元が義澄を招いて鷹狩があった。この年の四月には、義澄と政元との間に対立が生じたため、義澄は政元を説得すべく槇島城に赴いている。対立解消後の文亀三年二月にも、政元は義澄を招いている。この時は義澄の側近や公家衆も供をし、蹴鞠が催された。その後も義澄は政元を上洛させるため、しばしば槇島城を訪れている。結局、同年一〇月になってようやく政元は上洛した（以上、『後法興院記』『蹴鞠御会日記』）。

将軍足利義澄と最大の庇護者である細川政元は、ときに緊張を生じつつも相互に依存する、不即不離の関係にあった。槇島城は、いわば両者の政治的な駆け引きの舞台となったのである。

●栄枯盛衰の槇島城

藤岡琢矢は、近衛政家の日記『後法興院記』において、明応八年に「真木島館」、文亀元年に「真木島城」と呼称が変化していることや、細川政元が将軍足利義澄を招くような施設となっていることから、この時期に槇島城の整備・拡充が進められた可能性が高いとする（藤岡 二〇二二）。これに関わって、この時期の槇島の様子を示す史料を紹介しておきたい。先にもみた三条西実隆の詠草『再昌』の記事である（伊藤二〇〇五）。

【史料二】『再昌』文亀二年二月二八日条

廿八日、還向之道、宇治の平等院にまかり寄りて侍しに、頼政卿が扇の芝の桜の咲たるをみて

咲匂ふ梢をとへば苔の下の　其名も花にあらはれにけり

真木の島のいとにぎはゝしく栄えたるを見やりて

浮雲に消えをあらそふ水の上のあはれとぞ思ふ真木の島人

槇島城で将軍義澄を招き鷹狩が催されてから約三週間後の文亀二年二月二八日、実隆は春日社参詣の帰路、宇治に立ち寄り、平等院へも訪れた。槇島の繁盛を目にした実隆は、浮雲と消えることの早さを争う水上の泡のような、槇島の人々の営みを「あはれ」と思い、歌を詠んだのであった。

果たして、永正元年（一五〇四）三月、宗益は政元に反旗をひるがえし、鎮圧されて槇島城より没落する。六月に宗益は許されたものの、九月には政元の被官薬師寺元一《やくしじもとかず》が起こした反乱に加担し、再び槇島城から没落した。翌永正二年二月二八日、春日祭のため奈良へ向かった実隆は、木幡山を越えてみると、家々はみな焼け、宇治の渡も槇島も一昨年の賑やかに栄えた様子が変わってしまった状況を書き残している。一方で実隆は宇治の市の営みを記してもいる。

その後も、永正四年には大和国を攻撃する赤澤長経《あかざわながつね》（宗益子）・内堀次郎左衛門尉が槇島に着陣している。永正五年に周防国より上洛した大内義興《おおうちよしおき》が山城国守護に就任すると、その被官の弘中武長《ひろなかたけなが》が上三郡守護代となった。弘中武長は「槇木の嶋に陣して」いたという（「再昌」）。さらに大内義興に従って上洛した国人のなかには、「槇嶋在城衆」として詰めていた者もいた（「波多野家蔵文書（都野文書）」）。一六世紀前半の大内義興が山城国守護を務めた時期に至るまで、槇島城が山城国上三郡の拠点として機能していたのである。

宇治田原の在地勢力と戦乱

●応仁・文明年間の宇治田原

前半では中世後期の宇治と戦乱の関わりについても言及したが、当然ながら宇治田原も戦乱とは無縁ではなかった。ここでは、宇治田原と戦乱との関わりについて、みていきたい。

先に触れたように、東福寺の禅僧太極は応仁二年（一四六八）八月、木幡に下向している。一六日、太極は西軍が藤森神社の南に出撃し、東軍の「田原之衆」と戦ったことを記している（『碧山日録』）。東軍には、山科をはじめとする京都近郊の郷民が参加していたことが知られているが、同様に「田原之衆」、すなわち宇治田原の勢力も東軍に属して戦っていたのである。

残念ながら、太極は「田原之衆」のその後の動向は記していない。ただし、同年一二月一九日には「田原之軍士某」が太極に対し、「烏薪《うしん》」（木炭）を歳末の礼として送っている。「田原之軍士某」の具体的な素性はわからないが、「軍士」という表記からは、宇治田原の在地勢力のなかでも上位に位置する侍ではないかと思われる。引き続き、宇治田原の在地勢力は、東軍に属して乱に参加していたのである。

公家の近衛政家も、宇治田原の勢力との接点がある（以下『後法興院記』）。応仁二年一一月四日、戦火を避けて宇治に移っていた政家のもとに、「田原辻彦左衛門」なる人物が鷹をつれて訪れた。そしてともに白河別所を遊覧している。一二月二七日にも「田原辻」が政家と対面している。さらに文明一〇年（一四七八）に政家が上洛した後も、三度、政家のもとに田原辻が訪れている。

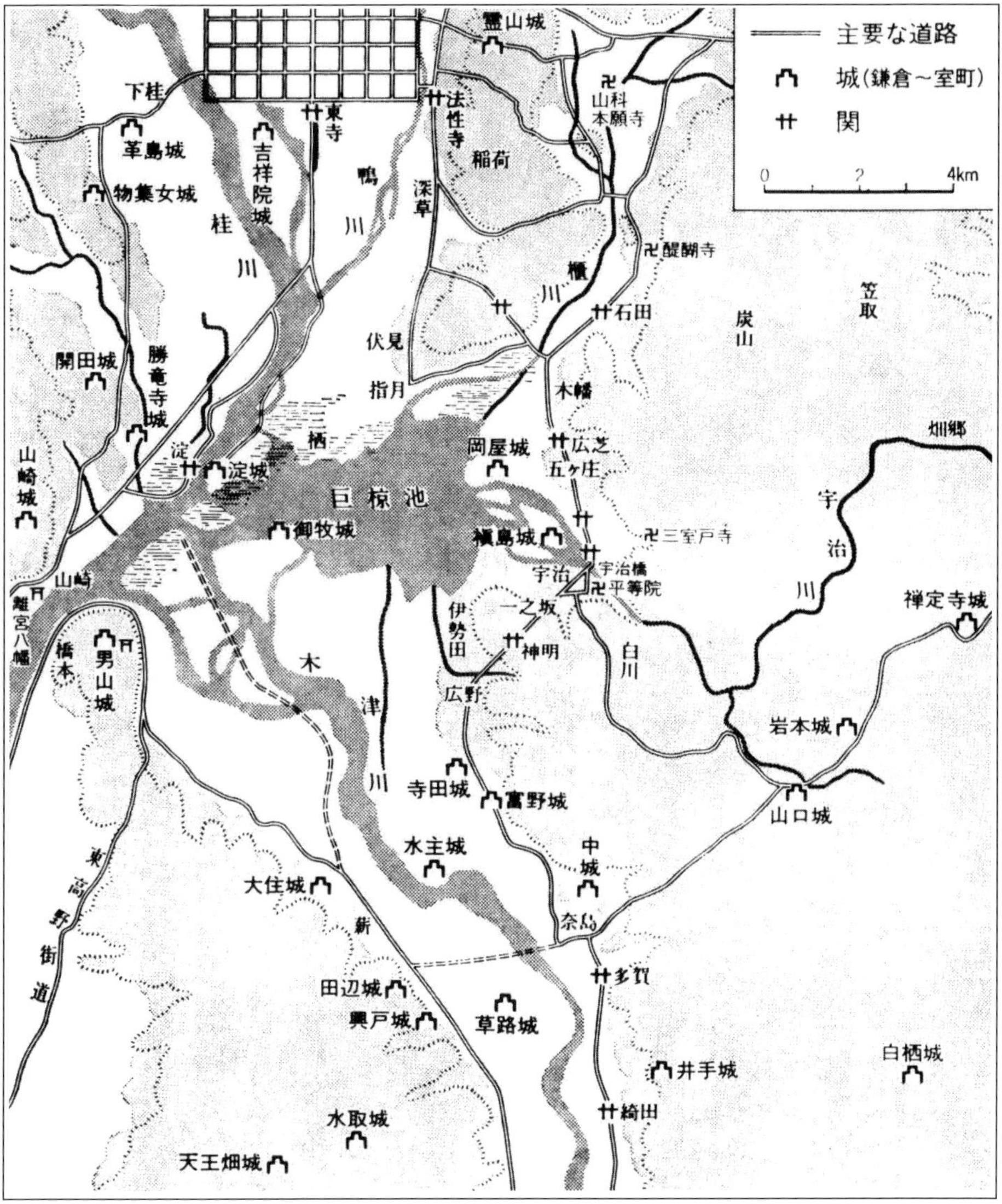

(図 5) 室町時代宇治周辺の道と関所 (宇治市歴史資料館『宇治橋』1996 年より引用)

政家は、宇治から宇治田原を経由して近江国の近衛家領信楽郷に下向したことがある。信楽郷の代官を務めた多羅尾氏は近衛家と関係が深い人物であった。京都と信楽郷を結ぶ位置に宇治田原が存在したことを踏まえれば、辻と近衛家の関係もこれ以前にさかのぼるのではないか。なお、太極の記した東軍に属する「田原之衆」と、政家と交流した「田原辻彦左衛門」は、ともに応仁二年にみえている。このことを踏まえると、「田原之衆」に「田原辻彦左衛門」が属していた可能性もある。

さて、応仁の乱中の宇治田原の動向ははっきりしないが、山城国一揆が結ばれる少し前に、その動向をうかがうことができる。文明九年に乱が終結した後も、かつて西軍に属していた畠山義就は、河内で独自の支配を展開しつつ、山城に軍勢を派遣し、対立する畠山政長方と抗争を繰り広げていた。文明一五年九月、義就方の軍勢を率いて狛城を拠点とした斎藤彦次郎は、水主城を落城させてここに移った。さらに、富野・寺田に進軍し、これを制圧した。このとき、宇治橋より南においては、神明神社と平等院のほかがことごとく焼き払われたという。このとき、伊賀衆とともに、宇治田原よりも軍勢が発向している。宇治田原の在地勢力は、義就方についていたのである。

ただし、その二年後の文明一七年七月には、天王畑の斎藤彦次郎方の軍勢が、宇治田原に乱入し、ことごとく放火している。その理由は、宇治田原が山城国から没落した人々を居住させていたからだという。畠山政長方で没落した者たちが、宇治田原に潜伏していたのである。これをみると、宇治田原の勢力が義就方と強固な関係を結んでいたわけではなさそうである。

●「宇治田原衆」の戦国

天文一四年（一五四五）、宇治田原は大きな戦乱の渦中にあった。この頃、細川氏は分裂しており、京都の細川晴元《ほそかわはるもと》方と、それに対抗して挙兵した細川氏綱《ほそかわうじつな》方が抗争を繰り広げていた。氏綱方に属した一族の細川国慶《ほそかわくによし》は、晴元方を攻撃すべく、四月に南山城へ侵攻し、五月六日には井出城を攻略、一二日には宇治槇島を攻めた。しかし、一五日に国慶と連携していた河内の畠山稙長《はたけやまたねなが》が没したことで、国慶方は勢力を失ってしまう。この国慶方の軍勢には、「田原衆」が加わっていた。京都の晴元方は一万とも六万ともいわれる大軍を宇治田原に派遣し、国慶方を鎮圧した。このとき、「岩本所一城」を除く田原七郷がことごとく放火された。さらに、宇治・木幡・石田・伏見といった周辺地域にも晴元軍による濫妨狼藉がおこなわれた（以上、『厳助往年記』『言継卿記』、城陽市 二〇〇二、馬部 二〇一八）。中央の戦局に加担したゆえに、宇治田原は大きな被害を受けてしまったのである。

その五年後の天文一九年六月には、「山科七郷衆」「宇治俵《(田原)》衆」「深草衆」が東山霊山正法寺をことごとく放火し、激しい攻撃を加えている（『言継卿記』）。これがどのような背景で起こった事件なのか、各地の「衆」がいかなる契機で結びついたかは定かではない。応仁の乱の際などに山科七郷衆が軍事行動をおこなったことは広く知られている。一方で、深草衆も宝徳二年（一四五〇）に竹田とのあいだで合戦するなど、自律的な動きをみせていた（「宇治堀家文書」）。「田原衆」「宇治俵衆」と称される宇治田原の在地勢力は、山科七郷衆や深草衆といった同様の勢力と連合して行動する、自律的な性格を持っていたと考えられる。

その後も、永禄九年（一五六六）より始まる畿内の三好三人衆と松永久秀《まつながひさひで》との抗争において、宇治田原の在地勢力は動員され戦っていたようである。永禄九年八月には、三好三人衆の一人三好長逸《みよしながやす》が宇治田原に「公事札」を立てている（『永禄九年記』）。さらに、永禄一〇年一〇月には足利義昭の側近三淵《みつぶち》藤英《ふじひで》と香西に率いられた宇治田原衆と、三好長逸の子生長が山城国炭山で合戦し、「公方衆」三淵たちが敗北している。一方、翌永禄一一年には十河氏の調略を受けた「宇治田原ノ衛門兵衛」が、松永方の山城国富野城を攻撃し、落城させている（『言継卿記』『多聞院日記』）。この頃、宇治田原の流通・交通に関わる三好長逸や松永久秀の文書が「宇治田原諸侍御中」や「宇治田原諸侍衆御中」に宛てて出されており、宇治田原で武家権力とつながった地侍の存在をうかがうことができる（「馬の博物館所蔵文書」「天理図書館所蔵文書」）。

以上、中世後期の宇治田原と戦乱を追うなかで、細川氏や畠山氏、次いで三好氏や松永氏といった武家権力と結びつき、山科七郷衆や深草衆といった他地域の同様の勢力とも連合して自律的に活動する宇治田原の在地勢力の姿が浮かび上がってきた。その実態や内部の構成には不明な点も多く、必ずしも一枚岩ではないと思われる。ただし、「宇治田原衆」「宇治田原諸侍衆」として史料にみえる点は、この地域のまとまりを考える上で注目されよう。

宇治田原岩本城とその周辺

●岩本城をさぐる

現在の宇治田原町岩山城山には、岩本城という城郭跡が残る。この岩本城については、南北朝期・戦国期の伝承が知られるのみで、文献からの歴史は不明とされてきた。そして、城郭史の見地からは、一六世紀後半の遺構を持つとする見解が出されている（中井 二〇二一）。その一方で、近年までに岩本および岩本城と関連すると思われる史料が、いくつか紹介されている。本節ではその成果を踏まえ、岩本城についてみていきたい。

まず、宇治田原の岩本という地名は、正応三年（一二九〇）〜四年の禅定寺の造営に関する記録にみえる。造営勧進に関わった客僧のなかに「大夫田原岩本人　権律《ごんのりっ》師《し》信尊《しんそん》」がおり、奉加者には「岩本西願房」や「岩本　成《じょう》阿《あ》」といった人物がいる（「禅定寺文書」、窪田 二〇一二）。また、明徳二年（一三九一）の熊野御師の旦那売券によると、「ウ（宇）治田原・岩本・山田・善（禅）定寺并巻（槇）嶋一大住一円」が売却されている（「米良文書」）。岩本にも熊野御師と師檀関係を結び、熊野参詣に訪れる者がいたことがわかる。

さらに、宝徳三年（一四五一）の禅定寺と田原荘の山地の境界をめぐる相論に関する史料は注目される（「禅定寺文書」）。ここでは、当時の幕府管領・山城国守護 畠山持国《はたけやまもちくに》の被官で、綴喜郡の郡代とみられる桑原見《くわばらけん》智《ち》という人物が、相論について京都へ報告したので、証拠となる文書などを持参し急ぎ上洛するよう、禅定寺の沙汰人に伝達している。見智は、合わせて岩本へも同様の内容を伝えている。このことから、禅定寺と田原荘の相論において、宇治田原側では岩本が代表的な立場となっていたと考えられる。

●落城した岩本城、落城しなかった岩本城

そして、一六世紀初頭になり、岩本城が史料に姿をあらわす。永正三年（一五〇六）二月二日、妙楽寺円寿房・明円房という僧侶によって、乙方又四郎大夫なる人物に所領を売却したことを証する売券が作成されている。ここには、宇治田原岩本城が破れ放火された時に売券を紛失したことが記されており、改めて作成されたことがわかる（「宇治堀家文書」、野村 二〇二一）。この頃、岩本城が戦火のなかにあり、一度落城したことが判明する。とはいえ、関連史料は乏しく、この頃の岩本城を取り巻く状況を確定することは難しい。

この前年の永正二年には、宇治・宇治田原周辺も中央の戦乱に巻き込まれていたようである（以下、『大乗院寺社雑事記』）。すなわち、永正二年八月一日には細川政元の被官で綴喜郡代を務めていた内堀が、政元に背き宇治より没落している。この頃、内堀は奈良から京都の路次に新関を設置し収益を得ていた。これが直接的に関係するとはいいきれないが、綴喜郡代としての支配のなかで、政元の意向に背く事態が生じたのかもしれない。

さて、内堀没落の翌日には、前節で触れたように永正元年に政元に背き、山城国守護代を剥奪されていた赤沢宗益が守護代に復帰し、山城国に入部している。宗益の復帰は、幕府と対立する河内の畠山氏を攻撃するためであった。一〇月になると、政元から、「禅定寺諸侍郡役衆中」に対し、畠山氏攻撃への参加が命じられている（「禅定寺文書」）。

以上の動きをみると、永正二〜三年頃の宇治・宇治田原地域は、京都の細川氏とそれに対抗する畠山氏との戦局のなかにあったことがわかる。推測をたくましくすれば、内堀の綴喜郡支配や京兆家による動員に対する、宇治田原の在地勢力の緊張・反発が生じ、岩本城が戦乱に巻き込まれた可能性もある。

時期が下って、天文元年（一五三一）八月の細川晴元・六角定頼・法華一揆による山科本願寺攻撃の際に、本願寺は事前に女房衆を宇治田原に下向させている。次いで、蓮如末子の実従も脱出、宇治田原にしばらく滞在した。同年一〇月二五日、実従は「岩本天神」（双栗天神社）の神事能を見物している（『私心記』）。

そして先述したように、天文一四年の細川晴元による宇治田原攻撃の際には、「岩本所一城」を除く田原七郷が放火されている（「厳助往年記」）。これも岩本城の存在を示すが、なぜ放火をまぬがれたかは定かではない。先に触れたように、宇治田原も一枚岩ではなかったのかもしれない。あるいは城郭としての利用価値を見越したのだろうか。

●岩本の有力者たち

さらに時期が下ると、岩本の有力者とみられる人物が、宇治田原の北に位置する近江国大石荘の土豪大石氏に伝わった文書に名前をみせる。すなわち、天文二二年には「田原城大かみ岩」と「重綱」なる人物が、永禄四年には「向井三左衛門行吉」と「城兵庫助行□」が、同時期には「田原岩本城兵庫助」が、それぞれ先祖相伝の私領を大石氏に売却しているのである（大津市 一九六三）。鎌倉期には、大石荘と隣接する龍門荘の紛争調停を、宇治田原の住人が仲介している。これらの史料は、戦国期においても宇治田原と大石の間に交流があったことを示している。これ以前の城氏・向井氏の動向は未詳だが、先祖相伝の私領を保持していたことからみて、岩本のなかで有力な位置にあった家とみてよいのではないか。とすれば、城氏や向井氏が、岩本城を拠点としていた可能性も出てこよう。ただし、先祖相伝の私領を売却していることからは、この時期の経済的な困窮も示唆される。

以上、これまで文献史料が乏しいとされてきた岩本城について述べてきた。宝徳三年の相論で宇治田原側の代表的な立場として岩本が現れること、永正年間に岩本城が落城しており、細川氏の綴喜郡支配や軍事動員との関連が推測されること、岩本の有力者とみられる城氏・向井氏といった存在が確認できることなどを指摘した。これらを踏まえれば、少なくとも一六世紀初頭には、先に言及した「宇治田原衆」「宇治田原諸侍衆」といった在地勢力の主要な拠点として、岩本城が機能していたとみてよいのではないだろうか。

おわりに

以上、本章の前半では、禅僧太極の『碧山日録』から、宇治川の蛍見物や飢饉・一揆・戦乱をみてきた。また市場や旅館を事例に、都市宇治の一面に言及した。さらに、武家の支配の拠点としての槇島の位置にも触れた。

本章の後半では、まず京都とその周辺の戦乱に垣間見える、宇治田原の在地勢力の自律的な動向を述べた。さらに文献史料が乏しいとされてきた宇治田原の岩本城について、その性格の一端の解明を試みた。

本章は中世後期の宇治・宇治田原について、あえてあまり知られていない題材を中心に広く取り上げてみた。とはいえ、ごく限られた史料を扱ったに過ぎない。新たな史料の発掘、周辺地域・研究領域の成果を踏まえた既存の史料の読み直しなど、宇治・宇治田原については検討の余地が残されていると思う。今後の研究の進展をまちたい。

参考文献

◎市木武雄『梅花無尽蔵注釈二』続群書類従完成会

◎伊藤敬　二〇〇五「再昌」久保田淳監修、伊藤伸江・伊藤敬『和歌文学大系六六　草根集・権大僧都心敬集・再昌』明治書院

◎今谷明　一九八六『守護領国支配機構の研究』法政大学出版局

◎宇治市　一九七四『宇治市史2　中世の歴史と景観』宇治市

◎宇治市　一九八三『宇治市史年表』宇治市
◎宇治田原町　一九八〇『宇治田原町史　第1巻』宇治田原町
◎榎原雅治　二〇二一「中世の旅館と伝馬・宿送」『地図で考える中世』吉川弘文館
◎大津市　一九六三『新大津市史　別巻』大津市
◎奥野高広　一九七二「山城宇治の市」『日本歴史』二八四
◎狩野博幸　二〇〇七『狩野永徳の青春時代　洛外名所遊楽図屏風』小学館
◎川岡勉　二〇一二『山城国一揆と戦国社会』吉川弘文館
◎川口成人　二〇二一「室町期畠山氏被官「国久」の活動と比定」『京都学・歴彩館紀要』四
◎窪田涼子　二〇一二「寺社造営にみる禅定寺在地社会の動向」藤木久志編『京郊圏の中世社会』高志書院
◎城陽市　二〇〇二『城陽市史　第一巻』城陽市
◎玉村竹二　一九七九「『碧山日録』記主考」『日本禅宗史論集　一之下』思文閣出版
◎徳満悠　二〇一九「十五・六世紀における山城国宇治の都市構造とその変容」『年報中世史研究』四四
◎中井均　二〇二一「惣の城―普賢寺谷・宇治田原・田山の城館構成―」『戦国期城館と西国』高志書院
◎野村朋弘　二〇二一「宇治堀家文書にみる戦国期南山城の様相」橋本素子・角田朋彦・野村朋弘校訂『史料参集古文書編　宇治堀家文書』八木書店
◎馬部隆弘　二〇一八「細川国慶の上洛戦と京都支配」『戦国期細川権力の研究』吉川弘文館
◎藤岡琢矢　二〇二二「山城国槇島城と真木嶋氏」『市大日本史』二五
◎森田恭二　一九九二「公家日記にみる戦国の地域史―京郊宇治を例として―」中世公家日記研究会編『戦国期公家社会の諸様相』和泉書院

コラム3

宇治の合戦

森下　衛

交通の要衝、宇治

宇治の地は、古くから交通の要衝に位置していた。

大和（現奈良県）に政権が所在した古墳時代から奈良時代には、近江を経由して、北陸や東国方面へ通じる陸上交通路は、奈良山を越え、木津川右岸を北上して宇治に至り、ここで宇治川を渡って近江へ向かった。

一方、水上交通からみると、宇治川が巨椋《おぐら》池を中継地として、琵琶湖から大阪湾、さらに木津川流域をつないでいた。

当地は、このように古くから重要な陸上と水上の交通路が交わる地点だった。都が平安京へ遷されて以後、その重要性は一層増した。かつての都（平城京）と新たな都（平安京）を結ぶ幹線道路が当地を通過した。また宇治川は、東の近江や南の大和方面から、平安京へ軍勢等の進入に対する重要な防衛ラインの一つとして位置づけられるようになった。

こうしたことが背景となり、時代が大きく変化する時、政権争いなどが起こると、当地では戦いが繰り返されることとなった。本コラムでは、その中から主な合戦を紹介することにしたい。

記・紀における宇治の合戦

まず、『日本書紀』や『古事記』（以下『記・紀』と標記）から、宇治を舞台とした戦いに関する二つの説話を紹介しよう。

一つは、第一四代仲哀《ちゅうあい》天皇の後継争い。『記・紀』によると、仲哀天皇は、九州南部に勢力を張る熊襲《くまそ》がヤマト王権に背いたため出兵したが、戦いの最中に急死する。天皇の遺志を継いだ神功皇后は、神のお告げにしたがい熊襲を討ち、さらに海を渡って朝鮮半島の新羅《しらぎ》を攻めたという（三韓征伐）。その後、後に応神天皇となる誉田別尊《ほむだわけのみこと》を出産し、畿内へ戻ることとなった。

しかし、仲哀天皇には、すでに麛坂《かごさかの》皇子《みこ》と忍熊皇子《おしくまのみこ》がおり、二人は、自分たちをさしおいて誉田別尊が皇位継承者になることを恐れ、皇后らを討つべく挙兵した。途中、麛坂皇子が不慮の死をとげたものの、最終的に菟道《うじ》の地が、忍熊皇子と神功皇后の決戦の地となった。戦いは、策略により皇后軍が勝利し、忍熊皇子は現在の膳所《ぜぜ》付近で瀬田川へ身を投じ自殺したと伝わる。

二つ目は続く第一五代応神天皇の後継

（図１）宇治神社周辺。菟道稚郎子の菟道宮推定地

争い。宇治にゆかりの深い人物として描かれる菟道稚郎子《うじのわけいらつこ》は、応神天皇の寵愛を受け、長兄・次兄をさしおいて後継者に指名された。しかし、次兄で後に仁徳天皇となる大鷦鷯尊《おおさざきのみこと》と皇位を譲り合い、天皇崩御後も皇位を継承しなかった。すると、長兄の大山守皇子《おおやまもりのみこ》が皇位を狙って挙兵。これを知った菟道稚郎子は、渡守に扮し、大山守皇子が乗る船を菟道川《うじがわ》の渡河中に転覆させ、皇子を溺死させたという。

『記・紀』の説話や伝承は、史実として信用するわけにはいかない。しかし、こうした皇位継承を巡る争いは、ヤマト王権内部での政治的な抗争を象徴的に描いたものではないかと言われる。

神功皇后や応神・仁徳天皇の時代は、古墳時代前期から中期への過渡期（四世紀後半から五世紀初頭）のことと考えられている。ちょうど大王墓の造営地が、大和盆地の北辺から大阪平野へと移っていく頃で、こうした動向に『記・紀』の記述を重ね合わせ、王権を巡る抗争を想定するものである（上田正昭一九九五）。

中世の宇治の合戦

さて、「宇治川断碑」や『日本後紀』によると、宇治橋は大化二年（六四六）に架けられたと伝わる。全国でも最も古い橋の一つとされ、宇治川の渡河点が、古くから重要視されてきたことを物語る。しかも、平安時代以降、武士が活躍する世の中になると、都の防衛線としての宇治川渡河点は、時代が移り変わる節目には必ずと言ってよいほど、合戦の舞台となった。

まず、「源平の戦い」とも言われる治承・寿永の乱が挙げられる。後白河法皇の皇子・以仁王《もちひとおう》の令旨、挙兵を契機に、源頼朝を中心とした武士団が平氏政権の打倒を目指した。この戦いは、治承四年（一一八〇）～元暦二年（一一八五）の六年にわたり、宇治では少なくとも二回の合戦が行われた。

最初は、治承四年、以仁王と彼に味方した源頼政が、平氏との間で交えたもの。『平家物語』などによると、挙兵した以仁王にはすぐに味方は集まらず、平氏方に追い詰められた。都から奈良の興福寺へ逃れようとした以仁王と源頼政は、平等院近くで追っ手に追いつかれ、宇治川を挟んで合戦に及んだ。しかし、源頼政は敗死し、この場を逃れた以仁王も相楽郡内で討ち取られた。

続いて、四年後の寿永三年（一一八四）一月には、源義仲と源義経の間で合戦が行われた。『平家物語』や『吾妻鏡』などによれば、前年の七月に平氏を追い出して入京した義仲は、後白河法皇と対立した。このため、鎌倉の源頼朝は、義仲を討つべく弟の範頼《のりより》・義経に大軍をつけて上洛させた。都へ迫った軍勢は、範頼が瀬田、義経が宇治を攻撃。義仲は、宇治に志田義広を派遣し、宇治橋を挟んで合戦したが、戦上手の義経相手にあえなく敗退。都から敗走して、近江国粟津で最期を遂げた。なお、この戦いでは、「宇治川の先陣争い」が著名。頼朝から拝領した名馬に乗る二人の武者・佐々木高綱と梶原景季《かげすえ》が平等院側から宇治川を渡り、対岸へ渡る先陣を争ったと伝える。

（図２）現在の宇治橋から上流部を眺める。この近辺で合戦が何度も繰り広げられた

　次に、宇治で行われた合戦は、承久三年（一二二一）に後鳥羽上皇が鎌倉幕府打倒を目的に挙兵した「承久の乱」の中で行われた。武家政権と朝廷が対決した史上初の武力衝突とされる。

　『吾妻鏡』などによると、上皇軍鎮圧のため、幕府は総勢約一九万騎の大軍を派遣したという。軍勢は、鎌倉から北陸道・東山道・東海道の三方に分かれて西に進み、都近くに迫ると、北条時房が瀬田、北条泰時が宇治を攻め入京を目指した。

　泰時は、上皇軍の攻撃や雨により増水した宇治川の渡河に苦戦したが、平等院で一夜を過ごした後、強引に軍勢を進め、ついには上皇軍を敗走させた。同時に瀬田でも上皇方が敗れ、乱は鎮圧された。なお、この宇治川の戦いでも再び「先陣争い」が繰り広げられたという。増水し激流となった宇治川渡河を命ぜられた佐々木信綱と芝田兼義によるもの。

（図３）宇治川大合戦図（宇治市歴史資料館蔵）

　それから一〇〇年余りの後、鎌倉幕府を倒した後醍醐天皇が「建武の新政」を行っていた建武三年（一三三六）、宇治で四度目の合戦が行われた。

『太平記』などによると、新政で冷遇された多くの武士に不満が広がる中、関東で起こった北条氏残党の反乱（中先代の乱）鎮圧に向かった足利尊氏は、その後も鎌倉に居座り、政権からの離脱を図った。

　これを謀叛と考えた天皇は、新田義貞を討伐軍として派遣したが、尊氏はこれを退け、逆に都の制圧を目指した。都へ迫ると、瀬田を弟の直義、淀を畠山高国、宇治を尊氏といった布陣で攻撃を開始。宇治を守る楠木正成は、川の西岸で平等院鳳凰堂を除く建物のほとんどを焼き払い、東岸に要塞を築いて尊氏の侵攻に備えたという。尊氏側の諸将は、こうした防衛線を破れずに苦戦したが、各地からの援軍が到着して形成が一気に逆転。劣勢となった正成ら天皇側は比叡山に撤退した。

宇治での最後の合戦

　宇治で繰り広げられた最後の合戦(※)は、元亀四年（一五七三）七月に、織田信長と室町幕府一五代将軍の足利義昭との間で交わされた槇島城の戦いである。

　『信長公記』などによると、永禄一一年（一五六八）、織田信長に擁されて上洛し将軍に就任した義昭だったが、信長とは次第に対立する。元亀三年（一五七二）には、浅井長政、朝倉義景、石山本願寺、さらに武田信玄等を扇動して信長攻撃を画策した（「信長包囲網」）。義昭自身も挙兵したが失敗に終わり、正親町天皇により講和がなされた。

　ところが、元亀四年七月、義昭は講和を破棄し、槇島城に立て籠もった。槇島城は、現在の宇治市街地から北西に少し離れたところにあった真木島氏の居城で、宇治川が巨椋池へ流入するあたりの島地に築城されていた。

　信長は、七万の大軍で城を包囲し、攻撃を仕掛けたという。するとこれに恐怖した義昭は、すぐさま降伏。降伏を受け入れた信長は、義昭を京都から追放した。なお、義昭が都を追放されたことから、この合戦により室町幕府は事実上滅亡したとされる。

　一六世紀の終わり頃、豊臣秀吉は、伏見に城を築き、城下町を整備した。また、太閤堤と呼ばれる大規模な堤を設け、宇治川の流路も大きく付け替えた。これにより、それまで宇治が担ってきた水陸交通の要衝としての役割のほとんどは伏見に移った。

　以後、宇治の地で大きな合戦がおこることはなくなった。現在は風光明媚な観光地として、日々多くの人たちが訪れている。

※これらのほか、宇治では応仁文明の乱の最中にも戦闘が行われ、「宇治橋が焼かれた」「宇治の街が焼け野原になった」といった資料が散見される。しかし、戦闘の詳細が明確でないものもあり、ここでは割愛した。

参考文献
◎上田正昭　一九九五『大和朝廷　古代王権の成立』講談社学術文庫
◎『宇治市史1』宇治市、一九七三

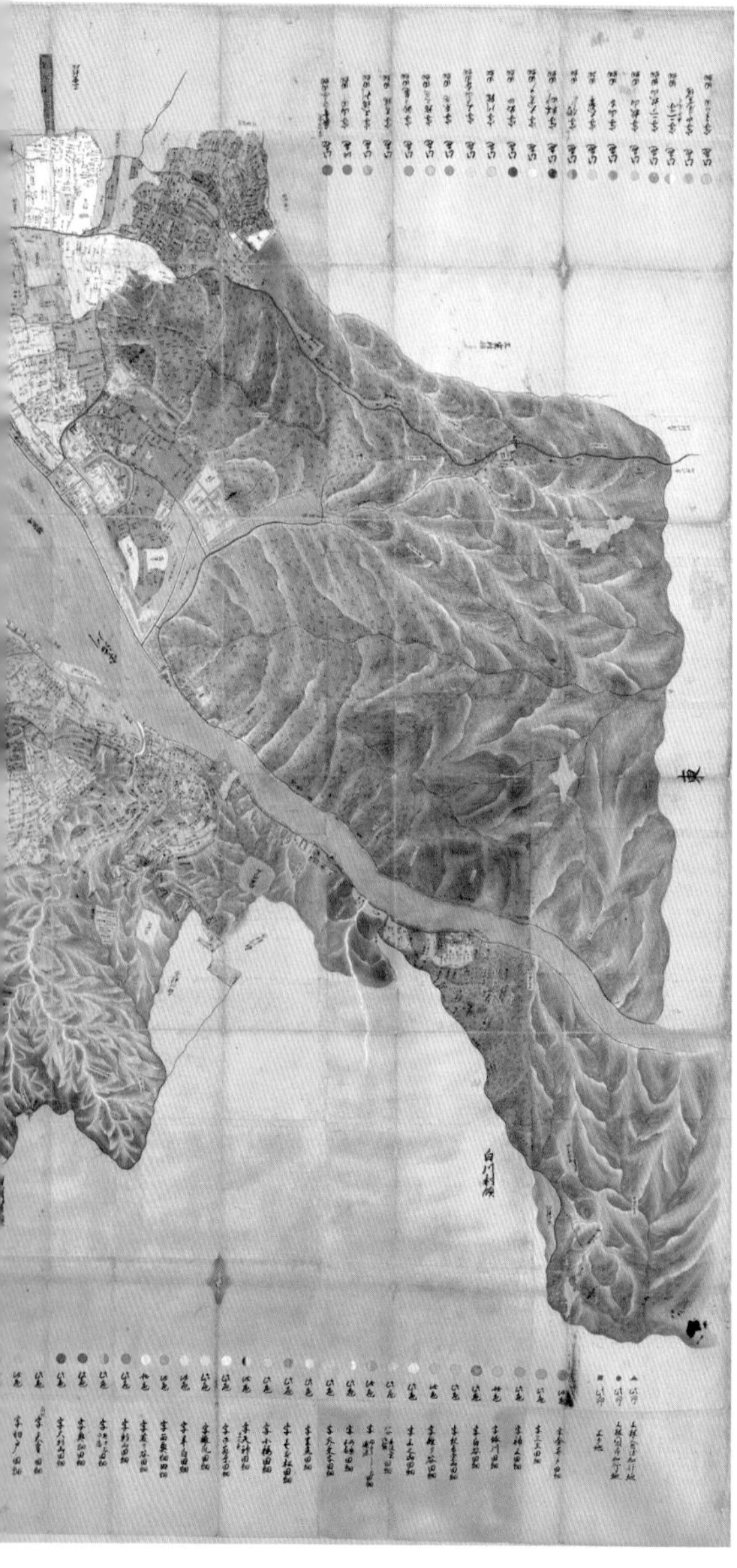

Ⅱ

中・近世の宇治と巨椋神社

絵図から眺める近世宇治郷

上杉和央

（図１）「宇治郷総絵図」（宇治市歴史資料館蔵）

はじめに

●近世宇治郷を描いた絵図

宇治市歴史資料館に所蔵される史料の一つに、「宇治郷総絵図」（図1）と呼ばれる古地図がある（以下では適宜、総絵図と省略して表現する）。三七六・七×五二四・二センチメートルという巨大な紙面に、一八世紀前半の宇治郷全体が彩り豊かに表現されたもので、『宇治市史』で紹介されて以来[1]、近世の宇治郷を空間的に理解するための基礎的な史料として位置づけられてきた[2]。

ただし、総絵図には経年の劣化によって判読が難しくなっている箇所がある。そうした部分の表現については「宇治郷切絵図」と呼ばれる古地図群を参照することができる（以下、切絵図ないし切絵図群と省略して表現する）。この史料は複数枚で一セットとなるもので、全体として宇治郷を表現したものとなっている。その表現はシンプルであるものの、基本的には総絵図にきわめて類似しているため、総絵図で判読できなくなった部分は切絵図で補うことが可能なのである。そこで本章では、総絵図および切絵図群を利用して、近世宇治郷の景観を確認していくことを大きな目的としたい。

なお、切絵図については宇治市歴史資料館（四三枚）、恵心院（二枚）[3]、上林六郎家（三枚）での所蔵が知られるが、宇治市歴史資料館本は本来五〇枚で一セットであったもの、恵心院本のうちの一枚は本来四七枚セットであったものである[4]。また、上林六郎家本は表現内容からみて、明らかに宇治市歴史資料館本や恵心院本とは別セットの図群の一部と判断できる。よって、少なくとも三つの系統の切絵図群が確認されていることになる。このうち、本章で主に利用するのは、最も多くの絵図が残され、かつ総絵図と描写内容がほぼ一致している宇治市歴史資料館本である。

●総絵図・切絵図群の描写範囲

総絵図や切絵図群の内容を具体的にみていく前に、これらの描写範囲について、相互の関係性を確認しておきたい。

図2は、総絵図をベースマップとして、その上に切絵図群（宇治市歴史資料館本）の個々の図の描写範囲を示したものである。図2に表示した白線が切絵図ごとの分割線であり、史料に付された番号を示している。図のなかで「欠」と表記した一か所は史料内で番号が欠損している図の範囲である。一方、「(無)」としているのは宇治市歴史資料館には所蔵されていない範囲だが、おそらく本来はこの部分の切絵図も存在したのだろう。こうした不明な部分があるものの、切絵図群全体としては総絵図と描写範囲が一致することは明らか

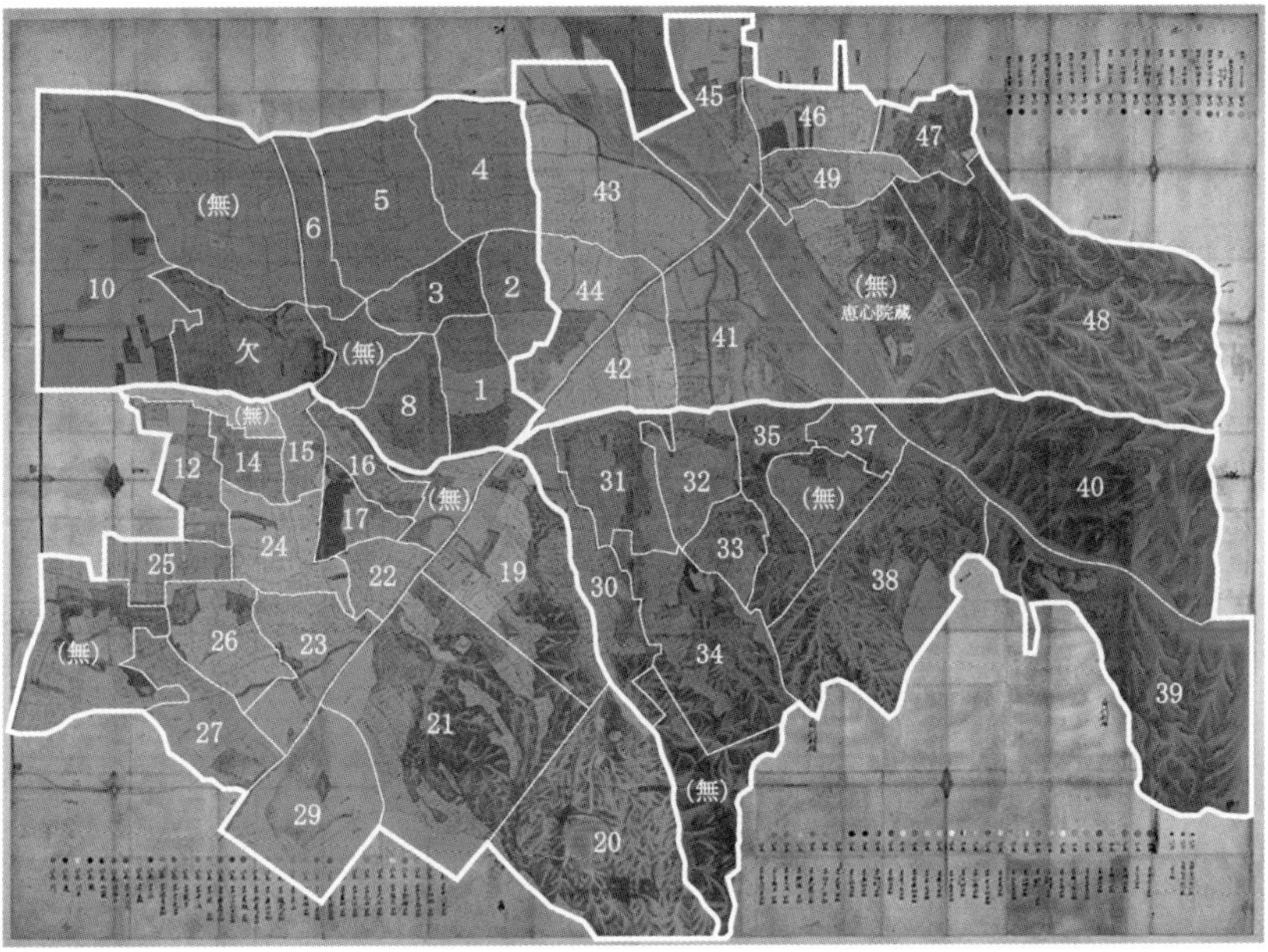

(図2)「宇治郷切絵図」の描写範囲。白線が切絵図の分割線を示す。番号は宇治市歴史資料館本の切絵図群の各図に示されたものである。「欠」は史料欠損で確認できないもの、「(無)」は宇治市歴史資料館に所蔵されていないことを示す。(「宇治郷総絵図」宇治市歴史資料館蔵をベースマップとして作成)

である。なお、白太線で北西、南西、南東、北東の四つに分割されているが、これは宇治市歴史資料館本の裏書にみえるまとまりの単位を示したものである。

近世の宇治郷の範囲は、おおよそ現在の宇治市宇治の範囲に踏襲されている。そのため、総絵図や切絵図群についても、基本的には宇治市宇治あたりが描写されていると考えてよい。たとえば、図1をみると総絵図の中央やや上側に三つの道路で直角三角形のような形に区切られた地区がみえる。この地区は現在の宇治市街地の中心である。三角形の斜辺を形作る街路は総絵図のなかで最も太く表現されているが、この街路は京都と奈良を結ぶ奈良街道である。奈良街道は、三角形街区のすぐ上側（北側）で宇治川を渡り、大鳳寺村および三室村との境界までが描写される。そこには境界を示す標柱も表現されている。

一方、奈良街道の南側は市街地を抜け、神明神社、正法寺付近までが描かれる。街道東側についていえば、「神明境内」と「淀領」との境界までが描写範囲であり、やはり標柱が描かれている。神明神社や正法寺の付近は現在、宇治市神明の範囲に当たる。

総絵図の東西の範囲についてもみておこう。東側については宇治川の上流部が表現される。右岸と左岸でやや異なるが、左岸の場合は、おおよそ現在の天ケ瀬ダム付近までが描かれている。

西側については「大和海道」と図内に注記された伏見から奈良に向かう街道（大和街道）が境界となっている。この街道沿いには小倉村の集落が立地しており、集落の様子も表現されている。小倉村は宇治郷とは異なる村であり、本来であれば表記される必要はないものである。ただ、小倉村のなかに宇治郷の飛び地が散在しており（またその逆も然り）、大和街道にも宇治郷の土地が部分的に接していることから、表現されたのだと思われる。

総絵図ないし切絵図群は、こうした他領との入り込み関係をきわめて厳密に表現している。複雑な土地の領有関係を地図上で明確に把握することも、これらの図のひとつの機能であったかもしれない。

こうした基本事項をふまえた上で、次節以降では、総絵図や切絵図群の具体的な表現内容をみていくことにしたい。なお、検討では両史料を適宜利用したが、不要な混乱を避けるためにも図版として提示するのは総絵図のみとする。(5)

宇治のまち

●街道沿いの景観

まずは宇治市街や街道沿いを中心とした「まち」に着目しよう。

前節でも紹介したように、宇治郷の中心は三つの街路が直角三角形のような形を形成する地区であった。現在の通り名で言えば、直角三角形の斜辺にあたる街路は宇治橋通り（奈良街道）、短辺は県《あがた》通り、長辺は本町通りである。これらは必ずしも近世にさかのぼる名称ではないが、わかりやすさのために、これらの通り名を利用する。

総絵図の描写を確認すると、この三つの街路のうち宇治橋通りと県通りについては、街路に沿って両側に建物が立ち並んでいる一方、本町通りについては宇治橋通りおよび県通りとの接続部分付近にはそれぞれ建物が連続するものの、中間地点は建物の描写は疎らになっている。本町通り沿いの地筆の大部分には「田畑」を示す彩色がみられることもあり、建物が連続する街道景観というよりも、建物と田畑が混在するような景観が街路からみえた、ということになる。

なお、本町通りについては、たとえば一九二二年（大正一一）測図の二万分一地形図「宇治」においても、通り沿いのすべてに建物があるような表現にはなっていない。また現在においても一部は生産緑地が通りに面している状況であり、宇治橋通りや県通りとは若干異なる特徴を有している。

宇治橋通りや県通りの建物の描写を総絵図で確認すると、板葺きと瓦葺きの両方の屋敷が混在していたような表現になっている。試しに、宇治橋通り沿いに建つ建物について検討してみると、全七七地筆のうち板葺きの建物が建つ地筆は六〇か所、瓦葺きの建物が建つ地筆は一〇か所であった（残りは屋根材が混在する地筆もしくは柵列の地筆）。全体としては板葺きの建物が八割近くを占めており、瓦屋根の続く町並みではなく、板葺き屋根の町並み、といったほうがよい。

ただし、瓦葺きの建物のある地筆の街道に面した間口は一〇間以上ある場合が多い（表1）。なかには二〇間を超える長大な間口を持つ屋敷もあり、それらは基本的に街道沿いに塀が設けられる構造となる（塀に瓦が葺かれている）。一方の板葺き建物の建つ地筆の間口は大部分が五間前後となっており、瓦葺き建物と比べると狭隘である。そのため、瓦葺き建物の数は二割程度と少ないものの、一軒あたりの間口は広く、景観上に占める割合としてはずっと多くなる。

さらに言えば、板葺き・瓦葺き問わず間口一〇間以上の建物と五間以下の建物とは、街道景観のなかで明確な差異をもっていた（図3）。間口の広

（表1）近世の宇治橋通りの屋敷間口の分布（宇治郷総絵図・宇治郷切絵図より作成）

		間口			
		5間未満	5-10間	10-20間	20間以上
北西側	板葺き	8	6	4	1
	瓦葺き	2	–	1	5
	混合・柵列	–	–	2	1
南東側	板葺き	16	19	6	–
	瓦葺き	–	1	1	–
	混合・柵列	–	2	2	–

い建物は代官所や茶師の邸宅である。いわば、近世宇治郷の政治経済の中心的な存在であった。総絵図が描かれた一八世紀前半は、代官を務めていた上林二家が一時職を解かれるなど、宇治茶師がつかさどってきた宇治郷の政治経済体制が転換していく時期に当たる。そうした社会情勢は十分にふまえる必要があるが、少なくとも景観上においては、間口の狭い屋敷（の住人）に対する、間口の広い屋敷（の住人）の権威は保たれていたと言えるだろう。

なお、総絵図と切絵図を比較すると、一部で建物表現が違っている場合がある。たとえば図3中央の街道下側には、柵列と冠木門とで表現された場所（八嶋宗応家）があるが、切絵図をみると、長屋門を構えた屋敷に表現されている。一方、図3右の街道下側に一三間半の間口を持つ板葺き屋根の屋敷（上林道庵家）が表現されているが、同じ場所が切絵図では柵列で表現されている。こうした違いは総絵図と切絵図の作製年代が異なること、もしくは地図の系譜が異なることを示すのだと思われる。ただし、個別の屋敷に関する履歴が不明なため、この異同のみからこれ以上の検討は難しい。

●宇治茶の景観

宇治橋通り沿いに立地する間口の広い屋敷は宇治茶師が居住する場

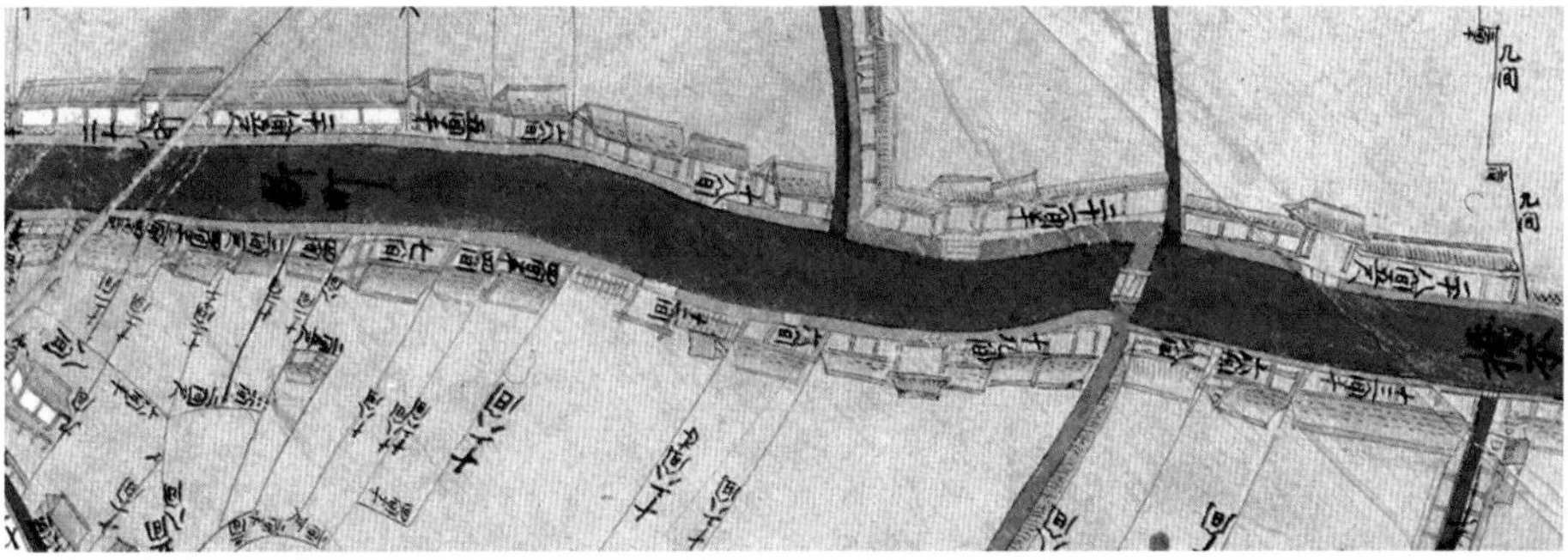

（図3）「宇治郷総絵図」における宇治橋通りの描写。北西を上、南東を下になるように回転させている。（宇治市歴史資料館蔵）

であり、近世の宇治はまさに宇治茶の町として展開していた。ただし茶師がいるだけで茶ができるかと言えば、そうではない。当然ながら、茶園が必要であり、茶の生産に従事する農家も必要である。表1や図3のなかにみえる間口が比較的狭い板葺きの屋敷のなかには、そうした生産者が含まれている。ともすれば茶師の大きな屋敷ばかりに注目してしまうが、宇治市街を構成する屋敷の多くが、そうした板葺き民家であったことは覚えておきたい。

また、市街地から目を転じて、改めて図1にて総絵図全体をみてみると、山林部分以外の土地の多くに彩色が施されていることが確認できる。これらは田畑として理解されていた地筆である。すでに触れたように、直角三角形の街区をなす中心部にもそうした田畑の地目があった。これらのなかには当然ながら「田」も含まれるが、一定の広がりをもって「畑」、もっと言えば茶園が展開していた。総絵図よりも作製が古く、一七世紀中ごろの史料とされる「宇治町絵図」をみると、すでに市街地の周辺が「圓畑」と表記されていて、茶園が広がっていたことがうかがえる(6)。

また、一六七七年(延宝五)に刊行された名所案内記『出来斎京土産』(巻之七)のなかには次のような内容が紹介されている。

宇治橋の近くになると道の左右に有名な茶園がおびただしく広がる。あちらこちらに小屋を作って葭《よし》簀《ず》を保管しているのは、八月十六夜の初霜から茶園に霜よけに覆いをするためという。本当に大切に育てており、どんな作業もおろそかに思っていない。

どうやら茶園のなかに道具を保管する小屋が点在していたようであり、この名所案内記の作者、浅井了意は茶園とそのなかの小屋に目を奪われたらしい。小屋のなかには霜除けの葭簀が保管されていることを地元住民から聞いている。（旧暦）八月からという真偽は定かではないが、宇治茶の生産に葭簀が不可欠であること自体は間違いではない。茶の新芽が出る頃に葭簀や稲わらを利用して茶園を被覆することで、豊潤な味わいが抽出可能な良質な茶葉の生産ができた。こうした特別な生産技術は宇治茶師のみに認められていた特権だったのであり、葭簀の小屋のある茶園というのは宇治ならではの景観だったのである。

　総絵図には、こうした小屋の表現はみられないものの、色とりどりの「田畑」の表現が宇治市街の周囲や市街地のなかにもみられる点は、やはり注目しておきたい。

　そして、宇治茶の景観としてもう一つ、特徴的な構成要素である宇治橋にも目を向けておこう（図4）。宇治橋には上流部に「三の間」と呼ばれる張り出しがある。総絵図ではちょうど折り目となっていてみにくいが、「水汲所」という注記が添えられている。豊臣秀吉が茶に利用する水を汲み上げさせた場所という故事による表現であり、宇治茶の里にかかる橋ならではのシンボルの一つと言える。この水汲みの役を命じられたのは宇治橋のたもと（右岸側）に茶

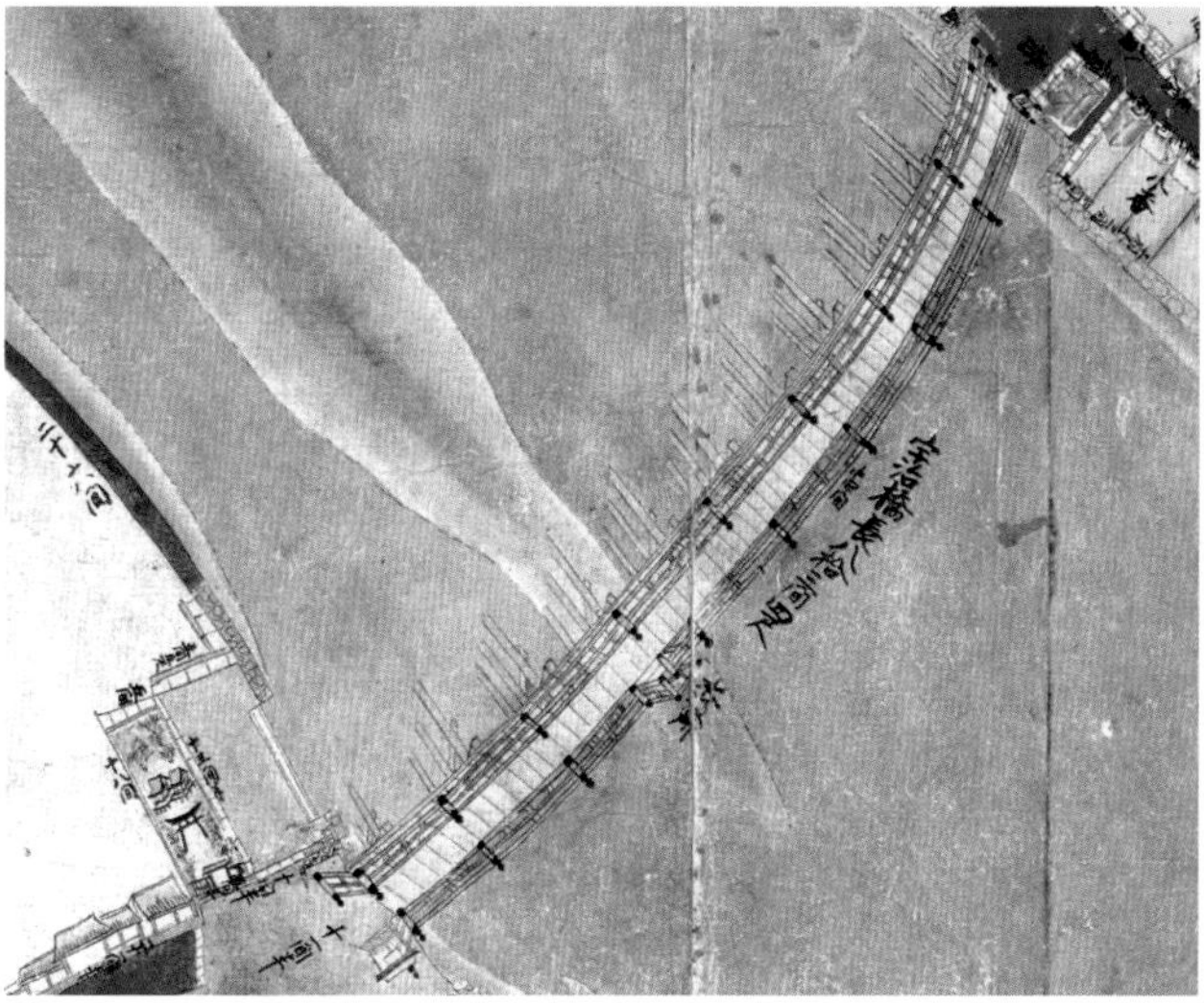

（図4）「宇治郷総絵図」における宇治橋の描写。中洲の表現のある付近の上流部に三の間があり「水汲所」という注記がある。右岸の橋のたもと（画面右上）には通圓茶屋もみえる。（宇治市歴史資料館蔵）

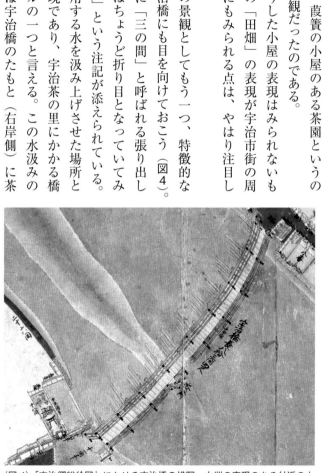

屋を構えていた通圓《つうえん》であった。図4の同所にも「通圓」という注記がみえる。ただし、総絵図の描かれた時代、この三の間の直下は中洲となっており、そこから水を汲むことは難しくなっていたようである。それでもなお「水汲所」が記されるところに、宇治と茶、もしくは宇治と秀吉との関係が密接なものとして認識されていたことをうかがうことができるだろう。

●社寺の描写

総絵図には宇治郷にある神社や寺院も描写されている。ここでは現在、世界文化遺産「古都京都の文化財」の構成資産となっている平等院と宇治上神社に焦点を絞って、総絵図の描写を確認しておこう。

図5は平等院付近を示したものである（鳳凰堂が正面を向くように画像を回転させている）。鳳凰堂だけでなく、園地や周辺の建物も含め、詳細に描き込まれていることがわかるだろう。鳳凰堂については、周囲の建物とは異なって柱が朱で表現されているが、これは実際の鳳凰堂が朱塗りの柱であったからに他ならない。柱数などは違っており、実際の建物に忠実というわけではないが、中堂と左右対称に付す翼廊のほか、尾廊もわずかに表現されており、鳳凰堂の再現度は総じて高い。中堂の屋根に乗る鳳凰が実物よりもはるかに大きく表現されているのはご愛敬といったところ

（図5）「宇治郷総絵図」における平等院の描写。画像を回転させている。
（宇治市歴史資料館蔵）

だろうか。

　鳳凰堂の周囲を池が取り囲んでいるのは、現在と同じである。[7]もっとも、総絵図と現在の様子を比べると、池の形であったり、鳳凰堂の位置する島の形であったりと、異なる点が見受けられるのも事実である。総絵図の描写に問題がある可能性もあるが、鳳凰堂の精緻な表現などもみれば、平等院については想像にまかせて描いたものではなく、現地をよく観察したうえで描いた可能性が高い。そうであれば、二時点の違いは経年変化という側面が反映されていることになるが、それは決して自然の力のみでおこった変化というわけではなく、人々が庭を整備するなかで生じた変化でもあった。現在の平等院は発掘調査などの学術調査をもとにして、創建当時の姿に復元整備されたものである。こうした点もふまえて、二時点の異同をとらえる必要がある。

　いずれにしても、総絵図における平等院の表現が詳細であることは間違いない。一方で、宇治川の対岸に位置する宇治上神社の場合は、総絵図内の表現（図6）が実態に即したものとは必ずしもなっていないようである。

　図6も画像を回転させ、最も大きく表現されている本殿が正面を向くようにしている。宇治上神社の本殿は三棟の内殿が桁行五間、梁行三間の覆屋で覆われる構造で、現存する日本最古の神社建築として国宝

（図6）「宇治郷総絵図」における宇治上神社の描写。画像を回転させている。（宇治市歴史資料館蔵）

に指定されている。図6に描かれた本殿は桁行五間の建物のようにもみえ、建物規模としては実物とそう変わらない。ただし、まるで正面中央に扉があり、その左右は壁のように表現されている点からして、実際の本殿（覆屋）とはまるで異なる表現と評価せざるを得ない。

それにもまして違いが明確なのは、本殿の手前に位置する拝殿である。宇治上神社の拝殿は鎌倉時代前期に建てられた桁行六間、梁行三間の建物で、本殿と同じく国宝に指定されている。桁行幅は本殿よりも広く、拝殿前から本殿はまったくみえない。一方で、総絵図に表現された拝殿は、本殿に比べてずっと小さく表現されており、明らかに現状と異なる。また実際は檜皮葺《ひわだぶ》きだが、総絵図の拝殿は瓦葺きのような表現となっている。そして、実際の拝殿と本殿は近接しているが、総絵図では離れている点も、宇治上神社の描写として違和感を覚える。本殿と推定した建物が拝殿を描写している可能性はあるが、そうすると本殿は描かれず、また境内内の拝殿の位置が不適切となる。

このように、平等院の表現は実際の様相を一定程度表現していると評価できるのに対し、宇治上神社については、そのような評価は保留せざるを得ない。二つの事例は好対照をなしていることになる。たとえば、宇治上神社と対をなすとされる宇治神社は、相応に現地を反映しているとみなせる表現となっており、平等院が特別扱いされたというわけではない。地物によって表現の精度にばらつきがあるという点は、これまでの総絵図の検討では指摘されてこなかった点であろう。その理由を明らかにするのは、史料の現存状況からして困難と言わざるを得ないのだが、総絵図の適切な評価のためにも、こうした点はさらなる追究が求められる。

なお、宇治上神社や宇治神社のある地区については切絵図がちょうど二枚残されているが[8]、その両者とも少しずつ描写が違っている点は、検討の方向性に示唆を与えるかもしれない。つまり、地図の系譜によって、もしくは地図の作製者ごとによって地物の表現が異なることがあったということになる。そうであれば地物の精度の違いをより詳細にみていくことで、総絵図の作製を検討する一助となる可能性があるだろう。

自然とのつきあい

●山の描写

次に宇治郷の自然要素の描写を確認することにしたい。まず注目するのは東部に位置している山間部である。

図1で宇治郷全体の描写を概観すると、東部は「緑色」が利用され、山の描写にふさわしいような印象を受ける。ただ、よくみてみると、山間部すべてが緑色で均一に塗られていないことがわかる。図7は総絵図の右端近くを示したもので、右下から左中央部に向かう二本の線で囲まれた範囲が宇治川となる。この付近は両岸とも山間部となるが、たとえば右岸にみえる「宇治郷惣山」や「河村宗順」のような付箋がみられ、誰の持山であるのかが総絵図のなかに表現されている。総絵図が農地のみならず山間部の土地把握にも利用されていたことになるが、残念ながらこの付箋がいつの時点で付けられたのかははっきりとしない。ただし、切絵図は付箋ではなく直接墨書きされており、同所であれば「宇治郷惣山」「河村山」とあって、川村宗順の名前は簡略な表記に変わる。よって総絵図と切絵図の前後関係は明確であり、切絵図は総絵図もしくは同系統の図から情報が引き継がれたものと位置づけられる。

図7の右上から「宇治郷惣山」の文字に向かう線のように、山にはいくつかの墨線がみえる。この墨線

は尾根筋を示していると考えられ、尾根筋から斜面が展開するような筆さばきで緑が塗られている。こうした表現方法のため、谷筋は相対的に色が薄くなっている。

　また図7の左側（特に左岸）は斜面に樹木の表記がみえる。中央部の点状の表現も樹木表現とみてよいが、画面右側の斜面にはそうした表現がほとんどなされていないことに気づく。総絵図に描かれた山間部全体を見渡してみても、樹木の表現が多い場所と少ない場所があり、おそらく実態に即して描き分けられているのだと考えられる。樹木表現の少ない場所はいわゆる草地ないし柴草地であろう。また、樹木表現が多い場所も、図7のような表現からみて、鬱蒼とした山林というわけではなく、背の低い灌木や独立木が疎らに育っているような景観であったと思われる。全体として、宇治郷内の山は「里山」として利用されていたことになる。

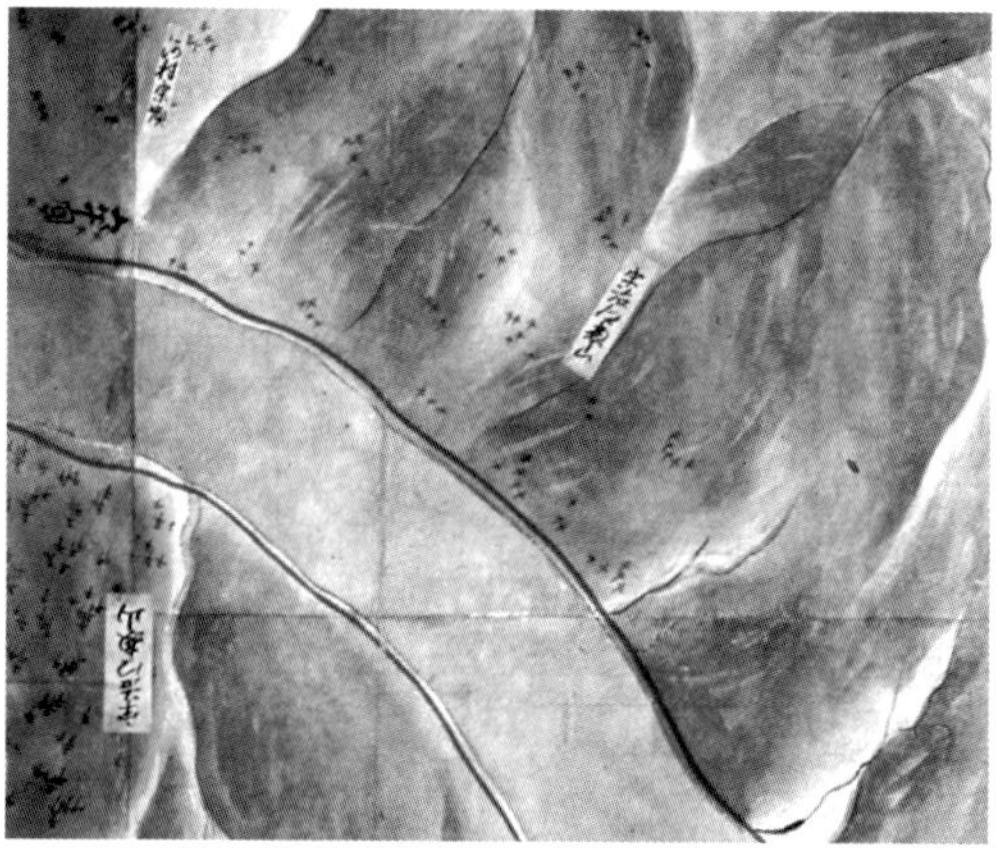

（図7）「宇治郷総絵図」の宇治川上流部付近の描写
（宇治市歴史資料館蔵）

●はげ山の世界

　宇治川両岸の山間地については、草地ないし柴草地で収まっていたようだが、たとえば宇治川にそそぐ山田川の上流部には、緑色があまり使われていない場所が多く残される（図8）。そうした部分には樹木の表記もなく、山の地肌が露出したいわゆる「はげ山」であった可能性が高い。図8の左上部分には「三本松」とあり、まさに三本の松の描写がみえる。三本の松が目立っていたからこそ付けられた名前だが、逆に言えば、周辺に樹木がないためにこれらの松が視認できたことを示している。現在、山と言えば樹木に覆われた山体をイメージするが、当時の宇治郷周辺の山地はむしろはげ山や草山といった状況が卓越しており、大きな木が生えているほうが珍しい状況であった。

樹木がない状態のはげ山では、雨水が山肌を削り、河川に土砂を流入させることが多くなる。図8の山田川の流路は、総絵図上で「白」色で塗られている。そしてよくみると、「朱」で表現される道筋が河川流路の中央に引かれていることがわかる。このことから、「白」の流路は通常時は水がない涸れ川であるとみてよい。土砂が流路に堆積した結果、水の流れは地中を流れるようになっていたのである。

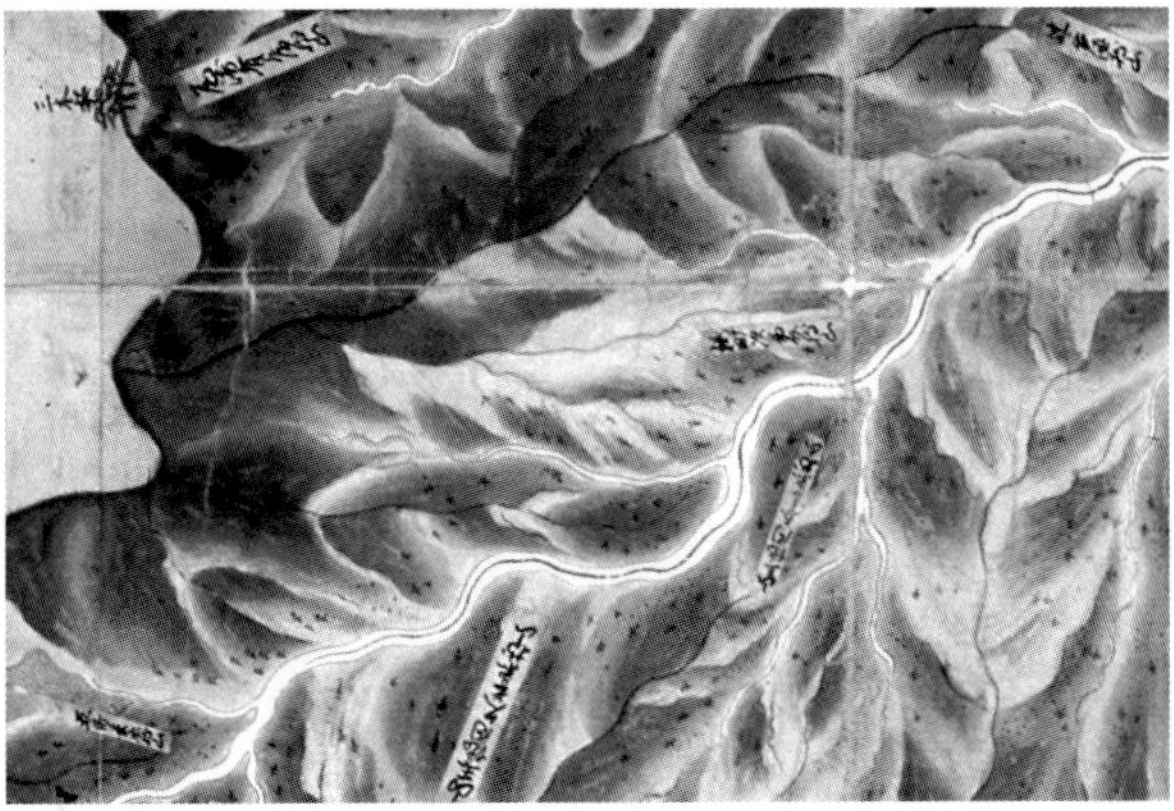
（図8）「宇治郷総絵図」の山田川上流部付近の描写（宇治市歴史資料館蔵）

●折居川の景観

通常は水の流れていない河川となっていたのは山田川だけではなく、その南側を流れる折居川も同じであった。折居川は宇治郷の南から北に縦断する形で流れる河川である。現在はほぼ暗渠化されており、馴染みがない人も多いかもしれないが、宇治市民であれば宇治市役所のある谷筋、それ以外の地域に居住する人であっても京都府山城総合運動公園のある谷筋と言えば、イメージできる人もいるのではないだろうか。

総絵図のなかで折居川は中央下部から左上隅付近に向かって表現される。図1でもおおよその流路を確認することができるだろう。その上流部をみると、山田川上流部と同じく、はげ山が多い表現となっている（図1参照）。上流部の一部を図9に示したが、疎らな樹木表現が記載され、緑色が塗られていない場所もみえる。また、折居川に流れ込む支流には流れをせき止めてつくった谷池が表現されているが、その池のなかをみると、山と同じような色が塗られ、かつ樹木の表現がなされている。この池は土砂の流入で完全に埋まってしまったようである。総絵図には折居川水系に別の池も描かれているが、そちらもやはり土砂堆積のために水をたたえる池にはなっていない。

図9の池の表現からもうかがえるように、濃緑は堤を表現したものとなっている。折居川についても、ちょうど図9のあたりから両側に堤が敷設されていたようである。堤はここよりも下流のほぼ全域に確認できる。そして、折居川自体は白く表現され、中央には道路が朱で描かれている。

こうした流路を道路として利用するのは、宇治郷の中心部付近まで続いている。図10は直角三角形の中心街区の西側で折居川が奈良街道と交差する付近を示したもので、図の右上隅に直角三角形を構成する宇治橋通りと本町通りの合流点がみえる。折居川を利用した道路は、直角三角形の街区から伸びた奈良街道と交差する場所までで終わり、それよりも下流（画面では左側）には表現されなくなる。平地部に出てき

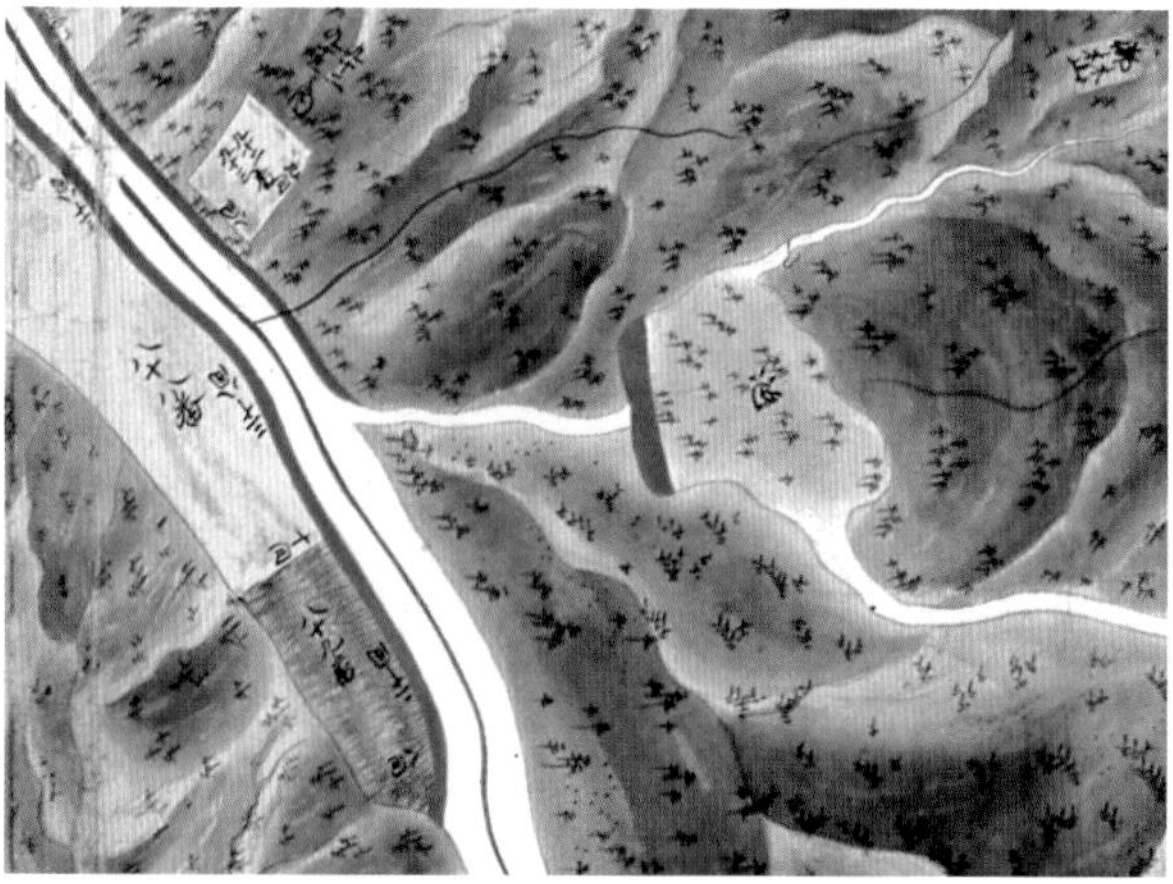

（図9）「宇治郷総絵図」の折居川上流部付近の描写（宇治市歴史資料館蔵）

たために、わざわざ河川を道路に利用する必要がなくなったということだろう。

注目したいのは、濃緑で表現された折居川の堤が奈良街道を切る形で（奈良街道よりも「上」に）表現されている点である。街道と河川が交差する場所は他にもあるが、他は青色で表現された河川が街道を切っているものの、そこに橋が表現されており、垂直方向でみれば河川の方が街道よりも低い場所を流れているような表現となっている。それに対して、図10にみえる折居川の場合は、堤が奈良街道を横切る形で表現されており、橋の表現はない。涸れ川であれば橋は不要だっただろうが、宇治郷内で街道と交差する河川としては特異な存在だったことは間違いない。

実際の地形条件からみると、図10の下部にあたる折居川左岸は山から連なる斜面が張り出しており、右岸よりも高い位置にある。そのため、奈良街道は宇治郷の中心部を出たあと全体として緩やかな坂道となっていた。よって、街道を堤が横切る表現になっているものの、通行する人びとに堤を上り下りする感覚はなかったかもしれない。だからこそ、流路を利用した上流部からの道路とうまく接続できたということにもなる。

図10よりも下流部で、折居川は河川（井川）と交差をする。ここでは明らかに折居川の河床の下を井川が暗渠で交差するように描写されており、折居川が天井川化していたことがわかる。

（図10）「宇治郷総絵図」の折居川中流部付近の描写（宇治市歴史資料館蔵）

●宇治川の治水

折居川については、たとえば一八五三年（嘉永六）の水害の際に堤が切れて、宇治四番町が砂で埋まったという記録が残されていることを鈴木が指摘している。[9] 四番町は図10にあるように折居川右岸の街道沿いの集落である。上流部がはげ山となっていた折居川は、宇治郷の集落に水害に加えて土砂災害をもたらす存在であった。

ただ宇治郷の人びと、とりわけ中心部に居住する人びとにとって、折居川にもまして治水の重要性に心を配っていたのは、おそらく宇治川であった。歴史上、宇治川は何度も氾濫しており、宇治郷にも被害を及ぼしている。茶との関連で有名なのは一七四五年（延享二）六月五日の洪水だろうか。この洪水によって茶壷蔵が流出する事件が起きた。総絵図に表現される茶壺蔵はそれ以前の様子を描いたものであり、このことが総絵図の景観年代を比定する一つの指標ともなっている。[10]

総絵図には宇治川の治水に関する施設がいくつか表現されている。たとえば石積み護岸はその一つであり、両岸とも山間部を抜けて平地部に出るあたりから宇治橋付近まで、石積みとなっていたことが総絵図に描かれている。図5の平等院の図のなかの右下に宇治川流路を含めておいたが、そこにも石積み護岸が明確に表現されていることを確認できるだろう。また宇治橋付近を表示した図4においても、通圓の位置する右岸に石積み護岸を確認することができる。

こうした石積み護岸は宇治橋を少し越えた所までで、それよりも下流は表現されていない。左岸については図4にみえるように濃緑の線が引かれている。すでに触れたように、これは堤を示す記号であり、総絵図の表現からは、宇治郷を取り囲むような形で堤が設けられていたことを知ることができる。

一方の右岸は宇治川を越えてしばらくすると連続的な護岸整備はみられなくなり、河川侵食による崖のような表現がなされている。ただし、まったく治水対策がなされていなかったわけではない。図11のように、宇治川に石列が張り出す「石出し」による水制施設が二か所で描かれる。この石出しが描かれた付近は、発掘によって豊臣秀吉によって築かれた太閤堤の遺構が明らかになった場所に近い[11]。注目すべきは太閤堤においても「石出し」が確認されている点だろう。太閤堤は宇治川の運んできた土砂によって埋もれたが、そのあとも同じような水制施設が築かれていたことになる。

そして、このような石出しによる水制は宇治橋下流の左岸でも実践された形跡がある。図12がその部分を示したものである。この付近は中洲がみられるため宇治川の流路が二本となっており、少しわかりにくいが、濃い線が堤であり、それに沿って土砂が堆積する様子をみてとることができるだろう。堤に沿って堆積した土砂のなかに、図11にあったような石出しが埋もれていることに気づくだろうか。土砂に囲まれているものの、景観上視認できたということは土砂から顔を出していたということだろう。そうであれば増水時には水の勢いをとどめる一定の役割は果たしていたとも考えられる。

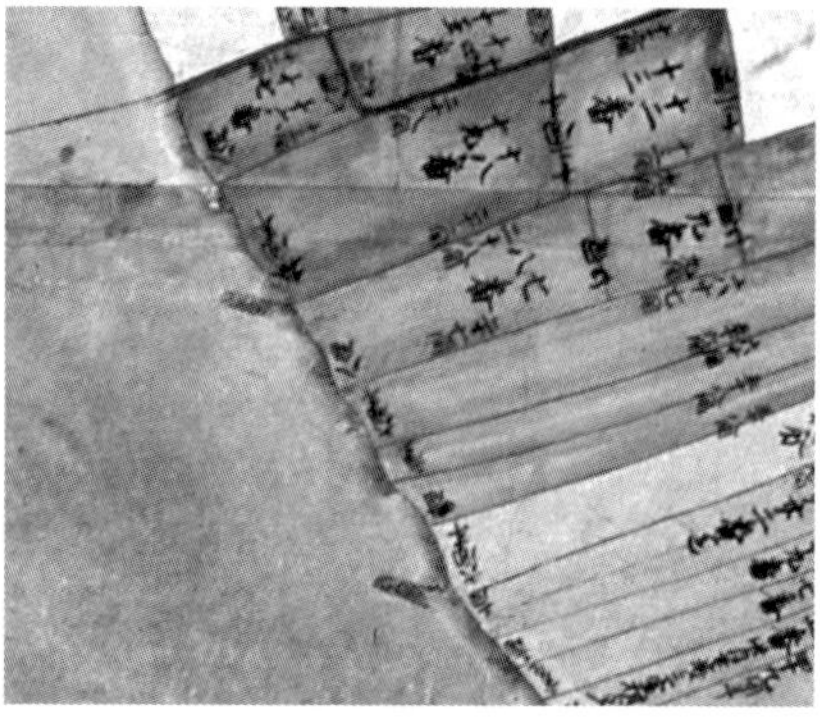

（図 11）宇治川右岸に設けられた石出し
（宇治市歴史資料館蔵）

こうした表現は、もう少し下流部にも確認できる（図13）。ここでは石出し遺構の周辺が耕地化されており、石出しは「荒」として表現される。石積みの施設である以上、耕地の対象としては確かに「荒」という評価がふさわしい。ただ、ここでも景観上に表現されているため、やはり周囲より高くなっており、増水時に水制機能をはたしていた可能性はある。

現在、宇治橋下流部には石出しをみることができない。しかしながら、今でも土砂のなかに埋もれているかもしれない。そうであれば、太閤堤と同じように、いつか発見されることもあるだろう。

おわりに

本章では宇治郷総絵図、そして宇治郷切絵図を利用して、近世（より正確に言えば一八世紀前半）の宇治の特徴的な景観をみてきた。総絵図や切絵図はきわめて詳細に表現されており、ここで紹介した以外にも多くの情報を含んでいる。丹念にみていくことで、当時の景観をより立体的に描き出すことができるだろう。たとえば、今回は建物についての検討は最小限とした。多様な要素に注目することを目的としたためだが、建物についてはさらなる検討の余地が残されている。

また、今後の検討において重要となるのは、総絵図と切絵図との描写の異同に関する検討である。総絵図と切絵図が基本的に同じ内容を備えていることは間違いないが、部分的に異なる情報を持つこともまた事実である。今回は、建物描写の違いなど、ごく一部を紹介したが、それらを総合的に検討することで、総絵図と

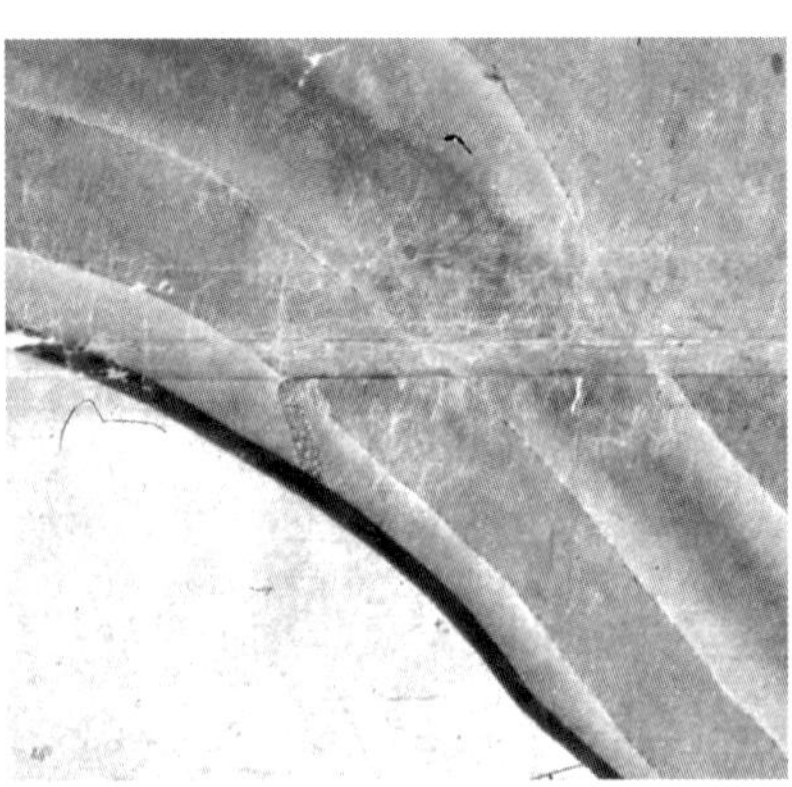

（図12）宇治川左岸に設けられた石出しの痕跡（その１）（宇治市歴史資料館蔵）

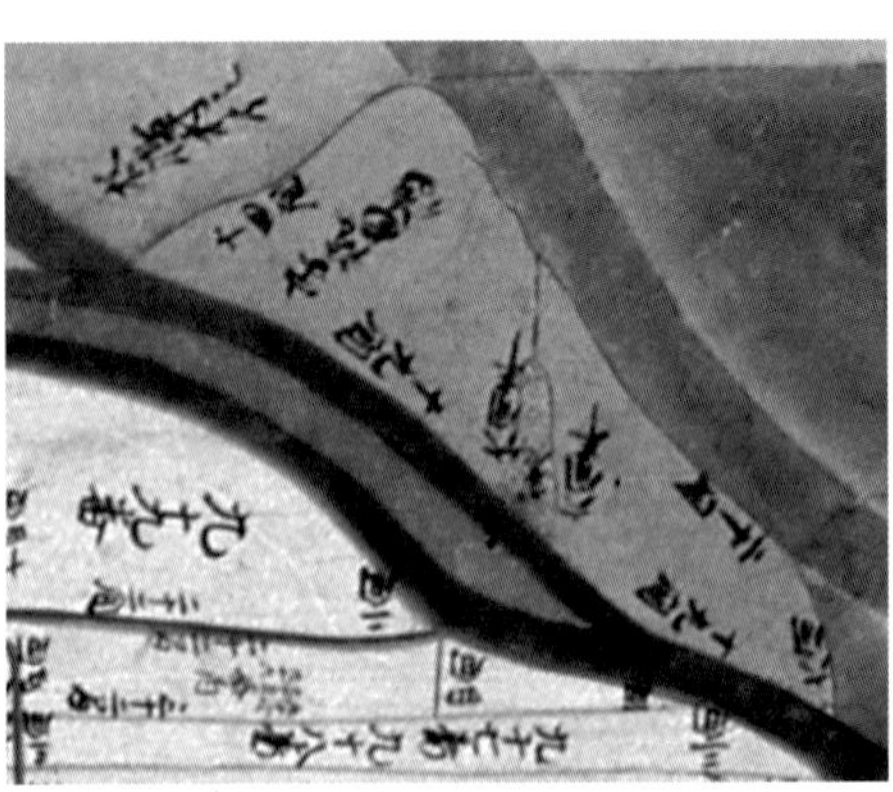

（図13）宇治川左岸に設けられた石出しの痕跡（その２）（宇治市歴史資料館蔵）

切絵図の関係をよりクリアにすることができるだろう。その作業は結果として、近世宇治の景観史をより深めることにもつながるはずである。課題としたい。

付記：本稿の作成にあたり、大塚朋世氏をはじめ宇治市歴史資料館の皆さまには多大なご協力を賜り、また貴重な史料の掲載を快く許可いただいた。末尾となり恐縮だが、ここに深く感謝申し上げる。

注

（1）林屋辰三郎・藤岡謙二郎編『宇治市史3　近世の歴史と景観』宇治市、一九七六。
（2）宇治郷総絵図を利用した近年の研究成果に次のようなものがある。①金田章裕　二〇二〇『景観から読む日本の歴史』岩波新書。②上杉和央　二〇二一「近世宇治郷を描いた絵図の系譜」（『令和三年度　京都府域の文化資源に関する共同研究会報告書（宇治編）』京都府立京都学・歴彩館）二四-四三頁。
（3）恵心院蔵の二枚の切絵図は、現在宇治市歴史資料館に寄託されている。
（4）恵心院の残る一枚については、宇治市歴史資料館本と同じセットになる可能性が指摘されている。上杉、前掲論文参照。
（5）切絵図の一部については、次の資料に掲載されているので参照されたい。①宇治市歴史資料館　一九八九『宇治の古絵図—ふるさとの風景—』宇治市歴史資料館。②宇治市歴史資料館　二〇二〇『古絵図の世界』宇治市歴史資料館。
（6）前掲『宇治市史』二二四頁。
（7）平等院庭園は、浄土思想が具現化された浄土庭園の代表例として国の名勝に指定されている。
（8）この二枚については恵心院蔵（宇治市歴史資料館寄託）である。
（9）鈴木一久「近世における山城地域の水害」（近畿大学教育論叢　第二〇巻第一号）、二〇〇八、三七-五八頁。
（10）岡井毅芳「『宇治郷総絵図』について」『宇治市史編さんだより』一二、一九七七、一-四頁。
（11）太閤堤は国の史跡に指定され、遺構を保存したままで再現展示整備がなされている。

Ⅱ

中・近世の宇治と巨椋神社

巨椋神社本殿の建築史
―史料・意匠・工匠―

中西大輔

はじめに

●概要

巨椋《おぐら》神社は江戸時代には小倉村の鎮守として巨椋池沿岸部に位置していた（図1）。一説によれば、巨椋神社は古代に豪族・巨椋氏の氏神として祀られたことに始まり、藤原氏の別荘群が宇治周辺に営まれるようになると藤原氏から信仰を受ける春日社系の神社になったという。そして、小倉村の鎮守となった近世にも「春日社」と呼ばれていた。現在の巨椋神社祭神も春日大社の四柱に子守社の一柱を加えたものである。な

（図1）近世の小倉村（『宇治市史 3』別添地図より）

お、藤原氏から信仰を受けた「春日社」は春日森から現在地へ移築された子守神社であったとも指摘されている。そのため、小倉村の鎮守として創建された巨椋神社に古代以来の春日社が合祀されたということかもしれない。

この巨椋神社の本殿はほかの旧巨椋池周辺の社殿と同様に、石壇上に社殿があることも特徴となっている（図2）。巨椋池の干拓に際して建てられた東一口《ひがしいもあらい》の大池神社も「地面よりもかなり高く水害を受けにくい構造」である（東 二〇二二）。ちなみに巨椋神社本殿の場合、石壇の高さは前面二尺七寸・背面三尺であり、地面から棟までのおよそ一二～一三パーセントを占める。社殿のプロポーションを定めた有名な『匠明《しょうめい》』ではより小規模の事例ではあるが、社殿下段の床（浜床）と縁の高さは三倍の差があるとされている。巨椋神社の浜床と縁の高さはおよそ三・六倍の差があり、『匠明』のものよりも高いことがわかる。そしてさらに、巨椋神社本殿は石壇によって通常の本殿よりも一割以上かさ上げされていることになる。本章ではこの巨椋神社本殿の建築の歴史を紹介する。

（図2）巨椋神社本殿・覆屋（筆者撮影）

巨椋神社本殿の建築

●絵画資料のなかの巨椋神社

巨椋神社が詳しく描かれている絵図として、「慶応四年小倉村洪水絵図」（森下要恵家文書）、「社地画図」

（京都府立京都学・歴彩館所蔵）、『延喜式内並国史見在神社考証』（京都府立京都学・歴彩館所蔵）添付の図がある。ここではこれらの絵図から巨椋神社本殿をみる。なお、ほかに小倉村・巨椋神社を描いたものとして、年未詳の「巨椋池周辺絵図」（京都市歴史資料館「若林正治氏所蔵文書」）や安永九年（一七八〇）の秋里籬島『都名所図会』、享保七年（一七二二）～延享二年（一七四五）とされる「宇治郷総絵図」（宇治市歴史資料館所蔵、上杉和央「絵図から眺める近世宇治郷」（本書所収）図1参照）などがある。しかし、「巨椋池周辺絵図」は巨椋池を中心に描いたもので、小倉村をはじめとする巨椋池周辺の村々の詳細は読み取れない。また、『都名所図会』では「小倉社」と記載があるものの、大半は雲で隠れており巨椋神社の詳細は不明である。「宇治郷総絵図」は左上部隅に巨椋神社があり本殿と拝殿と思しき二棟が描かれているが、いずれも入母屋造に縁が廻った建物であり建築の詳細は不明である。そのため、本章では上記三つの絵図を検討した。

慶応四年（明治元年、一八六八）の「慶応四年小倉村洪水絵図」は大和街道沿いの小倉村を描いたものである。原本は慶応四年（一八六八）六月の通称お釜切れと呼ばれる洪水に際して、その被害状況を記録するため小倉村年寄の池本甚次郎によって作成された。小倉小橋以北と京町以南には波が描かれ、「常水ヨリ凡壱丈八尺余之増水」により水が上がってきていることがわかる。洪水により流出した家の居住者名がリスト化されるとともに、集落北部には「流家」などの書き込みもみられる。建物は立体的に描かれ、それぞれに居住者の名前や施設名が書かれている。地蔵院・観音堂・巨椋神社拝殿は瓦葺、民家は茅葺《かやぶき》または藁葺と瓦葺が入り混じっており、土蔵などもみえる。描かれていない道もあるが大和街道から分かれる道の形状も現状とよく合致しており、土蔵など一部の建物は現在も同じ位置に建っている。現在の宅地割と絵図の家数がよく一致する部分も多い。この絵図で巨椋神社本殿をみると、本殿は草葺の覆屋《おおいや》のなかにある。

つづく明治三年（一八七〇）作成と考えられている「社地画図」は、京都府立京都学・歴彩館の文書解題によれば、当時京都府の管轄下にあった神社が作成・提出した「境内地略図」である。境内と建物の坪数、地種目が付記されている。二〇巻から成り、各巻は大社・市郡小社に加えて洛中・八郡はさらにそれぞれ「神主持」、「町持・村持」の二部がある。京都府立京都学・歴彩館に所蔵されているのは宇治郡（村持）、紀伊郡（神主持・村持）、綴喜郡（神主持・村持）を除く一五巻である。明治四年（一八七一）の社寺上地令にさきがけた明治三年（一八七〇）五月の太政官達をうけて明治三年（一八七〇）中に作成・提出されたと考えられている。描画方法は神社によって異なる。立面や断面を描いたもの、俯瞰的に描いたものもあれば、外形のみを平面的に描いたもの、それに屋根の形状を書き加えたものもある。また、彩色の有無も統一されていない。

巨椋神社については境内全体を描いたものに加えて、末社五棟それぞれを各一枚に描いたものが計六枚ある。このうち、現在は境内にある末社八幡宮が境内に描かれておらず「村内ニ御座候」「境外鎮座村内」と記されている。『宇治市史3』によれば、若宮八幡宮はもともと小倉町天王《てんのう》にあり、「明治初年」に境内へ遷座したという。この点も明治三年（一八七〇）という「社地画図」の推定作成年代と一致する。この絵図で巨椋神社本殿をみると、覆屋が描かれていない（図3）。

なお、「社地画図」では覆屋が省略されている可能性もある。例えば、『延喜式内並国史見在神社考証』に収録されている鍬山《くわやま》神社では社殿の前方にある建物が省略されているとするほかに千鳥破風《ちどりはふ》が省略されてい

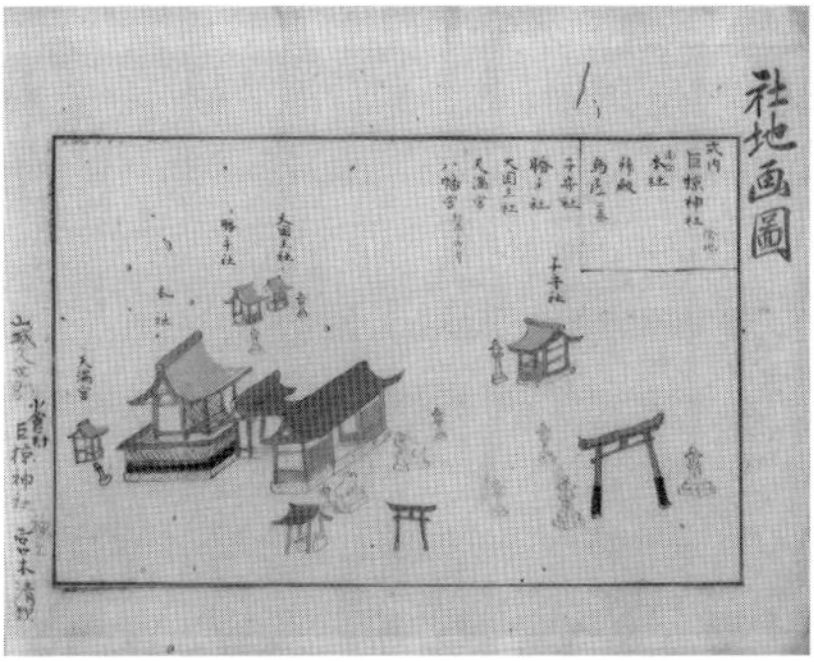

（図3）「社地画図」（京都府立京都学・歴彩館所蔵）

る可能性もある。また、『四百年前社寺建物取調書』に収録されている藪田《やぶた》神社は仮屋根を除いた状態で描かれているという。しかし、本章では、前後で屋根材の変更がみられるため、当時実際に覆屋がなかったと考えた。類似の例として、宇治上神社は明治一二年（一八七九）四月に拝殿が瓦葺から檜皮葺《ひわだぶき》に変更されているが、その前後で作成された『延喜式内並国史見在神社考証』と『四百年前社寺建物取調書』でこの変更が反映されていることが指摘されている。

その後の『延喜式内並国史見在神社考証』は、京都府立京都学・歴彩館の文書解題によれば、京都府が明治八年（一八七五）から行った調査の結果を編纂したものである。明治七年（一八七四）に神名牒編纂のため教部省から指示を受けたことによるもので、明治九年（一八七六）に京都府から教部省に提出された。京都府の管轄下にあった京中と一〇郡を対象にまとめられており一七冊からなる。各神社の末尾に付された鳥瞰図はいずれも彩色されている。戦前の文書調査において「府下に於ての神社考証は此書を以第一とす」と評価されているという（京都府立総合資料館（現京都府立京都学・歴彩館）の行政文書アーカイブズ https://www.pref.kyoto.jp/gbunsho/ 二〇二二年七月一四日閲覧）。なお、雙栗《さぐり》神社では『四百年前社寺建物取調書』の図を作成するにあたり『延喜式内並国史見在神社考証』の図が写されたと考えられている。

このうち久世郡について書かれた巻のなかに巨椋神社に関する記載がある。朱の鳥居脇に手水舎が描かれているが、現在は拝殿南西部にある。手水舎は「社地画図」でも同様の位置にあったことから江戸時代のある

（図4）『延喜式内並国史見在神社考証』（京都府立京都学・歴彩館所蔵）

時期以降はこの位置にあったと考えられる。巨椋神社での聞き取り調査でも、昔は鳥居が現在よりもう少し北にあり、その脇に手水舎があったと伝えられている。この絵図で巨椋神社本殿をみると、瓦葺の覆屋が描かれている（図４）。

以上から、覆屋は慶応四年（一八六八）の洪水の後、一時撤去されてから、瓦葺で新築されたと考えられる。その後の経過をみておくと、昭和二七年（一九五二）末から昭和二八年（一九五三）にかけて覆屋は修理されている（当時の棟札）。そして、現在の覆屋は平成一一年（一九九九）、それまであったものを撤去して新築されたものである（七月三〇日付棟札）。さらに巨椋神社での聞き取り調査によれば、この工事の後、覆屋に獣害防止のため金網が張られたという。

●棟札からみた巨椋神社本殿

巨椋神社には棟札が多数残されている。最も古い棟札は寛文二年（一六六二）のもので（図５）、天和三年（一六八三）の棟札とともに昭和五一年（一九七六）の本殿檜皮葺き替え時に発見された。ほかにも、明治一〇年（一八七七）と昭和・平成の棟札が残されている。さらに、階《きざはし》の下に明治一〇年（一八七七）の年紀がある棟札状のものが一枚確認できた。

巨椋神社本殿の建築経緯がこれら社蔵の棟札から明らかとなる。天和三年（一六八三）の棟札によれば、巨椋神社本殿は天正八年（一五八〇）の戦乱によって焼失した。翌年には再建が開始され、天

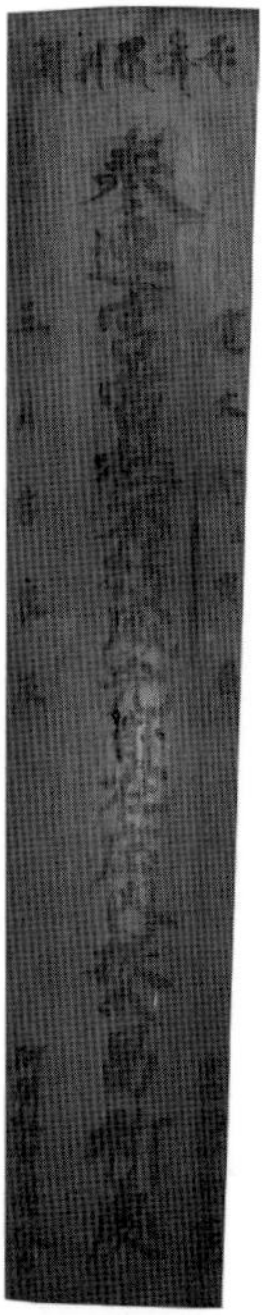

（図５）寛文２年の棟札
（巨椋神社所蔵、筆者撮影）

正一八年（一五九〇）に一〇年の歳月をかけて正遷宮が行われた。起工から竣工までに一〇年かかったか、間で中断があったかは不明である。その後寛永年間（一六二四～一六四四）と寛文二年（一六六二）に屋根が葺き替えられた。そして、天和三年（一六八三）の造替を開始するにあたって作成されたのが上記棟札であった。なお、天和三年（一六八三）は寛文二年（一六六二）から二一年後に当たる。伊勢神宮などにみられる式年遷宮を念頭に置いて作事が行われていたとすれば、寛永年間の作事も寛文二年（一六六二）から二一年前に当たる寛永一八年（一六四一）に行われたのかもしれない。

さらに、当時の墨書もみつかった。この墨書は外陣正面床下の貫に間柱を挟んで左右二か所にみられる（図6）。年代は不明であるが、「新造宮」、「修造」などの文言とともに、「神主宮本式部」、「大工真木《(カ)》七左衛門」、「同宇治八兵衛」の名前がみえる。この墨書は上部が欠損しており全容は不明である。しかし、宮本式部は寛文一三年（延宝元年、一六七三）、元禄一〇年（一六九七）、文政一二年（一八二九）の吉田社からの神道裁許状（同社蔵、図7）にそれぞれ「式部丞吉重」、「式部丞守孝」、「式部孝次」としてみられる。そのため、墨書にみられる宮本式部を延宝元年（一六七三）の宮本式部丞吉重と考えれば、この墨書は天和造替時のものとなり年代的にも一致する。そして、このときの巨椋神社本殿の造替に宇治の大工

（図6）床下墨書（筆者撮影）

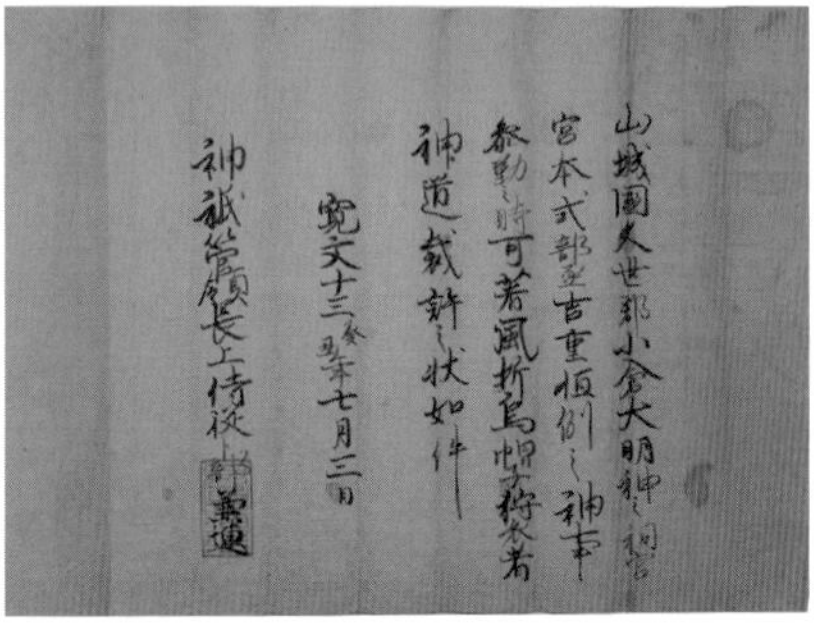

山城國久世郡小倉大明神之祠官
宮本式部丞吉重恒例之神事
參勤之時可着風折烏帽子狩衣者
神道裁許之状如件
寛文十三癸丑年七月三日
神祇管領長上侍従卜部兼連

（図7）寛文13年の神道裁許状（巨椋神社所蔵、筆者撮影）

八兵衛が関わっていることがわかる。

その後、建築に関して明らかになるのは明治一〇年（一八七七）の修理である。当時の棟札によれば、風雨により境内西側の椋の大木が倒れ建物が破損したことを受け、京都府に届け出て修理したという。文字が判然としないが、修理費用は戸長の提案で村から寄付を受けているようである。階の下からみつかった棟札状のもの（図８）には「産須那《うぶすな》巨椋大神」とともに「手置帆負神《たおきほおい》」「彦《ひこ》狭《さ》智《ち》神」の名前が梵字とともに記されていた。手置帆負神・彦狭知神は建築に関する神であることから、この棟札状のものも明治一〇年（一八七七）の本殿修理に関するものと考えられる。

（図８）明治10年の棟札状の材（巨椋神社所蔵、筆者撮影）

（図９）昭和28年洪水時の拝殿（『宇治川大水害』より）

その次に本殿で大きな修理が行われたのは昭和五一年（一九七六）のことである。昭和二八年（一九五三）の水害では拝殿周辺にも水が溢れているが（図９）、巨椋神社での聞き取り調査によれば本殿に大きな被害はなく、その後昭和五一年（一九七六）まで大規模な修理は行われていないという。大正年間については不明であるが、昭和五一年（一九七六）は明治一〇年（一八七七）の修理から一〇〇年という節目の年でもある。

当時の棟札によれば、檜皮の葺き替えのほかにも修理が行われたことがわかる。棟札に修理の内容は記されていないが、巨椋神社での聞き取り調査によれば、

・階は登高欄《のぼりこうらん》内の部分への板による被覆
・縁の高欄の新調
・浜床前方の「祝詞台」の新調

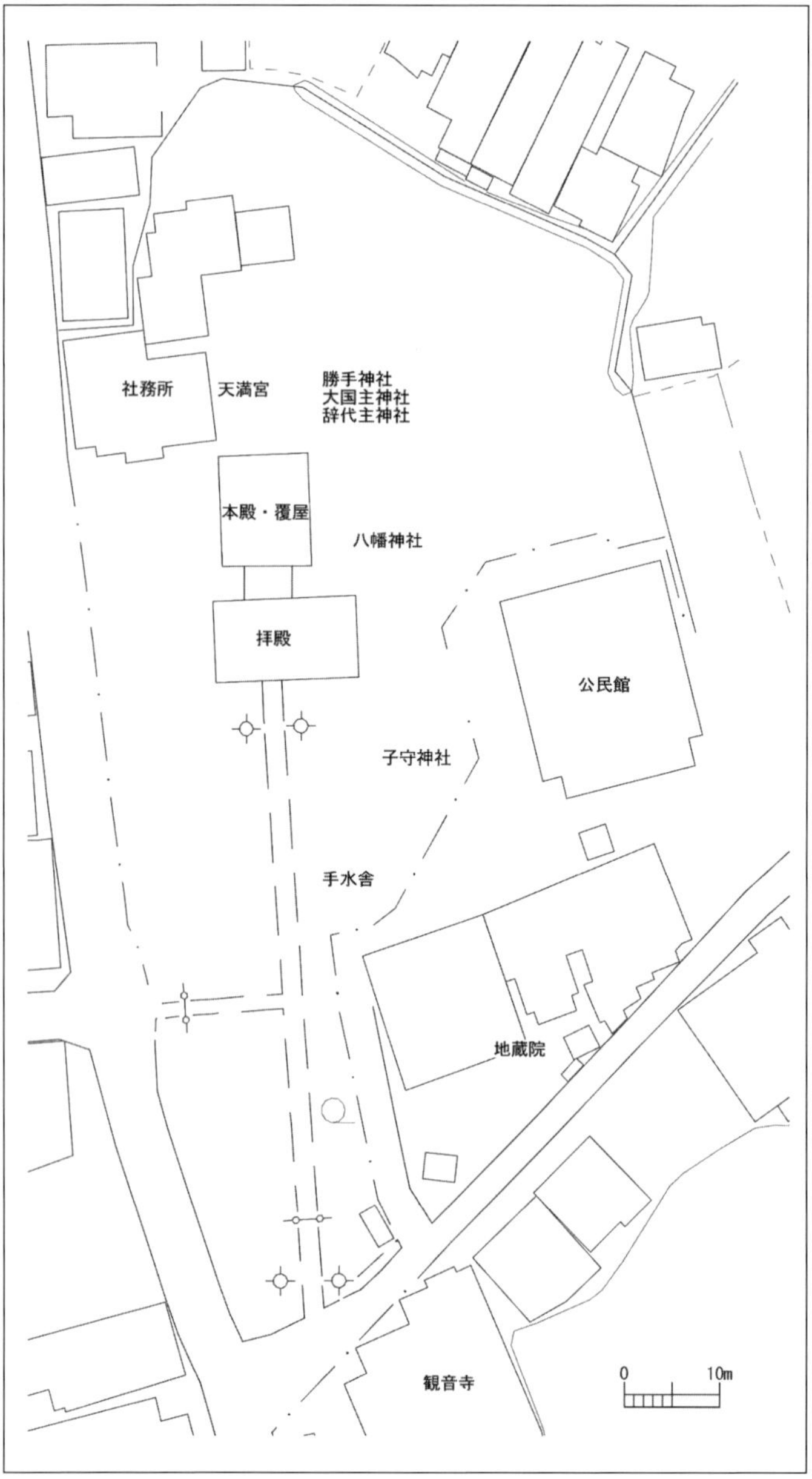

（図10）巨椋神社略配置図

が行われたという。さらに、昭和五六年（一九八一）には本殿の壁が塗り直されている。

なお、巨椋神社境内には多くの建物があり（図10）、昭和末には本殿以外でも大規模な建築が行われている。本殿の漆喰工事では同時に「拝殿内側敷居新設・拝殿渡廊下内側白壁塗替」が行われている。その一か月前には、「境内地模様替」として参道の敷石を新しく敷き、植樹を行っている（八月一二日付棟札）。また、境内の末社もこの年から順次建て替えられた新しい建築である。昭和五六年（一九八一）八月には子守神社が建て替えられた（同三〇日付棟札）。つづけて、昭和六三年（一九八八）二月には、ほかの境内末社四棟（八幡神社、大国主神社、勝手神社、天満宮神社）が建て替えられた（同一日付棟札）。

以上のように、巨椋神社本殿は天正年間の戦災復興を経て、天和三年（一六八三）に造替された建物であることが確認できた。その後、明治一〇年（一八七七）、昭和五一年（一九七六）、昭和五六年（一九八一）に修理が行われたものが現在の巨椋神社本殿である。ただし、一七世紀後半から一九世紀前半の本殿に関する記録は確認できない。この間本殿にどのような手が加えられてきたかは不明である。

●建物としての巨椋神社本殿

巨椋神社本殿は三間社《さんげんしゃ》流造《ながれづくり》という形式である。流造は切妻造正面側の屋根を深く伸ばして庇とした屋根形状からくる様式名であり、三間社とは正面の柱間が三間であることを指す。宇治市内では宇治神社（重要文化財）などもこの形式である。

図11は巨椋神社本殿の平面図である。左半分に床下部分を、右半分に床上部分を図示している。神社本殿や寺院本堂などでは中央間の幅が大きく、左右の脇間の幅は小さくなることも多い。実際巨椋神社本

殿では中央間の幅が四・九五尺に対して、脇間の幅は三・八尺である。この違いは垂木配置にも表れていて、中央間には垂木が五本、脇間には垂木が四本配されている。中世以降、垂木を基準にした設計技術「枝割《しわり》制」が発達し、組物の寸法を六本の垂木の間隔とする六枝掛というものに到達する。ただし、巨椋神社本殿の斗栱《ときょう》についてみると、身舎の舟肘木《ふなひじき》はおよそ二枝分となるが、向拝部分の平三斗・大斗肘木は枝数との直接的な関係は見いだせない。なお、垂木の配置も均等ではないが、平均すると一枝寸法は平均一二・四三寸で枝外垂木では平均一三・一五寸となる。

身舎は三方に刎高欄《はねこうらん》付きの縁を回し脇障子を設置する。規模は小さいが近隣の蛭子嶋《えびすじま》神社や伊勢田神社、大久保の旦椋《あさくら》神社も三方に縁が廻る流造である。

身舎内部は外陣とその奥の一段高い内陣に分かれており、さらに内陣は柱間に合わせて三室に分かれている。外陣は現在、正面三間とも常時翠簾《みす》がかけられているのみである。一方、前にみた「社地画図」、『延喜式内並国史見在神社考証』の図では、巨椋神社本殿外陣正面に菱格子の建具が入っている。そして現在も二本溝の鴨居が外陣正面に残っている。このことから、もとは引き違いの建具が入っていたことがわかる。近隣では伊勢田神社は三枚の引き違い戸、旦椋神社は開き戸となっている。巨椋神社本殿の建具がいつ現状のようになったのかは不明であるが、巨椋神社での聞き取り調査によれば、昭和三二年（一九五七）時点ですでに外陣に建具はなかったという。なお、『延喜式内並国史見在神社考証』の図では本殿外陣部分は側面の一部にも建具が入っている。現在側面は壁となっており、『延喜式内並国史見在神社考証』の図は現状とも明治四年（一八七一）の状況とも異なっていることがわかる。この絵図がある程度正確に描かれているとすれば、近代の一時期、外陣の三方が開口部となっていたことになるが、詳細は不明である。

図11で床上をみると、巨椋神社本殿の身舎は前述のように、桁行三間・梁間二間の一般的な三間社流造

である。ただし、床下をみると、間柱はあるものの梁間は一間となっている。外観上は円柱が存在しているが、実際には円柱は片蓋柱であり、内側からみると身舎床上には存在する棟通りの柱がないのである。このように外からみえない部分で省略を施すことが神社建築ではしばしばみられる。例えば、身舎の柱が床上では通例通り円柱となっているが、床下では円柱に加工されないままとなっていることがある。このような作業の簡略化は寺院建築でも鎌倉時代頃からみられる。東福寺塔頭竜吟庵《りょうぎんあん》方丈は床上では面取柱とするが、床下では面をとっていない。

また、外からみえる部分をより装飾的にする。巨椋神社でいえば、屋根の重さを伝える組物で身舎を舟肘木、向拝をより装飾的な平三斗組・大斗肘木としている。さらに、向拝には紅葉に鹿をあしらった蟇股《かえるまた》と象をかたどった象鼻《ぞうばな》が付けられている。

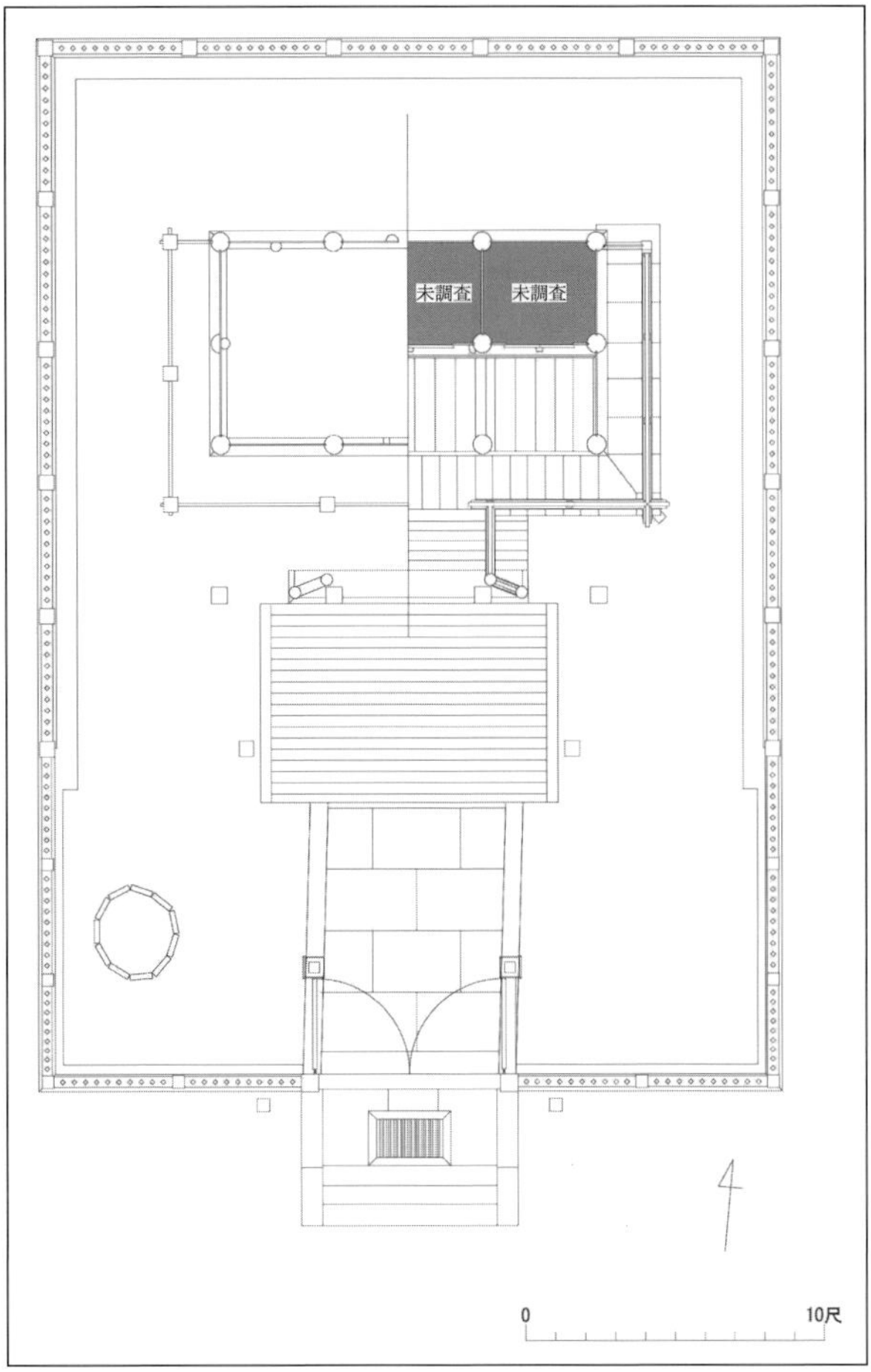

（図 11）巨椋神社本殿平面図

蟇股の図像は二頭の鹿が楓の木々のなかを駆けているというものである（図12）。前面に鹿と紅葉が配されるとともに、そのさらに後ろにも紅葉が配され立体的に彫られている。なお、近隣では伊勢田神社や大久保の旦椋神社の蟇股にも彫刻が彫られている。また、宇治の下居《おりい》神社では蟇股の内部に彫刻がある。一方、蛭子嶋神社では輪郭のみで彫刻がない。また、蟇股の鹿と紅葉の図像は春日神社の旧社殿を使用している加茂町の白鬚《しらひげ》神社本殿などにもみられる。

向拝の象鼻（図13）は玉眼が用いられていないことから手法的には一九世紀よりも前のものといえる。大久保の旦椋神社・木幡《こはた》の許波多神社・宇治の下居神社などに象鼻がみられる。

以上のような組み合わせは比較的よくみられるものであるが、珍しい点として、身舎・向拝ともに疎垂木である点、向拝から身舎へ昇る階段が六段となっている点が挙げられる。垂木は身舎を繁垂木とし、向拝を疎垂木とするのが一般的である。また、階段は通常五段か七段で、格の高い神社は七段となる。大阪では生根《いくね》神社本殿（一間社流造、慶長年間、住吉区、大阪府指定文化財）など一部の神社で四段の階段をもつ社殿がある。

最後に、近隣の神社本殿と比較してみたい。

巨椋神社の妻飾りは扠首《さす》束・扠首棹である。近隣の蛭子島神社・伊勢田神社・旦椋神社はいずれも虹梁《こうりょう》大瓶束《たいへいづか》である（図14）。一方、宇治の下居神社は扠首束・

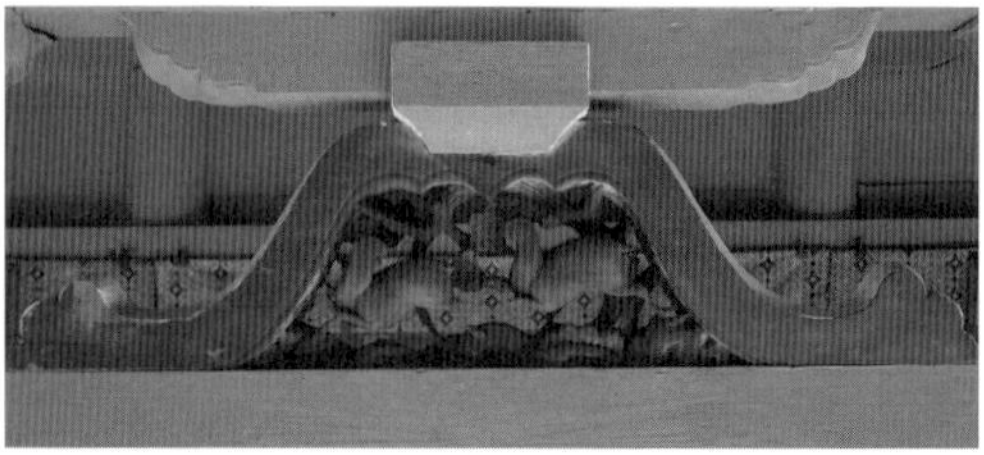

（図12）巨椋神社本殿の蟇股（筆者撮影）

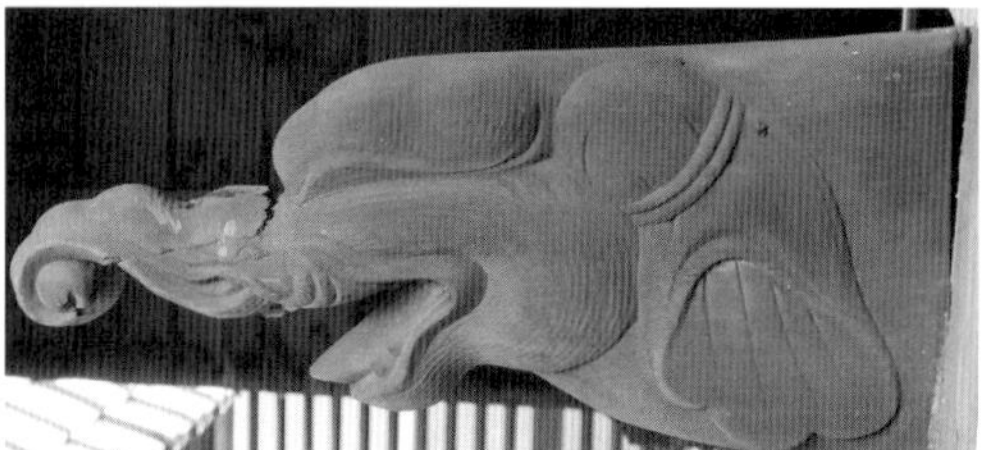

（図13）巨椋神社本殿の象鼻（筆者撮影）

扠首棹である（図15）。そのため、巨椋神社本殿は近隣の神社本殿ではなく宇治の神社本殿と共通点をもっていることになる。

巨椋神社の繋《つなぎ》虹梁は反りが付けられていない。これに対して、近隣の蛭子嶋神社・伊勢田神社・大久保の旦椋神社はいずれも海老虹梁である。一方、隣接する宇治の下居神社は通常の虹梁である。なお、巨椋神社本殿身舎の虹梁は上から袖切部分の板が張り付けられている。同様の手が加えられているものとしては旧巨椋池沿岸、久御山の若宮八幡宮がある。ただし、巨椋神社のものは若宮八幡宮のものとは異なり装飾はない。また、下部に板を張り付け成《せい》を増すこともしていない。

（図14）伊勢田神社本殿妻飾りと海老虹梁（『京都の社寺建築南山城編』より）

（図15）下居神社本殿妻飾りと繫虹梁（『京都の社寺建築南山城編』より）

●巨椋神社と小倉村の大工たち

巨椋神社本殿は巨椋神社を中心として近隣の人々の手で支えられてきた。巨椋神社が寺子屋や施行を通して地域の中心的存在であったこととも関係していると思われる。江戸時代には小倉村の氏子による神社修覆講の存在が確認されている。棟札には氏子物代として小倉に居住する人々の名前が記されている。慶応三年（一八六七）銘をもつ狛犬の台座に「茶製中」とあり、宇治茶生産の関係者が惣代として関わっていたのかもしれない。

宇治茶製茶業者と大工の関係についてみると、山政小山園の主屋（大正初年）・丸久小山園の主屋（昭和七年）は大工福山菊太郎（「大菊」）の施工になるという聞き取り結果が報告されている。この福山菊太郎は近隣の大工であったという。そして、この福山菊太郎の親族であったと思われる福山喜久雄氏が巨椋神社の作事に関わっていることがわかった。昭和五一年（一九七六）の「本殿桧皮葺々替及び本社修理」の棟札に「施工者」として右京区の新円工業の次に福山喜久雄氏の名前が記載されているのである。ただし、巨椋神社での聞き取り調査によれば、福山喜久雄氏はこのとき拝殿修理に携わったという。この福山喜久雄氏は寺社建築を専門とする大工ではなかったといわれており、山政小山園・丸久小山園という製茶問屋の作事をしていることとも一致する。ただし、福山喜久雄氏以前には、重成芳一氏が昭和二八年（一九五三）に覆屋の修理をしている。江戸時代に遡ると、当時の小倉村には八兵衛と平七という二人の大工が住んでいたことが一八世紀の史料から確認できる。さらに、明治になっても二人の大工が確認できる。江戸時代・明治時代に確認された二人の大工が重成氏と福山氏の家系に連なるかは不明である。それでも、小倉村には江戸時代以来大工がおり、修覆講などを通して巨椋神社の建築の維持管理に携わっていた可能性は高い。

まとめにかえて

これまでに明らかになったことをまとめると次のようになる。

まず、巨椋神社本殿は天和三年（一六八三）の建築であり、以来修理を受けて伝えられてきた。近隣を中心に宇治市の神社を時代順に並べると、

・元和から万治の間、伊勢田神社、大久保の旦椋神社
・明暦二年（一六五六）、下居神社
・寛文から天和の間、蛭子嶋神社
・天和三年（一六八三）、巨椋神社
・宝暦、木幡の許波多神社

となる。近隣のなかでは新しい建築であることがわかる。

次に、巨椋神社本殿には近代的要素や改造の痕跡がみられるほか、架構は宇治の神社と、意匠は小倉近隣の神社と似ている。比較事例が少ないため確証はないものの、浜床の形状や身舎の柱間装置などの利用方法に関わる部分は近隣の神社に近いが、扠首束・扠首棹、虹梁などの架構法に関わる部分は宇治の神社に近いということになる。

さらに、地元大工に加えて、現在の本殿が造替された天和の建築に宇治の大工が関わっていた。巨椋神社本殿は日常的には地元の大工が関わり、大規模な建築には宇治など他の地域からより専門的な宮大工が呼ばれていた可能性がある。安易な連想ではあるが、このことが意匠・構造の違いにも影響しているのかもしれない。

参考文献

◎宇治市　二〇〇六『宇治川大水害』
◎宇治市役所　一九七六『宇治市史3　近世の歴史と景観』
◎京都府教育委員会　二〇〇九『京都府の近代和風建築―京都府近代和風建築総合調査報告書―』
◎京都府文化財保護基金　一九七九『京都の社寺建築　南山城編』
◎多米淑人　二〇一三「『近世社寺建築調査報告書集成』と『延喜式内並国史見在神社考証』にみる拝所」『日本建築学会大会学術講演梗概集（北海道）』
◎中西大輔　二〇二二「巨椋神社本殿の建築」『令和三年度京都府域の文化資源に関する共同研究会報告書（宇治編）』京都府立京都学・歴彩館
◎橋本章　二〇二一「〝巨椋池〟の喪失と発見―伏見からのまなざしを中心に―」『令和二年度京都府域の文化資源に関する共同研究会報告書（伏見編）』京都府立京都学・歴彩館
◎東昇　二〇二二「大池神社の守ってきた古文書」京都学研究会編『京都を学ぶ【伏見編】―文化資源を発掘する―』ナカニシヤ出版
◎山崎幹泰　二〇〇九「「四百年前社寺建物取調書」と「延喜式内並国史見在神社考証」の関係について　明治一〇年代の社寺建造物調査とその資料について（四）」『日本建築学会大会学術講演梗概集（東北）』

Ⅲ　宇治茶と茶業景観

◎ひとつの宇治茶業史
―濃茶・薄茶と煎茶―

コラム4　上林松壽
―花を愛した宇治の茶師―

◎中宇治の町と町家

ひとつの宇治茶業史
—濃茶・薄茶と煎茶—

坂本博司

はじめに

宇治と周辺の地域は、茶の栽培に適した気候と風土に恵まれ、その製造・加工のために定期的に大量に必要な労働力を確保する条件をいつしか満たし、江戸時代のはじめには濃茶や薄茶の原材料である碾茶《てんちゃ》の生産・流通拠点として抜きん出た存在に成長していた。

そんな宇治茶業の発祥は、明恵上人が茶の種を五ケ庄《ごかのしょう》大和田《おわだ》の地にもたらしたという駒蹄影園《こまのあしかげ》の伝承によって語られる。かつては茶の木も実生《みしょう》といって所定の間隔を空けて種を円形に植え、発芽後の状態を見計らい間引きし生育させることが行われた。そこではその間隔を馬の歩幅に見立て、茶の種を足跡の外周に蒔くように説く。こうした播種《はしゅ》の方法は茶樹に限ったことでもないのだろうが、高僧による茶種請来の逸話を通して茶園経営の初歩、基本というべき作法が語られた。

いっぽう良質な茶を産したとする宇治七名園の伝承は、本場宇治郷に舞台を移し、集落の北西に森・祝《いわい》・宇文字《うもじ》・川下《かわしも》の四か所、奥の山と琵琶は南の山手、朝日は文字通り宇治川東岸朝日山の麓に設定された。宇治橋を要とする集落を取り囲むように配置される「名園」は、足利将軍家や室町幕府の有力者などによって後援、保護されたものとする（『雍州府志《ようしゅうふし》』）。南北朝時代、栂尾《とがのお》の本茶に勝るとも劣らないという評判を宇治茶が獲得し、茶産地として頭角をあらわしたとする闘茶の物語と連続し、後の盛業の草創期を印象づける意図が読み取れる。

宇治茶業は最高権力者や上流階級を対象として成立したことから、特異な構造をその内と外にもたざるをえなかったものと思われる。高級茶を生み出し、継続的かつ安定して提供するために、資本調達と投資はもちろん、対外的な交渉といったこともそのプロセスに絡まり、直接間接に権力者との関わりが不可欠だったことは理解できる。ただ、このあたりについては明確な事実に恵まれないことから、宇治茶業史はこうした伝説を前置きにすることが定番となっている。

定番あるいは通説と言えば、青製または宇治製として紹介される煎茶《せんちゃ》について、それが元文三年（一七三八）に宇治田原湯屋谷《ゆやだに》村の永谷宗円によって創始されたと、これもさらりと語られる。一部ではよく知られたことだが、それを示す同時代史料は確認されていない。もう少し言えば、生葉を蒸して、焙《ほい》炉《ろ》で乾燥させるのは先行する碾茶の製法も同様であり、原材料を覆いをしない露天園の茶葉に格下げし、蒸籠をなぜかほぼ用を成さない梨籠《なしかご》に替え、乾燥には丹念な手揉みの作業を加えたとしても、それでもって新製法とすることは常識的に無理がある。どこかはき違えの感のある話にもかかわらず、それが広く宣伝され定説化された現実がある。周知の通り近代の茶業は輸出産業として急激に発展した。種別は煎茶である。宇治の伝統的なブランドイメージを取り込みながら世界に打って出るわが国の茶業として、「摘まにゃ日本の茶にならぬ」の前史をわかりやすく、前向きでかつなるべく角を立てずに、やさしく解説することが求められたのも当然とうなずける。うってつけの素材が、山城の篤農家の永谷宗円、かたや江戸の茶商山本嘉兵衛という生産者と茶問屋の両者の、本来は別個の偉人・成功伝説のはずなのだが、この独特の組み合わせと派生形が思いの外おさまりがよかったとみえる。これが通用しまた繰り返し語られると、宇治茶業の単独の展開を説く場合にも気が付くと、それが煎茶のスペースにすっぽりと収まっていた、というのがどうも実際のところのように思われる。あらためて落ち着いて、狭義の宇治地域限定でもってそのうつりかわりを振り返るときに、そうした言説にはどこか馴染まない齟齬と違和感をおぼえる。たぶんこれまでも多くの人がそんな感覚を抱いてきたはずなのだが、でもそんな軽い抵抗感やもやもや感を、ことさらに気にかけることなく穏やかに受け容れてきた経緯がある。

　もっとも素直にみてまず思い起こすべきは、そもそも江戸時代の宇治

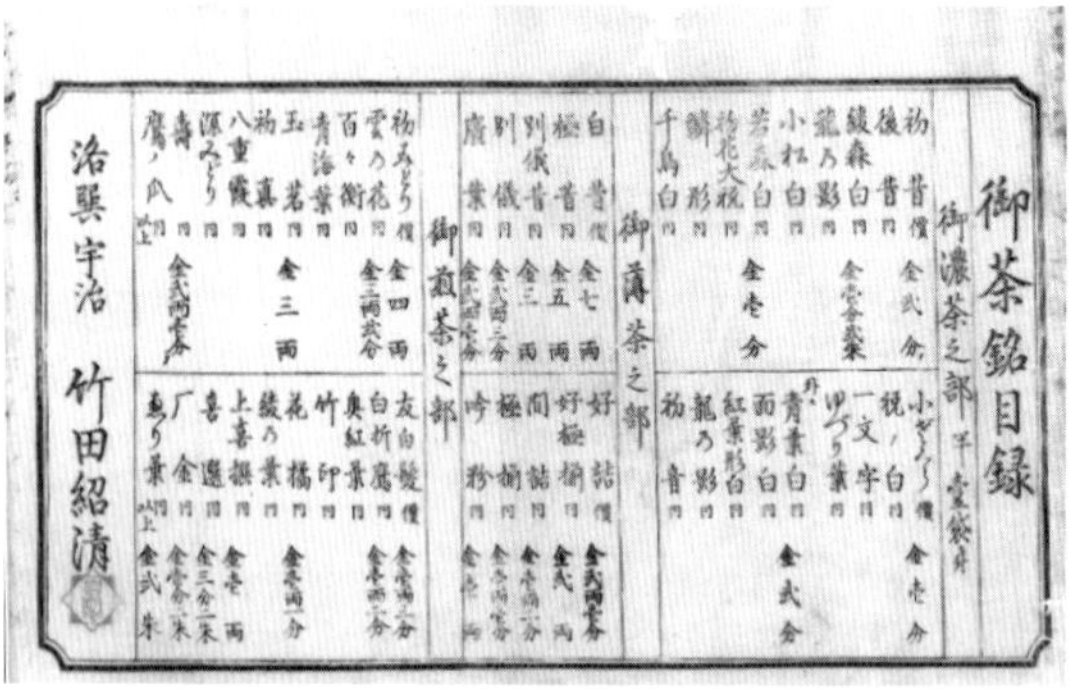

（図１）竹田紹清御茶銘目録（個人蔵）

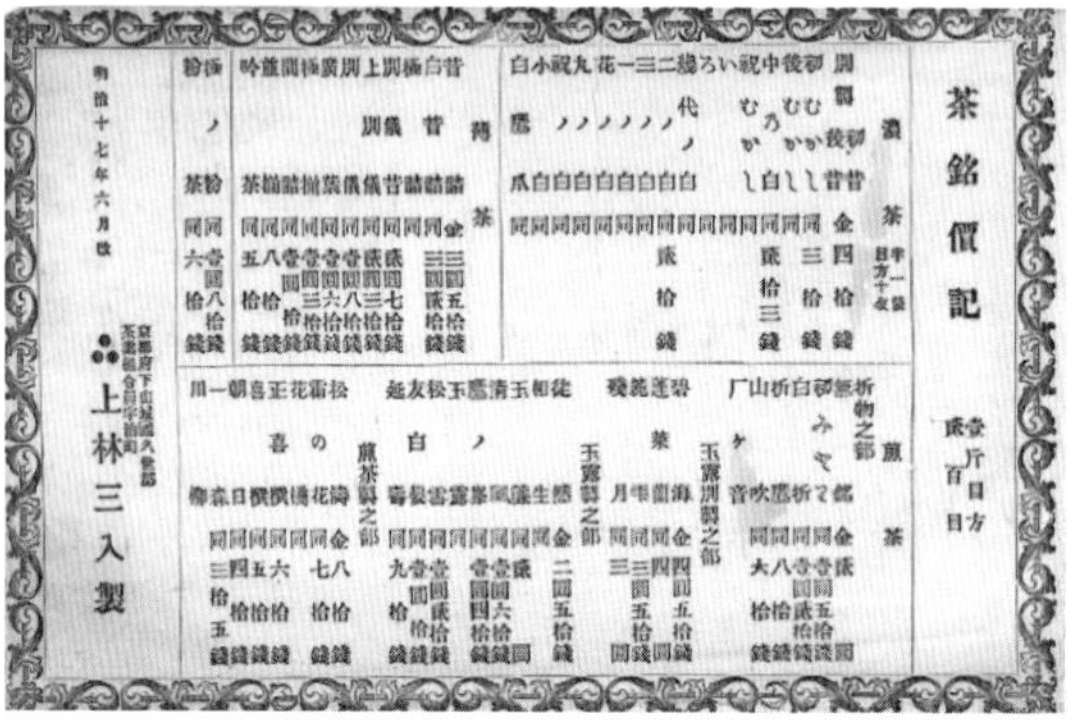

（図２）上林三入茶銘価記（個人蔵）

茶業界は何をおいても濃茶・薄茶をその先頭に据えたことである。そして宇治を中心とした茶それ自体の製品としての捉え方、区別の方法は、そんな濃茶・薄茶とそれ以外の製品という二つの部類に大別し、後者のそれ以外をたんにひとまとめに煎茶とする、いきなりこう言われると奇異に思われるかもしれないが、そのことを通例としたのである。実はこの点こそが従来の、茶業が輸出産業として伸張する以前においては、それが宇治茶業の根幹、基本姿勢であり特徴だったし、そうした自覚がもたれていたはずだ。そんな事実を端的に物語るのが引札（価格表）（図1・2）である。ここにはともにたまたま宇治茶師の系譜を引く茶商の明治に入ってからのものを挙げたが、竹田のそれは濃茶、薄茶、そして煎茶に分け、それぞれを高額なものから安価なものへと二段に配置する。またもう一つは上段に濃茶・薄茶、下段に煎茶の一覧を載せる。本章は、こうした視点と視角に立ち戻り、宇治とその周辺地域における茶業を中心とした推移と営みについて略説をこころみるものである。

茶業と地域社会の再編

●堀家文書

宇治と宇治茶に関わる比較的早い段階の歴史資料として、まとまった数を遺すものに堀家文書（国立歴史民俗学博物館蔵）がある。年代は戦国期から近世のはじめに集中し、多くを占める土地の売券のうち茶園は約四分の一、御用茶師につながる堀家が宇治にあり、近世以前から地元で勢力を張った事実が確認できることは貴重である。中世的な茶業そのものに迫ることはできないものの、堀家は茶園経営のみならず、茶の流通にも関わっていた証左がそこにみられる。この点はとくに注目されてよい。堀次郎左衛門尉平国は、毎年朝倉氏に茶を売る権利をもち、その路銭などとして毎年二貫七〇〇文のほか礼物《れいもつ》の綿二把《わ》を受けとることがあった。天文一七年（一五四八）には、その権利を二〇貫で堀与三兵衛に売り渡そうとしている。当時の朝倉氏といえば教景から義景へと世代をつなぐもっとも繁栄した時代で、京風文化を地元の一乗谷に移すといった意欲を持つ戦国大名だった。堀家の出身は伊勢神人山田大路氏の分家、神明社司堀豊政の末流という。茶園経営者と特定の戦国大名との一対一の関係性が、すでに中世末期の宇治において成立していたことが確認できる。後述する徳川政権下における上林家を中心とする御用茶師のまとまりも、こうした実績とその積み上げをもとに再編成されたことが推測される。

●宇治橋西詰の再開発

宇治川の氾濫による洪水の被害については多くの文書が物語る。なかでも上林一門の多くが軒を並べた宇治橋西詰橋本町はそうした水害の常襲地だった。

大雨などによって宇治川の水位が上昇し始めると、平等院鳳凰堂正面の池も水面を広げ、水は境内を横切る用水路の井川に掃けるように逃げて、民家の脇から迂回するように新町通りを越え、濁流となりやがて宇治郷の北西域に広がる水田に呑み込まれていく。同時に、宇治橋上流左岸の堤防に押し寄せる流れは、時折西詰の各所で吹き上げるようにあふれ、新町通りを下ってきた流れと合わさって浸水域を広げていく。下流の槇島で堤防が決壊しても、宇治川本流の水位が低下しない状態がつづくと、西詰の民家を襲った水は床下からやがて床上へと上昇せざるをえない。自然地形と古絵図、そこに台風などによる大雨の情景を重ね合せると、こんな想定が思い浮かぶ。

上林姓を名乗る家々が、このような水害に見舞われる危険度の高い場所に多く集まったのには理由がある。宇治橋の東西に広がる宇治郷の領域で、はじめから平等院北西の下流域に安全な生活域が設定されていたとは、その地勢からしてとうてい考え難い。もともとは宇治郡に属した東詰の乙方《おちかた》（彼方・大路方とも書く）地域、そして宇治橋から南西に伸びる街道の、本町通りと合流して急な坂を上りきった通称一の坂あたりがはるかに安定した土地で、開発が早くからすすんだ。もともとの宇治郷は宇治橋東詰と集落西端の丘陵部に距離を置いて、それぞれ別に地域共同体の核を形成していたことが容易に見当がつく。ちなみに、先に少し触れた堀家は後者を地盤に勢力を拡大した。

行政の執行権をともないながら急激に力をつけてきた上林氏とそれに加担・集合するグループ、御物茶師《ごもつちゃし》の中心はあくまでも後発の新興勢力だった。彼らの多くは東西二極に分かれたその中間、もともと不安定な空間地に屋敷地を獲得することになる。宇治橋西詰の再開発はおそらく戦国期、利便性には富むものの、それからの時間の経過はその被害をよりいっそう深刻なものへと変化させた。代官を務めた上林峯順《ほうじゅん》家（六郎家ともいう）は宝暦期に西方の新町に移転、西詰の先端部に橋姫社を敷地内に祀った上林味卜《みぼく》家も明治初年に現在の県《あがた》通りに面した場所に移った。ともに歴史的な大水害を契機とするものだった。

（図３）橋姫社（『宇治川両岸一覧』宇治歴史資料館蔵）

●御用と宇治

近世宇治茶業の特徴を解く手がかりは、まずは御用にあると言ってよい。御茶壺道中はまさに江戸幕府御用だし、大名家を相手にするという意味で言えば、茶師たちの生業はすべて御用だという理屈にもなる。ここで混乱されがちなのが上林家の存在である。兄弟連合的なつながりを説くまとまりといくつかの非血縁系統の同姓を併行させ、御茶師としても扱われながら、とくに峯順・竹庵《ちくあん》の両家は行政職の代官であり、身分はれっきとした武家だった。つまり他の上林姓の茶師とも、もちろん一般の宇治茶師とも端からこの点で大きく異なる。それが代官職の罷免と復職を繰り返す過程で、代官格とか御茶頭取という特別職的な地位が付与され、その格別さと特異性を増していく。

御用茶師といっても、公権力によって丸抱えされているわけでもなんでもなかった。仲間に属する茶師とその周辺は、経済力に相当な格差を伴いながら、宇治郷内の家持層の約一割を占めた。いっぽうでそうした茶師とは一線を画しながら、実質的には金融面や土地の集積において同等あるいはそれ以上の経済力をもつ人たちがしだいにはっきりと姿をあらわす。またこうした状況は郷内にとどまらなかった。隣村の大鳳寺《たいほうじ》村や小倉《おぐら》村、さらに槇島《まきしま》村や木幡《こはた》村からも宇治茶師と深く関わり、幅広く事業を展開する有力者が次々に頭角をあらわし、みなそれぞれに「宇治」と「茶師」の名を冠して、ときにまとまり、またときに個別単独で活躍するようにもなる。結局のところ成功した者勝ちの実力本位の空気が、思いのほか早くからこの地域にはあったように思う。

新興勢力の取り込み

●宇治茶師仲間の形成過程――御袋茶師の成立

宇治郷の御用茶師仲間は、もともと御物《ごもつ》と御通《おかよい》という二つのまとまりから形成されていた。御物は将軍家の茶壺を意味し、御通はそんな御物を扱う茶師たちを支える立場の人たちを指すものだった。つまり主たるメンバー十家ほどとその取り巻きといった二層構造をその原型とした。そんな茶師仲間の特徴はいわゆる同業者集団というよりも、ともかくも江戸幕府の御茶御用に関与する資格を有することにあり、運転資金として活用されたと思われる幕府からの巨額の拝借金（融資）も仲間としてその恩恵に預かり、またその返済も仲間として責務を果たすこととされた。

そんな当初からの組織が転期を迎えたのは元禄年間（一六八八～一七〇四）のはじめ、御物仲間に属した竹《たけ》多《だ》道雲《どううん》家が途絶えて（「長谷川家文書」）、欠員が生じたことに端を発する。抜けた穴を埋めるために結果的に大きく分けて三つの方策が取られた。まず、御物茶師を支援してきた御通の構成員からより高額な返済に応えうる家を選抜し、御物と御通の間にもう一つの仲間組織を設けた。仲間の名称は茶壺のなかの袋茶《ふくろちゃ》に因んで御袋《おふくろ》茶師、これによって拝借金の返済は二系統から三系統に、またこれを機にもともとの「おかよい」という従属的なニュアンスの音を廃して、御通の読みを「おとおり」とあらためたようである。いわゆる宇治茶師三仲間はこうして成立する。

●堀真朔と長茶宗味

もう一つ、それよりももっと顕著な動きがあった。新しく編成された御袋を通り越して、御通からいきなり二人の茶師が最上位の御物茶師に昇進したのである。ともに古くからの由緒をもつことが特徴の堀真《ほりしん》朔《さく》と長茶宗味《ちゃじゃそうみ》である。前者は前述した、応仁の乱以前から宇治周辺に土地を集積し、有力な土豪的存在に成長し、茶の流通にも関わっていたあの堀家の系統の一つで、宇治郷に接する神明村の氏神神明神社の神職も務めた。一方の長茶もこちらは宇治郷の氏神宇治離宮八幡宮の社家で、神職としては「長者」と名乗り、茶師としては者の字を茶と改めてこれまでも名を連ねてきた。両者は両上林に集結する茶師が台頭する以前から、宇治と宇治茶業界に関与した人たちの代表である。元禄期における一御物茶師の退転が新旧勢力の合流を促した、あるいはそれまで保たれていた距離感を一気に縮める、またはほぼ解消することになった、と考えてもいいかもしれない。

●宮林有斎が御通茶師に

御通茶師のなかから新しいまとま

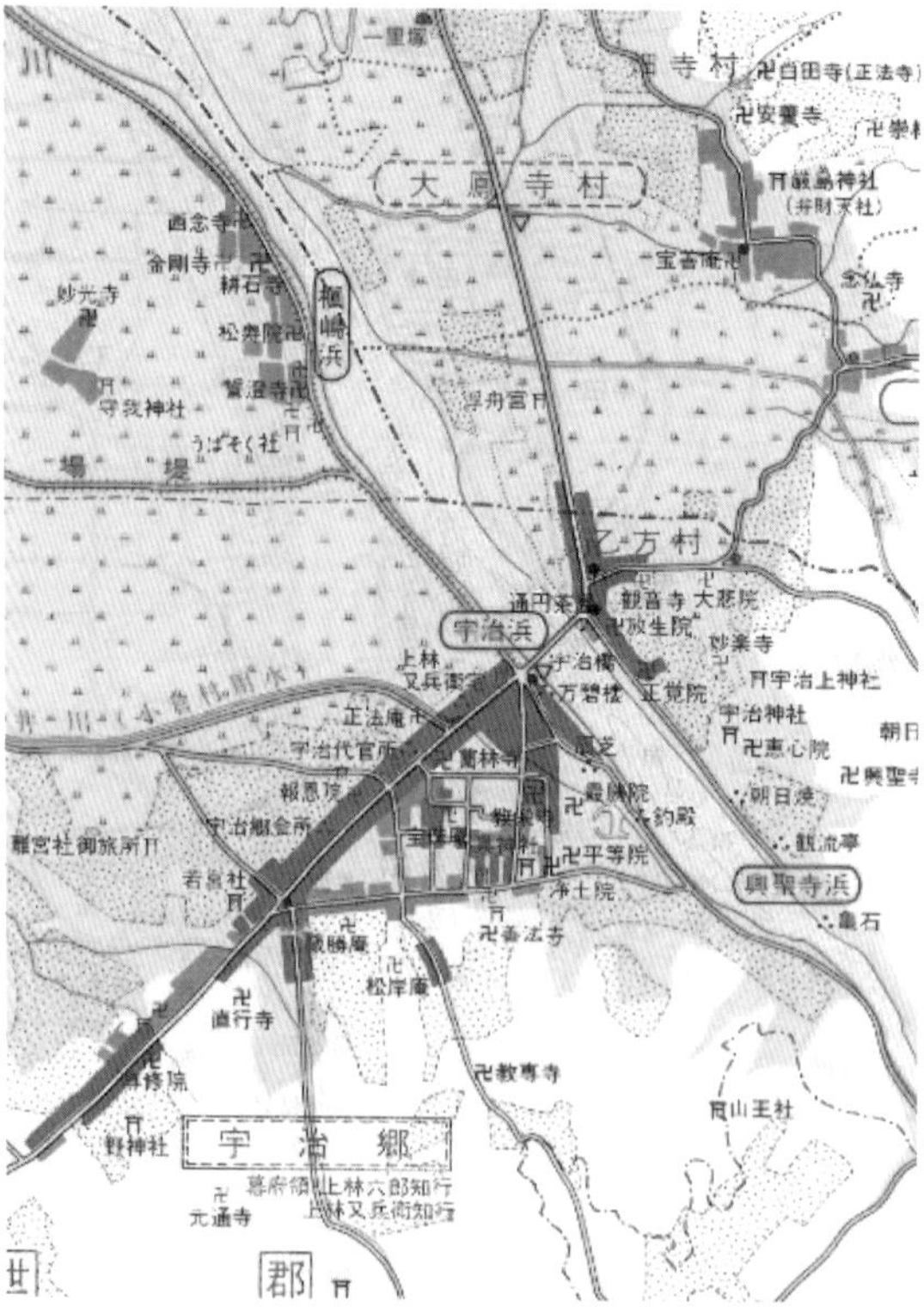

（図４）宇治郷と大鳳寺（『宇治市史３』別添地図部分）

りが組織され、また二つの茶師家が一足飛びに最上位に引き上げられると、その抜けた穴も自ずと大きくなる。見かけの上では底辺といえるところにも補塡、補充の必要性が当然生じてくる。その候補となり、構成員に推挙されることは言ってみれば名誉で、なんといっても既得権益の旨味にも堂々と大きな顔をしてありつける可能性と利点が目の前にちらつく。いっぽう、それによって直接には恩恵にあずかってもいない公的融資の返済にも加担させられるのだから、まったくもって手放しで喜べる話でもない。正徳五年（一七一五）には一四年前の調査に比べて、御通茶師の数は五軒増加したことが確認できる（「京都御役所向大概覚書」）。興味深いのは、そこに宇治郷外の住人が含まれたことである。最後尾に大鳳寺村の宮林《みやばやし》有斎《ゆうさい》の名がお目見えする。これが三つ目の変化である。宇治離宮八幡宮の神役・侯人の由緒があるともいうが、茶匠金森宗和《そうわ》との関係が知られており、また当初から単独で茶師として盛んに活動していた形跡がはっきりしている。宮林はこれ以前からもすでに別格な存在感があり、またその後も宇治茶業界で異彩を放つことになる。

●茶元と会話

少し触れたように、宇治の御用茶師たちは江戸時代のはじめに幕府から多額の融資を受けた。宇治茶業全体の繁栄につながる初期投資としてよいと思うが、当の債務者たちは早くからその返済を滞らせた。享保四年（一七一九）に上林門太郎が代官職を罷免されたのは、それを含めた負債があまりに巨額に上ったことによる。代官職を取って替わった、いわばナンバーツーの竹庵家も事情はほぼ同じで、案の定、寛保三年（一七四三）に免職となり、特定の上林家が地元の代官を兼ねる時代と体制はここで一端幕を降ろした。実現はしなかったが、この時期に改めて幕府に対して「御救金」つまり新規の融資を願い出ようという動きがあったらしい。元文二年（一七三七）、得意先への茶料四割増の要求とそれと抱き合わせにしながら、その目的のために重層的に物事を取り決めた文書の写が残される（「上林春松家文書」）。御物、御袋、御通の三仲間の構成員以外の宇治郷の多くの人たちも加わり、宮林有斎を筆頭とする大鳳寺村をはじめ木幡・槇島、そして小倉まで周辺地域の茶業家や有力者もそこに名を連ねた。村の単位を超えて構成員の名が次々に記される、この種の文書群ではきわめて珍しい史料とどう向き合うのか、少し躊躇してしまうが、ここで宇治茶師を中心とする業界での特有の結びつきと関係性を示すひとつの貴重な事実に遭遇する。茶の御用つまりその受注については、複数の家で受け持つ「会詰《あいづめ》」という慣習があり、それがとても重視されたことである。

宇治茶師は大名に対して、製茶の繁忙期を過ぎた頃に茶を贈ることを恒例とした。夏切《なつきり》の茶あるいは夏切の壺といって、これを「献上」することがその年の両者の関係のはじまりを示す合図ともなった。このとき特定の大名に対して、まずはいつも決まった茶師が相手をするのだが、茶師の側はほぼ必ずと言っていいほど複数が組み合ってそれに応じることを慣わしとした。筆頭あるいは窓口となる茶師を茶元《ちゃもと》（茶本）といい、表向きにはこの茶師の名前しか出てこないことがほとんどで、その背後にあって役割と利益を分け合う茶師とそうした行為と慣習そのものを会詰（相詰）といった。たとえば、仙台の伊達家だと茶元は上林牛加《ぎゅうか》、会詰は上林六郎・竹庵の両代官家、それに上林三入《さんにゅう》が加わった（「上林牛加家文書」）。

茶元と会詰の組み合わせは大名ごとに異なるが、こうした関係をまとめた都合のいい文書はなくて、個別具体的なところは詳らかでない。ただ肝心なのは、宇治茶師は大名家から「茶料」という形で受け取る報酬を、仲間内で配分する独特の仕組みを備えていたことである。利益の偏りを防いで、互いに助け合い、仲間全体の安定を図るそんな手段と手法を体制のなかに築いていた。

●宮林に丸投げ

会詰の規定は原則として宇治郷内でのみ通用するものとされたが、納入に関わる者たちで相談して、相手方の要望にも沿いながら、粘り強く交渉し茶料の値上げの実現に向けて努力することが指示された。裏面工作や造反行為の禁止の条文がそれに添えられている。

御物茶師仲間の年行事から構成員にその内容が関係者に順達されたことを記し、この文書は締めくくられる。でも、いったいこのような話がどこからどのようにして持ち上がったのかまったく不明で、唐突の感が否めない。また項目に掲げる内容を具体的には誰を主体として実行するのかというと、条文には各家出入りの「面々」とあるだけで、全体としてきわめて曖昧な印象が漂う。禁止条項の違反者についても、それが露見した場合には宮林有斎を経由して三仲間の代表に報告することになっている。

すでに宮林を代表とする大鳳寺村の茶業家たち（具体的には宮林のほか梅林、山上、森江、川下《かわしも》の各家）は、外向きには堂々と「宇治」と銘打って広く茶の販路を開拓し商いを展開していた。その中心が宮林有斎その人であったことも間違いないが、だからといって地元の広範な茶師と関係者の取り締まりまで進んで自らが買って出るわけはないし、そもそもそういう責任を負わなければならない義理もなければ、立場でもなかったはずだ。御用茶師はその体面を保ちながら、新興の有力茶業家も含めて一切合切を宮林に管理監督させる、そんな都合のいい体制の構築をねらったようにも受け取れる。

この文書のなかで御用茶師仲間は、建前的には前面に立つとしながらも、何か問題や混乱が生じた場合、その直接的な対応を避ける、目を背けること、関わらないことが前提となっている。つまり彼らは自分たちの身の回りで起こっていることについて、実質制御不能であることを認めているといってよい。ある意味、ここに御用茶師の本質があるようにも思う。一八世紀の前半、これまで御用を軸に展開してきたかに捉えられてきた宇治茶業だが、生産から流通まで業界それ自体がすでに独自に展開しているとみる方が、そうした実証的な研究は必ずしも充分ではないにしても、どうもそのように理解しておく方が妥当なように思える。

ここに紹介した元文二年の年記をもつ文書はぽつんと浮いている。御用茶師以外の立場に立ってこれを読むなら、不自然で無理があると言わざるをえない。これまでともかく頼みの綱だった両代官家が失速すると、御用茶師の地域社会への影響力も思いのほか低下している状況がうかがえる。

完成された宇治製茶

●覆下茶園

ここにいう御用の茶は、狭義には抹茶として飲用に供される製品である。濃茶・薄茶の原材料となる茶、碾茶を産する茶園は、一般にイメージされる畝状の茶畑とは異なる。特徴は一定の時期に畑の一枚一枚がムシロと葭簀《よしず》、葭簀の上はさらに藁《わら》で覆われるところにある。本来なら茶葉《ちゃよう》や茶樹が成長しようとする段階で、あえて遮光し、直射日光を段階的に極端に制限する。こうした茶畑を覆下茶園《おおいした》と呼ぶ。ルビは「おおいした」と振ったが、耳でとらえる音はまず「おいした」である。覆いは茶摘みの直前に設置され、作業が終わると撤去された。ちなみに俗にいう煎茶園はこれと区別して露天園《ろてんえん》という。

「藁下十日、簀十日」といって、茶摘みの頃から逆算して、その一〇日くらい前に藁をのせて、さらにまたその一〇日ほど前には、畑に組まれた足場（下骨《したぼね》）に簀を広げておくというのが慣わしだった。ここにいうそれぞれの一〇日はあくまでも目安であって、実際にはもう少し長くて、あわせて一か月くらいの被覆期間になるのが通例である。葭簀の上で藁をのせる作業は、藁振《わらふり》あるいは藁葺《わらふき》といった。覆いの効果は、遅霜の被害から園全体を守ることもさることながら、主たるねらいは茶畑に降り注ぐ光の量の調節にある。日光を遮ると、茶の新芽は少しでも光合成をするために葉緑素を増やし、葉の表面積を大きくしようとする。その結果、柔らかく、薄く、なおかつ緑の濃い新芽になる。また、根から吸収した旨味成分のテアニンなどのアミノ酸類が渋味成分のカテキン類に変化するのを抑える効果も得られる。覆いは、抹茶には不可欠な、抹茶のための仕掛けなのである。

初夏、宇治川畔は新緑の輝くような美しさにつつまれるが、茶摘みの作業は葭簀と藁で蓋をされた薄暗く、ひんやりとした空間で行われた。ちなみに覆下栽培は文献の上では、一七世紀のはじめ、イエスズ会の宣教師ロドリゲスが著した見聞記『日本教会史』にはじめて登場することが知られる。

（図5）製茶図（京都府茶業会議所蔵）

●茶摘み

茶摘みの時期は八十八夜（新暦五月一日または二日）からといわれるが、実際には立夏の四～五日後つまり標準は今日の暦では五月一〇日頃からの作業とされる。農家の立場からすると、すべての準備を完了しておくその目安が、本番少し前の八十八夜という認識なのだが、世間一般にはそれこそが摘み始め、暦や季節感としての茶摘みがそれに先立ってある。またさらに八十八夜よりも早く摘まれる葉が上質だというような、つまり少しでも早い方が良質だと勝手にみなす見方もあって、またご丁寧にそうしたことを吉例、嘉例とするといったことも一部に古くからあった模様である。なので、茶師からも上得意や権力者には、まだ茶摘みも始まらないうちに、「新茶」や「聞茶」を届けることが普通に行われた。相手もそれを待ち受けたようである。当事者間では「新茶といっても新茶ではない」という事情は了解済みだったはずだ。つまり今年も昨年と同様の品質の変わらない茶が提供できることの証、どこに出しても恥ずかしくない茶が、十分に担保されることを互いに確認し合う、そうした儀礼行為とするのが妥当である。前述した夏切も同じ理屈である。

新芽の適切な摘採時期はごく短期間なので、作業は一時期に集中する。大半の作業は近隣はもちろん、いつしか遠くから集団で訪れ、毎年同じ茶農家や茶問屋に一定期間寄宿する女性たちの手に委ねられるようになる。そんな彼女たちの作業に関して、もっとも肝心な心得、要領が茶摘み歌の歌詞にある。

お茶を摘むなら下から摘みゃれ
上の楉《ずあえ》は後で摘む

（図6）製茶図（京都府茶業会議所蔵）

楉は新芽である。はじめて茶摘みをする人は、「新芽だけ、枝先の一芯二葉を摘みなさい」と指示される。すると、たいてい茶樹の表面に見える部分だけをつまみ取ってしまう。これが「上の楉」である。しかしそれは後からにして、「下から摘みゃれ」というのは、幹の部分から放射状に伸びる枝の地面に近い、下の方から摘みなさいというのである。茶摘みの熟練者ともなると、両手で枝をかきわけるようにして奥に手を差し入れ、根元の方からしごくように新芽を手際よくもぎ取って、青々とした葉を鷲摑みにまとめて茶摘み籠に入れる。一つの茶園が終わると次へ、そしてまた次の園へと移り作業を繰り返した。

そんな茶摘みが終わると番刈《ばんかり》といって、一五〇センチくらいに育った茶の木を地上三〇センチくらいの高さで刈り揃える。このときに刈り取られた一部の茶葉がかつては京番茶の原料とされた。番刈の後に葭簀と下骨を撤去すると、茶園の上には稲藁が一面に広がる。この稲藁が土壌の乾燥を防ぐとともに雑草の発生を抑え、やがて肥料ともなった。覆下茶園は、手間ひまはかかるものの、人にも自然にもやさしい合理的な栽培方法だった。こうした茶づくりの作業は新暦でいうと遅くとも五月中には終わり、最上級の茶園では二番茶を採ることもせず、次の年の新芽の生育に向けて管理されることになる。

●製茶の工程　蒸し、乾燥

摘み取られた青々とした生葉は、製茶場に運ばれるとなるべく時間をおかずに、湯の沸き立った釜の上、葉のアクが黒く染み込んだ蒸籠のなかに小分けされ、さっと蒸される。蒸しあがった葉は、生葉のときよりも、いっそう鮮やかな白っぽい明るい輝きを放つ。竹で編んだ冷まし籠に移され、団扇であおいで粗熱が取り去られると、次に待ち受けるのが乾燥の工程である。荒く編んだ竹の網を渡し、厚手の和紙を乗せた焙炉に、しんなりとした茶の葉が移される。そんな焙炉がいくつも並んだ焙炉場は、蒸し風呂のような状態となる。

碾茶は葉を揉まずに、葉が重なり合わないように微振動をあたえて、葉を躍らせるようにしながら水分を取り除いていく。焙炉師と呼ばれたこちらも男性季節労働者たちがこの作業の大半を担った。蒸しと乾燥の一通りの工程を終えてできあがった茶を荒茶《あらちゃ》という。生産者から流通関係者には、この荒茶の状態で引き渡され、いったん蔵に格納される。

●撰り——選別作業

荒茶には製品に仕上げられる前に炉の上で再度熱が加えられる。練《ね》りの焙炉という。そしてこの加熱後につづく工程、宇治茶のもう一つの妙というべき撰《よ》り、選別の作業が待ち受ける。竹を細く裂いて表面をなめらかにして編んだ篩《とおし》、同じく竹で編んだ箕《み》や平籠《ひらかご》が主に用いられる。箕や平籠（通称ボテ）には紙が貼られ、柿渋が塗られる。柿渋には防湿・防虫の効果があり、使い込まれた伝統的な道具は、艶やかな透明感のある光を放つ。これらを使いこなすのは、茶こなし、あるいは茶とし（茶を篩で通すことからくる）と呼ばれた男衆たちである。

そして次に待つ仕上げの選別の工程は、また女性の手にゆだねられる。板上の一部に黒漆を薄く盛り上げるように塗った撰板《よりいた》の中央に茶が積まれると、二人ずつ向かい合って座って茶の葉の部分を細かく選り分ける作業に移る。碾茶の場合だと、乾ききった葉の一枚ごとに根元の硬い軸をはずし、つぎに葉脈の部分を取り除き、爪の先や竹製の細い箸などを使って、葉肉の部分を切り離し、大きさを揃えていく。細かい根気の要る作業を茶撰《ちゃよ》りといい、従事する女性たちを撰《よ》り子さんと呼んだ。

かつての茶園は、性質が異なる茶樹が混在するいわゆる在来種だったので、同じ茶園であっても出来具合や品質におのずと幅が生じた。碾茶を仕上げる茶撰りが手作業だった時代は、そんな混じり合ったタイプの異なる葉や部分をそこできっちりと分別することが求められた。葉先の軽い部分や軸に近くやや硬く肉厚なところは品質が劣る。「一分四方の葉片」つまり五ミリ程度の大きさに揃えられ、ようやく臼で挽くことのできる状態となる。こうしてもっとも良質な茶葉から最上級の濃茶用の部分が仕立てられた。夏が終わり、しだいに秋が深まりを見せる頃が、こうした作業の最盛期である。

碾茶の新茶の風味は、いわゆる煎茶のようなすがすがしさをはるかに越えて、青臭いというのが本当のところである。碾茶は秋まで寝かせると旨みを増す。後熟《こうじゅく》といわれる過程を経て、口切を迎える頃に飲用にもっとも適した風味となる。ちなみに、前年からの保留分の茶、古茶は俗に「ひね」という。先に述べた茶摘み前の贈答用の「新茶」や「聞茶」、そして夏切もすべてがこれである。この「ひね」や性格の異なる茶を組み合わせて上質で、なおかつ少しでも利幅の大きい製品にと仕立てられる。茶業関係者は誰もが香り、色、味の三拍子揃った茶をなるべく経費を抑えて仕上げることを目指して取り組む。この調整作業を合《ごう》あるいは合組《ごうぐみ》といって、今日も茶業界では常識・必須とされる技なのだが、その詳細は個別の事情にさえぎられて一般論で語られることはほとんどない。ただ、季節が秋から冬へとうつろうとともに新の占める比率が次第に増すとともに、次の年を見

（図7）製茶道具（宇治市歴史資料館蔵）

据えての保留分のバランスを考えての囲い込みがそれに並行する、といったことは容易に推測できる。

宇治を中心とした茶園経営や製茶の技法は、とくに濃茶や薄茶のそれについてはすべて完成されていた。それ以外の茶についても蒸した後の、葉の性質や仕上げ方によって乾燥の具合、必ずしも手揉みに限定されないいくつものスタイルやパターンがあって広義の煎茶が生産され、かなりの値幅をともなって商品化もされたはずだ。ただあくまでも濃茶と薄茶が主であって、そのほかはあくまでも副次的な作業・産物であり、基本的には各地の蒸し製の手法ともさほど大きくは変わらないといった認識が通用していたように思う。

●茶臼——碾茶を抹茶にする道具

濃茶・薄茶というとすぐさま抹茶を思い浮かべるが、もともとそれらは葉茶の状態で消費者のもとにわたることが原則だった。抹茶への加工には特有の茶臼という道具が不可欠となり、またそれを用いて茶を挽くという思いのほか手間と時間のかかる工程が最後に待ち受ける。これが面白いくらいに微妙なのである。

穀類を製粉する石臼とは異なり、その投入口は上石（上臼）の中心にある。葉は下石（下臼）から突き出た芯木《しんぎ》（挽き木）をリードとして、わずかに横揺れしながら回転し突き固められるように落ちていく。樫の木を用いる芯木とその貫通した石の隙間を「あそび」という。また上石と下石の接合面の中心にも、わずかに軸芯部に向かって山形の隙間がある。葉茶が目にからむ直前に、ある程度砕かれ、遠心力で外に振り分けられるための待機空間、この部分を「ふくみ」という。「あそび」と「ふくみ」のない茶臼では、葉茶を抹茶にかえ接合面から外周へとたどり着かせることはできない。

茶臼の目立ては八分割、中心から四五度ずつに基本の切り込みが入り、その各筋からほぼ一定の間隔と角度で長短数本の目が切られる。葉は各筋と石のあいだを、上石の回転によってすりつぶされ粉状からさらに細かさを増し、外周部へと向かう。茶は接合面で、渦を巻くようにこなれながら周縁部に近づくものと思われる。ちなみに臼は左回し（時計回りの逆）である。

目立てのもう一つ特徴は、各切り込みが外部に突っ切ってしまわずに、上下両方ともに周縁部に幅数ミリの平滑な部分を残すことにある。これが茶の挽き上がりに決定的な影響を与えると言われてきたが、実は工学的には変わりがなく、むしろすりつぶす作業は切込みの先端で終了し、平滑部はそれを放棄するものという考えが示された。ただ、発掘によって遺跡から出土する類のものは、ほぼ例外なく端まで目が切られている。つまり、目を切り通さなくなったのは江戸時代中期からとなる。その理由としては、まず外側の接合面にギザギザ感がなくなり、外観が美しく見えることがあげられる。茶臼そのものにも端整な容姿が求められ、また同時に挽き上がりの鮮やかさを際立たせてみせる、といった工夫が定着したと考えられる。もうひとつこれも工学的な観点から、逆に切り通すことを止めることによって、内側から押し出す強さを制限して抹茶の粒の均質さを保つ効果があるという見解も示された。平滑部で擦り合わされ、抹茶が板状にまとまり、うすくスライスされたかのように受皿部分にあらわれる有様を目の当たりにすると、発色は明るく、白っぽく映るほどに、粒子が細かく挽き上がったいかにも上質の印象をうける。

（図８）手挽きの茶臼（筆者撮影）

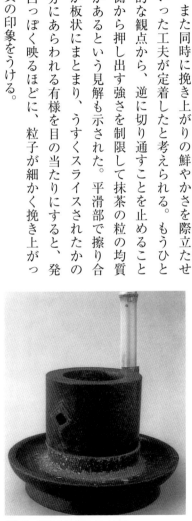

葉茶は、石の圧力と摩擦によって、ようやく抹茶となる。ちなみに、約四〇グラムの抹茶を挽いて仕上げるのに、直径三〇センチあまりの電動石臼でも一時間を要する。高性能の粉砕機よりもやはり石臼での挽き上がりがいいとされるのは、少量ずつが順に抹茶にされ外部に送り出され、摩擦熱による劣化が最小限に抑えられること、また葉の状態によって生じるばらつきが風味を増す効果がある、といったことがいわれる。

ここで忘れてならないのは、臼には葉肉の部分しかその目にかからないことである。葉脈や葉軸はもちろん、やや硬化した葉の部分も抹茶として賞味されることはない。

濃茶・薄茶とその出物

●濃茶園煎茶、薄茶園煎茶

宇治郷と周辺の村々の間で茶の生産と販売を巡って争論が持ち上がり、そこで茶園の覆いが争点となった。宝暦八年（一七五八）のことである。御用茶師は権利を有する者が限定的に使用できると主張するが、これに対して有力茶農家は「上茶園にはすべて霜覆い掛けず候ては、上茶出来致さず」（辻雅之家文書）と相手方の言い分をはねのけ、何の制約もそこにないことを認めさせた。既成事実の追認である。ここでより重要なのは、もっと細かく関心を寄せるべきは「上茶」の内容、中身、その内訳である。茶園に覆いをするのだから当然基本的には上質な碾茶がそこで生育され、前述の製茶工程を経て製品となる、そういった代物である。ただし、今も触れたように、そのすべての部分が濃茶・薄茶つまり抹茶になるわけではない。すなわちここに言う「上茶」は濃茶・薄茶とそれ以外を含むことになる。

規格外の部類全般を業界では出物《でもの》と総称する。濃茶・薄茶のそれはとくに葉物《はもの》、また茎や軸の部分は折《おれ》（折物《おれもの》）・骨《ほね》と呼び分けた。これらを直接湯に浸して飲むことは古くからあったに違いない。そもそも製品の良否や性質は、まずはそのようにして試飲され、見極められたはずだからである。ちなみに抹茶となるものとそれ以外の割合、比率はほぼ半々の理解でいいと思う。

茶臼で抹茶にしなくても、碾茶のふくよかな味わいとむっくりとした香り、茎の部分を主にすればやや青臭いが、どれもさっぱりとした飲み口が楽しめる。こんな出物を好事家たちが見逃すわけがない。知る人ぞ知る逸品として静かに消費が拡大した。市場ではこうした類に一般消費者にわかりやすいようにと「濃茶園煎茶」「薄茶園煎茶」といった名称と区分を設けて、ランクにしたがって同様に銘を付け、販売するようになる。もちろん宇治の茶園に濃茶園と薄茶園の別があったというわけではない。上と並との区別をいかにもそれらしく印象付けるネーミングである。またこのような別を設けることなく煎茶の一覧に雑然と並べる事例が宇治、京都そして大坂にもあるが、ここでは江戸の一軒の小売店を次にみることにしよう。

●井筒屋利助茶舗

当時、茶の小売店は「御茶所」おそらく「おちゃどころ」と言ったものと思わ

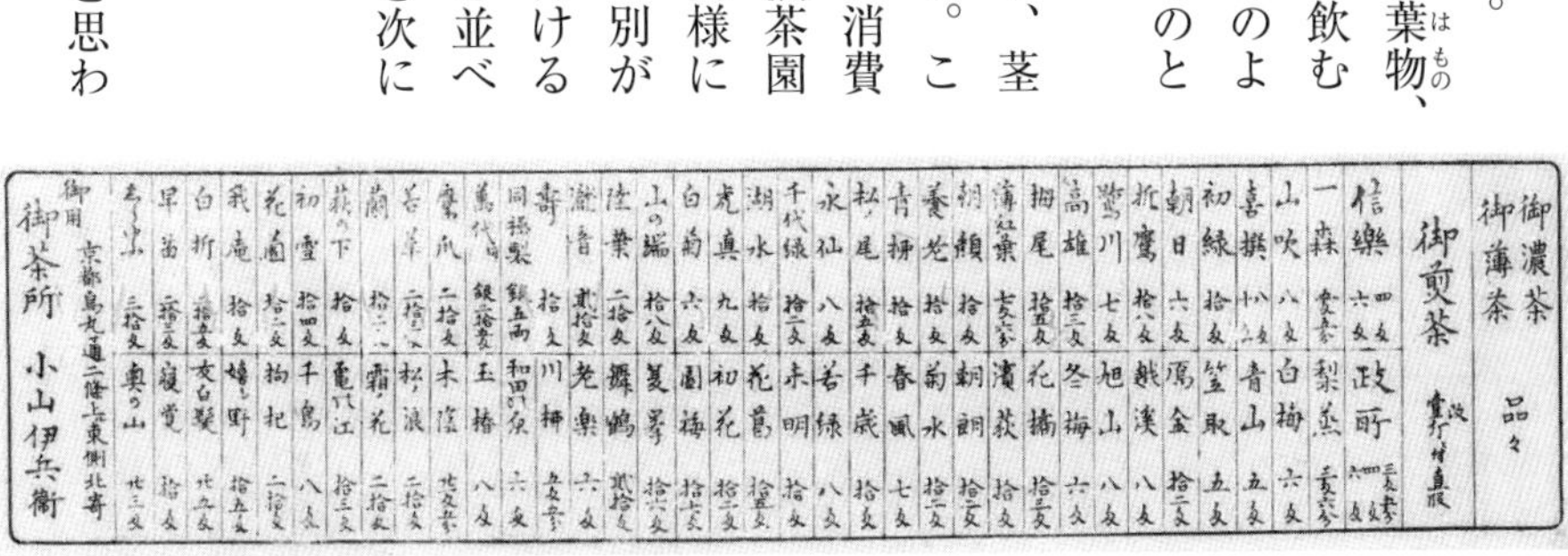

（図9）小山伊兵衛茶価表（宇治市歴史資料館蔵）

れる。問屋も兼ねた両国は薬研堀の井筒屋利助の店舗、引札に記された文化一四年（一八一七）の年記は、この種のものではもっとも古い部類に属する。ここにもう一種類、同店の別の引札がたまたま下に貼付される（図10）。これはまた後で取り上げる。

表題の「宇治信楽諸国」は先頭に持ってこられる決まり文句、商品の一覧は四段に分けられ、一段目に薄茶と濃茶、二段目に宇治煎茶と問題の濃茶園煎茶が並ぶ。三段目、四段目の駿河や九州地方の産地別の部類はここでは省略する。

一段目の薄茶にある「むかし」「揃《そそり》」「別儀《べちぎ》」の茶銘は、茶事用の壺の詰茶の銘で小売用にも転用された。茶の重さをあらわす単位は斤、宇治では茶の量目に限り一斤を二〇〇匁《もんめ》（七五〇グラム）と他よりも多い基準を用いた。二段目の宇治煎茶も一斤あたりの単価が表示される。ただ濃茶はこれも茶壺に収める半袋《はんたい》の例に倣って半一袋つまり一〇匁（三七・五グラム）を単位とした。

表中の値一匁＝一〇〇文とし、それを一〇〇〇円と換算すると、ほぼ今日の販売価格に見合ったものになる。濃茶一〇匁、およそ今日の四〇グラム缶相当が四〇〇〇円から一万円、薄茶は同量が六〇〇〇円から四〇〇〇円の値におさまる。ピッタリである。二段目の宇治煎茶と注目の濃茶園煎茶も同様のレートで、

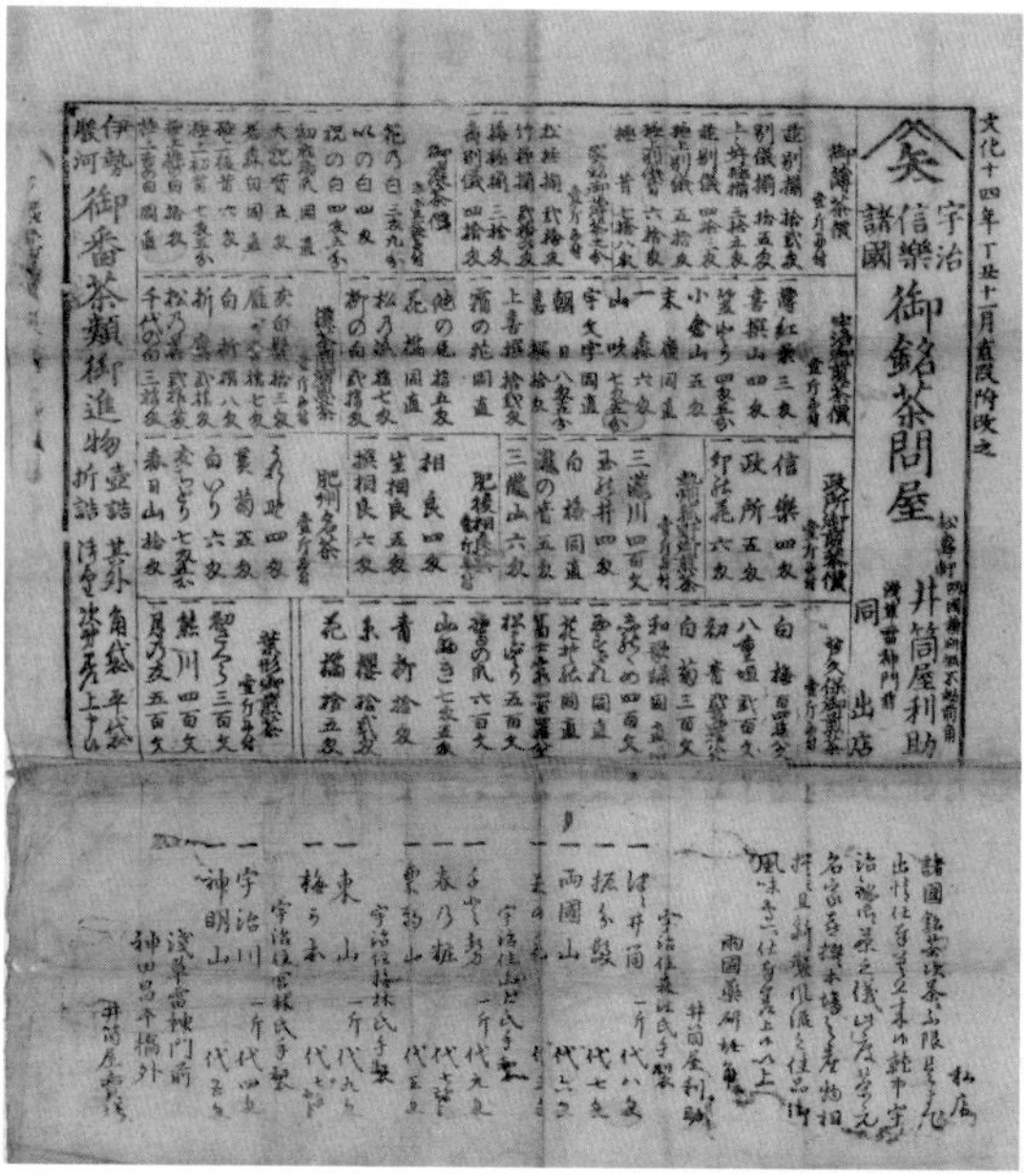

（図10）井筒屋利助茶舗引札（宇治市歴史資料館蔵）

今度は一〇〇グラム単価にすると、前者が四〇〇円から二六〇〇円、後者は一七〇〇円から四〇〇〇円の値幅となる。思いのほか宇治煎茶が安価で、対する濃茶園煎茶は異様なくらいに高価なことがわかる。ちなみに濃茶園煎茶の銘柄、友白髪《ともしらが》、雁が音《かりがね》、白折《しらおれ》、折鷹《おりたか》は当時この種のものの定番だった。

もうひとつ別の下に貼りつけられた引札は「新製風流」をうたい文句に、新しい銘柄を押し立てての売り出しセールの広告（チラシ）である。ご当地江戸に因んだネーミングやいかにも本場宇治といった印象のものまで、上表の宇治煎茶にはない茶銘が並ぶ。「宇治住」とする森江、山上、梅林、宮林ら大鳳寺村の有力者がこんなところで顔をそろえた。これらはいわゆる一般向けの煎茶で、価格帯は同様に計算して一〇〇グラムあたり五〇〇円から一〇〇〇円程度、店側として買い手に勧めたい、常使いよりやや上等な商品のラインナップといったところだろう。ここにやたらと「宇治」の文字が紙面に踊るが、だからといってすべてみな宇治直送とは限らないとみるのが妥当だろう。ともかく彼らがそれ相応の蒸し製の煎茶を仕入れて取り扱い、江戸に売り広めた事実がここで確認できる。井筒屋と大鳳寺村の茶師との個別具体的な関係性にまでは踏み込めないが、このチラシが両者の初めての取組を示すもの、今回たまたまキャンペーンで接触しただけとはやはり考えにくい。少しだけ年代は下がるが、森江と山上は亀戸《かめいど》天神に接して宿泊所を設けていた（「上林牛加家文書」）。集団の元締めはもちろん宮林だが、江戸では山上善太夫の存在感が際立っていて、宇治田原の永谷氏も接点をもったこと、その出先機関と関わった記事がある（『古今嘉木歴覧《ここんかぼくれきらん》』）。

濃茶・薄茶の出物、高級煎茶に話を戻そう。これらは煎茶に関する書物として知られた『清風瑣言《せいふうさげん》』（図11）にも、そこでは独特な文人的用語に変換されていて気づきにくいが実は登場している。「品解《ひんげ》」と題した項目のなかで、ここでいう濃茶・薄茶を「上製《じょうせい》」、折鷹、白折、雁音といった銘のものを「煎品《せんぴん》」とし、後者を前者の「余材《よざい》」と説明する。「余材」はつまり出物のことであり、井筒屋などの小売店では濃茶園や薄茶園の語を冠して並べられる煎茶に該当する。ちなみに、ここにいう宇治煎茶の類を同書では「煎種《せんしゅ》」としてこれを区別する。作者の上田秋成と編集スタッフは宇治茶業を取材しその状況をよく把握していたことをうかがわせるが、本書でのこうした取り上げ方が読者にどこまで通じていたのか、正直はなはだ疑問である。でも、いずれにしても一八世紀半ばには、すでに文人たちの傍に嗜好品としての「煎品」つまり濃茶・薄茶の出物が煎茶として寄り添ったことは確かである。田能村《たのむら》竹田《ちくでん》も「宇治の内にても白折、々鷹を以て極品」と同様の見方を示し、備えておくべきとするが、ただそれらは高価なので常は中や下でも、またいろんな産地の茶も懐具合に応じて選び用いればいいと言う（『竹田荘茶説』）。つまるところ、何でもいいのだという。

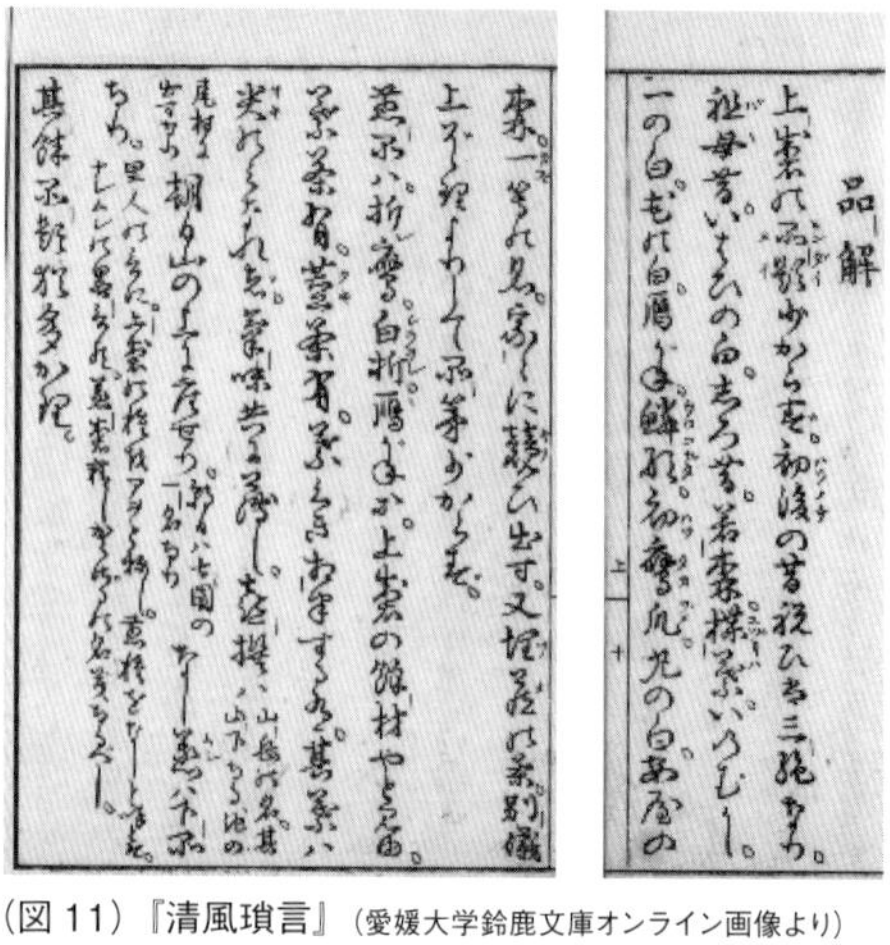

（図 11）『清風瑣言』（愛媛大学鈴鹿文庫オンライン画像より）

そして「玉露」へ―むすびにかえて―

抹茶への加工が困難な硬質な部材が高額な煎茶として消費されたことは、これまで意外に知られてこなかった。こうした高級茶の需要と展開はここにとどまらずに、また新たなジャンルを生み出すことになる。本来は濃茶・薄茶に加工される碾茶葉を焙炉の上で、ひたすら両手で揉み切って乾燥させる方法、これもおそらく従前から継承されていた手法を基にアレンジしたものだろうが、今日いうところの手揉み製法のオリジナル、その原初的な揉み切りの手法がここに転用されることになる。作り出す側の立場からすると、濃茶・薄茶の規格外品ではなくて、はじめからそのすべてを揉んで乾燥させひとつの製品にするという、ごく自然な道筋をたどったわけである。これによって高品質な製品の安定供給と収益の増加が見込めると踏み、また実際に成果を収めていく。そうした製品は当初は出物の類と肩を並べて煎茶の仲間として市場にあらわれ、これもまた等級に応じて茶銘が付された。そうした茶銘のひとつに「玉露」があった。もともとはそんな仲間の一茶銘だった「玉露」が新しい種別全体の総称へと転化するのである。

　まるでまたはじめに舞い戻ったかのように価格表が上下に並ぶ（図12）。今回は京都でも指折りの茶商だった美濃部忠兵衛の店舗のそれである。上の己巳は明治二年（一八六九）、下は明治三〇年頃、

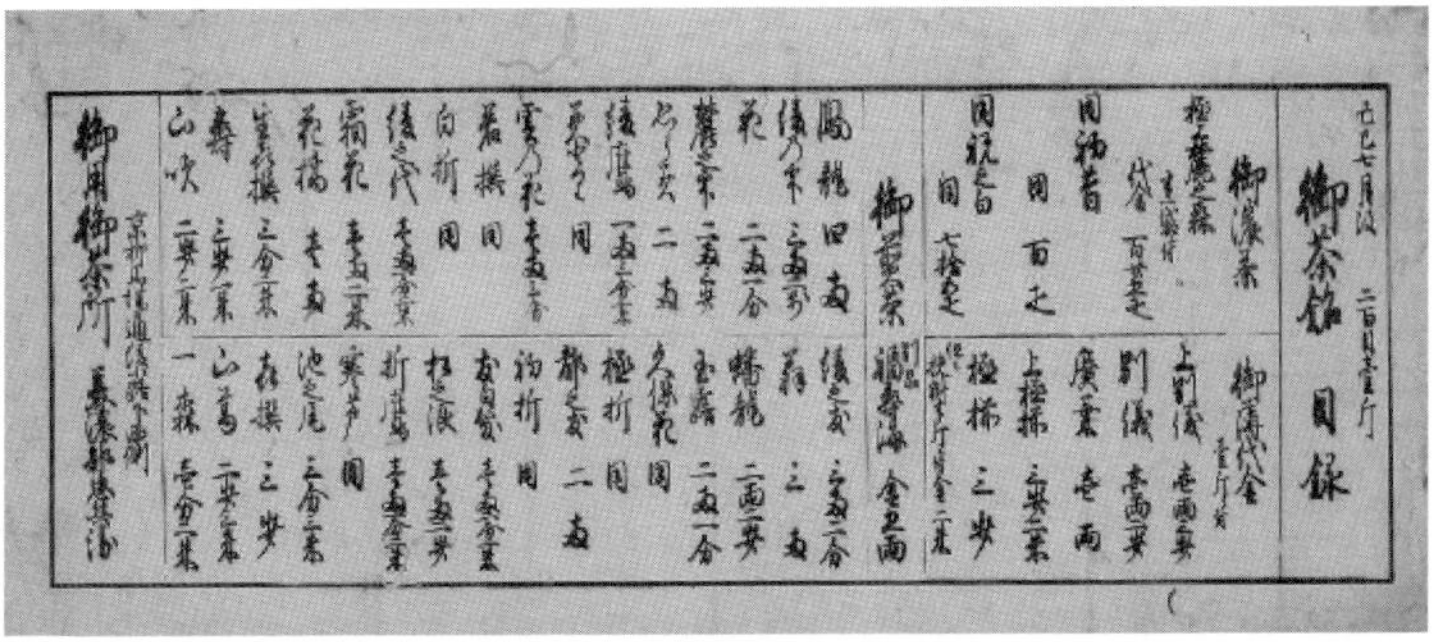

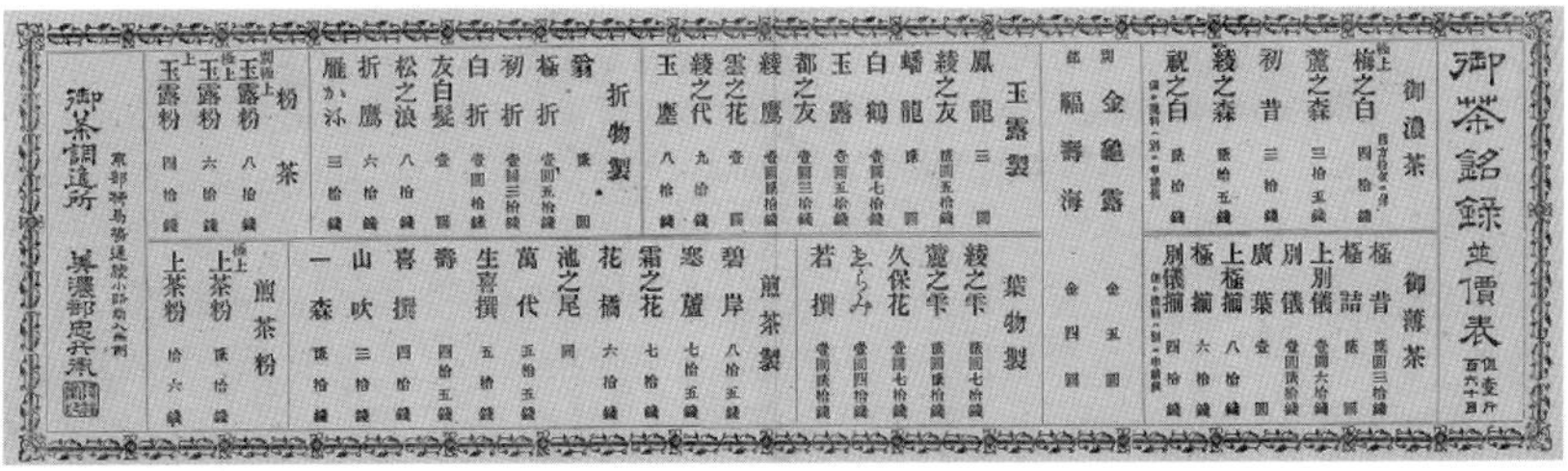

（図 12）『美濃部忠兵衛茶舗の価格表』（宇治市歴史資料館蔵）

両者の「玉露」の位置と扱われ方にご注目いただきたい。いま触れたように上が単独であるのに対して、下では上段中央に「玉露製」の集団を形成し、そのなかに単独でも「玉露」の銘がある。といってもすべてがみなこのように、またある時点からきっちりと業界で統一されたわけではない。時間的なズレや混乱があり、実は製品もまた大きく変化するのだが、この二つの表はその過渡的な状況と時期を示すものである。

玉露というと、幕末期に宇治と周辺の村々で同時多発的に製茶技能に秀でた人物を排出し製品として確立されたとする逸話がある。そしてそこに江戸の茶商山本を絡めるものがある。はじめに紹介した世に知られた日本のそして宇治茶業の発展過程を説く広範に受け入れられたストーリーは、結果的にそして直接的にはこの種の風聞・俗説を下敷きとし、加工が施されやがて圧倒的優位を占める定式に成長した、というのが個人的に推測するところである。まあ、それはともかく。

極端な言い方をすれば、ここで取り上げたのは、一枚の碾茶葉が抹茶とその出物に、そしてそれ自体を揉んで乾燥させた煎茶仕様にと、その高級茶としての形をほんの少し多様化させたにすぎない話である。でもそれは幕府御用を基本に据え、茶道や好事家と近い距離にあった宇治とその周辺をホームとして成立するものだった。そしてそのいわば到達点が出来上がりは普通の煎茶と大差なくみえる「玉露」であり、そう通称される製品のはずだったのだが、そんな「玉露」がその本来の姿形のままに濃茶・薄茶と同様に、あるいはそれ以上に宇治を代表する新しい高級茶として幅を利かせようかとするまさにその時に、くしくも日本は怒涛の近代に突入してしまう。グローバル化に対する国策、輸出用の煎茶生産の急激な拡大という予期しなかった大波をまともに食らうことになる。

実はここからまた話が込み入ってくる。宇治茶業はその礎となり先頭を切るものの、しかしながら気がつくと前代とはまったく異なった立ち位置に身を置いていた。これも言い方はあまり良くないが、弾かれた感がある。誤解を恐れずに見通しを少しだけ口走っておくと、これまでの独自路線ではなくて、海外向け製品の基準が国内のスタンダードに転換されるや否や見事にそれに合わせて、同時にまたその伝統と成果を継承するという、ざっと言うとそんなスタンスをとることになる。すでに、与えられた紙幅をはるかに超えてしまった。このあたりの詳細については、桑原秀樹氏が同時代の文献資料を網羅的に収集し、その整理・検討を継続されている。いきなりボールを後方にパスしておしまいというような終わり方で申し訳ないような気もするが、関心をもたれた方はとりあえず茶問屋桑原善助商店のホームページに飛んでいただければと思う。

参考文献（宇治市・宇治市歴史資料館の刊行物）

◇**宇治市史**

◎宇治市　一九七四『宇治市史2　中世の歴史と景観』第四章第三節「茶業の発展と茶師」ほか

◎宇治市　一九七六『宇治市史3　近世の歴史と景観』第一章第五節「茶師仲ヶ間と茶壺道中」ほか

◎宇治市　一九七八『宇治市史4　近代の歴史と景観』第二章第五節「茶業の近代化」ほか

◎宇治市　一九八一『宇治市史6　西部の生活と環境』「一宇治郷」ほか

◇**展覧会図録**

◎宇治市歴史資料館　一九八五『宇治茶―名所絵から製茶図へ―』

◎宇治市歴史資料館　二〇一五『宇治茶―トップブランドの成立と展開―』

◇**宇治文庫**

◎宇治市歴史資料館　一九九五　宇治文庫六『宇治をめぐる人びと』

◎宇治市歴史資料館　一九九九　宇治文庫一〇『緑茶の時代―宇治・黄檗の近世史―』

◇収蔵資料調査報告書（七までは収蔵文書調査報告書）

◎宇治市歴史資料館　二〇〇〇『収蔵文書調査報告書三　上林三入家文書』

◎宇治市歴史資料館　二〇〇四『収蔵文書調査報告書六　上林春松家文書』

◎宇治市歴史資料館　二〇〇七『収蔵資料調査報告書九　上林春松家文書二』

◎宇治市歴史資料館　二〇一三『収蔵資料調査報告書一五　片岡道二家文書』

◎宇治市歴史資料館　二〇一七『収蔵資料調査報告書一九　宇治茶の民具』

◎宇治市歴史資料館　二〇一八『収蔵資料調査報告書二〇　宇治郷の古文書』

◎宇治市歴史資料館　二〇一九『収蔵資料調査報告書二一　上林味卜家文書』

（他機関等の刊行物）

◇図書等

◎桐山秀穂　二〇二〇「中世前期の茶臼」永井晋編『中世日本の茶と文化』（アジア遊学二五二）勉誠出版

◎桑原秀樹　二〇一二『抹茶の研究』農文協

◎桑原秀樹　二〇一九『増補改訂　宇治抹茶問屋4代目が教えるお抹茶のすべて—歴史、文化、生産、品種から味わい方まで—』誠文堂新光社

◎桑原秀樹「製茶の研究手揉みから機械へ」（月刊『茶』静岡県茶業会議所、二〇一八年一月号より連載）

◎小西茂毅　二〇〇五『日本茶の魅力を求めて—ほんもののお茶・宇治茶とこれから—』大河書房

◎今日庵　茶道資料館監修　二〇二一『茶の湯をまなぶ本　茶道文化検定公式テキスト　1級・2級』淡交社

◎島津良子　二〇一九「緑茶製法の誕生と普及—山城茶の江戸直接販売を手がかりに—」京都学研究会編『京都を学ぶ【南山城編】—文化資源を発掘する—』ナカニシヤ出版

◎社団法人京都府茶業会議所　一九九四『京都府茶業百年史』

◎橋本素子　二〇一六『日本茶の歴史』淡交社

◎橋本素子・角田朋彦・野村朋弘　二〇二二『宇治堀家文書』八木書店出版部

◎吉村亨・若原英式　一九八四『日本の茶歴史と文化』淡交社

◇京都府ホームページ

◎「宇治茶の世界文化遺産登録」内「宇治茶に関する古文書調査報告書」より「近世古文書『永谷伊八郎家文書』の分析調査」報告書　島津良子京都文教大学地域共同研究教育センター（二〇一六）

◎「旧宇治田原町史収集保管文書『古今嘉木歴覧』及び『禁裏御所御茶献上日記全』の分析調査」報告書　島津良子京都文教大学地域共同研究教育センター（二〇一七）

コラム
4

上林松壽

—花を愛した宇治の茶師—

坂本博司

幕末・明治期の上林牛加家

上林牛《ぎゅう》加《か》家は御物につぐ御袋茶師仲間に属した。幕末・明治期の二人の当主、清泉《せいせん》・松壽《しょうじゅ》の親子はたんに仲間の構成員というよりも、清泉が「公園之茶士」と肩書したように、といってもあくまでも自称・自認にすぎないのだが、公的な意味合いの強い宇治の茶園を管理する士分に準じた専業者、といった自覚と自負に支えられていたと思われる。

清泉（一八〇一～七〇）は茶の木を材料にした彫刻、茶の木人形の創案者であり、また絵も堪能で宇治茶の製造工程を描く製茶図などはお手の物であったし、さまざま文献にも通じそれらをもとにして宇治の歴史や宇治茶業についてまとめた著作もある。政治的にも代官の多羅尾氏に見込まれて宇治郷取締役という特別職に任じられ、ときに住民に対して独自に生活の規範を説いて示すこともあった。倫理感あふれた教育者、村のご意見番といった役割が託される、そんな人物だった。

松壽（一八三二～一九一四）もまた筆まめで、絵もよくした。こちらはその日の出来事や風聞記事のまとめが端的でうまく、そして何よりも植物の観察、写生に秀でていた。両者は似てはいるが、とても好対照である。とくに何か自分の関心のあるものを一度目にすると、画像としてそのまま頭に焼き付けてしまう、松壽はどうもそんな特異な

（図1）宇治茶師親子三代（個人蔵）

能力の持ち主だったようだ。幼い頃から、とりわけ茶樹の生育に関して天才的な感性と直感を持ち合わせていて、本人は「きおく（記憶）ばかりの、只熱心のみ」と言うが、もって生まれた才能は瞬く間に研ぎ澄まされ、とりわけ茶業について栽培から加工にいたるすべての工程に、ごく自然に超がつくほどに精通してしまったものと考えられる。

　松壽は二〇歳頃から父とともに宇治茶師の一員に加わった。当時の日記が六年分あり、表紙や裏表紙には大きく「御茶師」の文字が躍り、自分の姓名の脇には少し分を越えたような自作の花押が添えられる。士分の意識が明らかにみてとれる。嘉永七年（一八五四）、将軍の代替わりの挨拶などで、宇治茶師が上京することになり、二人もそれに同行した。仲間の連中を含めた、牛加家親子のもう一つの目的は、むしろそのほうが重要だったのだが、牛加家が遠縁とし、また「本姓」と仰ぐ幕臣の山岡家を訪ね、面会し親交を深めることだった。宇治と江戸との関係は距離的にも時間的にも遠いようで近い。ちなみに嘉永七年は改元され安政元年となる。あの揺れに揺れた安政地震の最中、帰路の各地で目にした被害状況を親子ともに丹念に記録しているのだから、なんとも恐れ入る。松壽は清泉が隠居した後も牛加を襲名しなかった。清泉は家を継ぐことが目的で牛加家に入った。松壽は家を継ぎはするものの、家名の世襲にこだわりはなく、清泉もまたそれには頓着しなかったようだ。

東京での松壽

　維新後、清泉が亡くなると明治五年（一八七二）、松壽は上京する。目的は茶業指導、開国とともに茶業はすでに輸出産業の花形となり、生産地は全国に広がった。ひょんなことで大久保利通とつながったことがきっかけとなったが、大久保はすぐにこの世を去ってしまう。その後も勧農局や農商務省の肩書には技手とあるが、でも常勤ではない。宇治茶のプロパーとして誰もが認めるところだったのだろう。その腕前が見込まれて、ことあればお声がかかり出仕となる。今日にいう非正規の臨時職員、もっと言えば便利使いである。まだまだ長閑《のどか》な田園風景が広がっていた東京で、茶園管理も任された。そのときの意気込みを物語る短冊が残っている。

　武蔵のにうへてさかえよ宇治種を　世
かへ（界）きこえて　こい（濃）茶よ
きとそ

　明治一二年（一八七九）、横浜で開催された第一回の製茶共進会には全国からお茶が出品された。各地の出品者はここで好成績をおさめて、茶づくりに励むことを目的とし、いっぽう、こうした機会に輸出に適した、低コストで量産が見込め、相手方と高値で取引できる、といったそんな調子のいいことなんてあるはずないのだが、新しい技術と製品の普及と統一を政府は目ざした。ここで松壽は武蔵国の一生産者として紅茶を出品し、四等賞を獲得している。緑茶よりも紅茶の受けがいいことも、国の上層部の連中はわかっている。上林と言えば、聞く人が聞けば当時でもすぐに宇治の高級茶がイメージされたはずだ。世界に向けた上林ブランドの紅茶を期待する向きが、政府実務官僚のあいだにはあったのかもしれない。ただ、松壽自身は苗字をしばしば「かみばやし」と表記することがあった。本人の自覚の上でのことではあっても、代官家や他の上林姓の家との区別を強く意識していた可能性がある。

　松壽は明治二二年に帰宇するまで一五年以上、ほぼ全国を股にかけて奔走し、品評会では審査員も務めた。いっぽうでこの間に、贅沢こそできないものの、宇治ではとても考えられない都会の下町暮らしを四〇代にして公務の傍らに堪能することになる。しかもその途中、一六年には後に国家公務員試験に合格し官僚となる次男敬次郎が東京法学校（現法政大学）に進学することになり、在京後半期は男二人の共同生活となった。ちなみに松壽は長男種太郎をはじめ五人の男子に恵まれた。父と敬次郎のもとに、たまに他の兄弟も、入れ替わり顔をのぞかせるといった具合で、牛加家の男たちは維新後間もない東京の風をまとって成長した。

松壽の心をとらえたもの

　東京の風、いや江戸からのその情緒と風情にたっぷりと首までつかりこんでいたのが、ほかでもない松壽自身だった。そこで唯一の「道楽」に出会ってしまう。夏の朝顔、しかも変化（出物《でもの》）である。朝顔の花の突然変異、変化朝顔といわれるものは、種の取れるのが正木《まさき》、種のないのを出物という。茶業界で出物といえば、葉肉部分以外のたとえば茎茶の雁金《かりがね》に代表されるような種類をいうが、それとは意味合いはまったく違うものの、ひょっとしてそんな呼び名も松壽の心をとらえたのかもしれない。下町の夏の風物詩、朝顔市で有名な入谷の鬼子母神は目と鼻の先、数寄者との交流はもちろん、寓居にも庭や鉢にさまざまな種が蒔かれ、毎年試行錯誤が繰り返されていたことは想像にかたくない。

　宇治に帰る日がしだいに近づいてくる。やっかいなのは、これがお得意の「きおく」では片づけることのできない代物

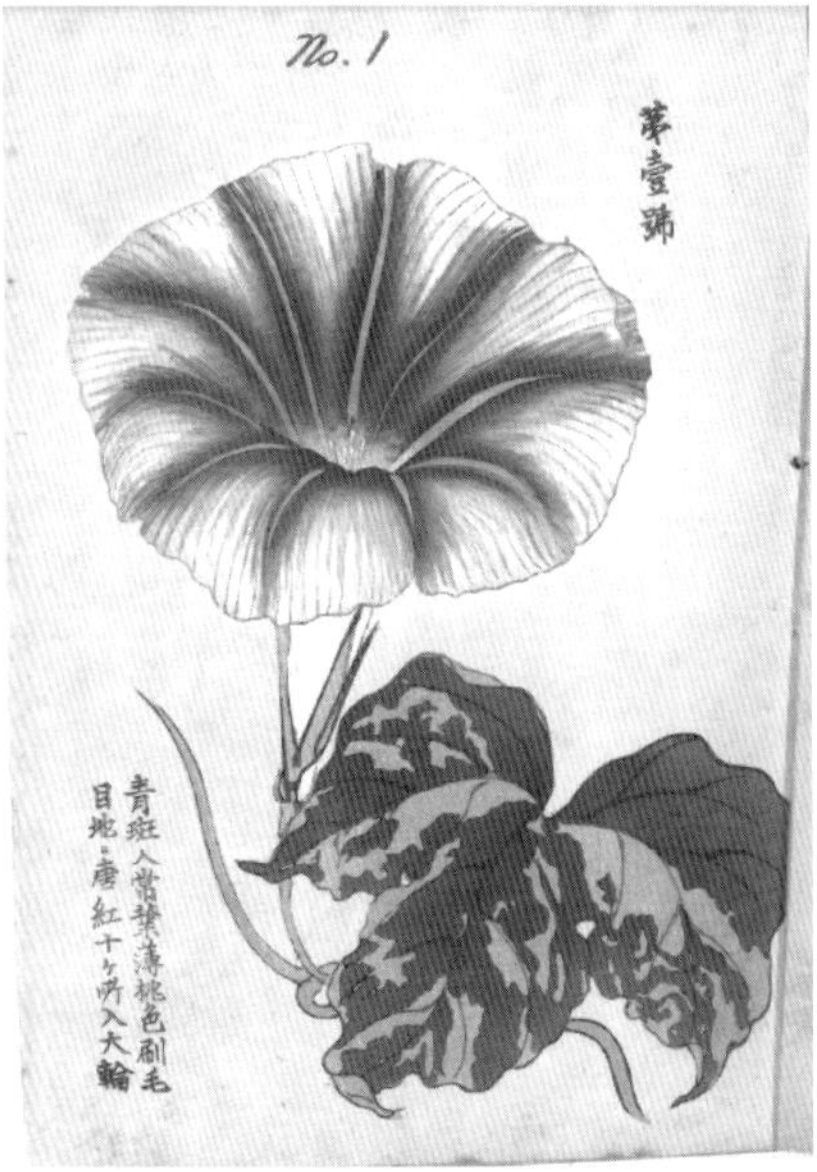

（図２）宇治朝顔園　一九〇〇　『朝顔画報』第一号（個人蔵）

だったことだ。突然変異の刹那、それこそが楽しみであり醍醐味だから、お気に入りの種は持ち帰られることになる。はじめからそれで生計を立てるかどうかは別問題だったはずだが、まさにこのことが動機となり、宇治での私設植物園の開園、朝顔園というなんとも可愛く清々しい響きの種苗店の開業となる。

宇治での松壽

朝突然にふっとあらわれて、しぼんでいく、その幻想的なわずかな時間と空間、それを共有する仲間たち、そもそもの出会いは東京と名を改めた江戸だった。帰宇後まもなくの朝顔園開園と朝顔雑誌の刊行、それは一言で言えば江戸への回帰、郷愁を原動力とした。同好の士たちも、江戸との縁が深く、心のなかでそんな江戸と結ばれ、誰もみな諦めが悪い。東京を離れた物好きな有志の気持ちは同じ、種子をわけもち、情報を交換し合い、趣味にのめりこんだ。雑誌はそんな仲間との絆だった。いったん出物があらわれるとそれは松壽自らの手によってそのままに描かれ、活版印刷の本文とは別に木版で刷られ全国の仲間へと配信された。

松壽の茶業技手としての務めは、父が称した「公園之茶士」の延長上にしか成り立たない性格のもので、本人にしかわからない茶の栽培・判定技量、経験則もその立場にのみ関して発揮すべきという認識があったに違いない。

近代日本のまったく新たな茶業が切り拓かれようとするとき、その真っ只中にあって自らの使命をまっとうした、そうした多くのひとのなかに上林松壽はいた。東京を去ることは、そんな立場との明確な決別を意味した。公務に関わるすべてを捨て去り、自分自身に戻ること、あの日のあの朝の江戸に思いを馳せる、一人の好事家としての道に専念することを彼は選択したのである。

参考文献

◎上林敬次郎　一九三六「宇治人形の創作者上林楽只軒」月刊『伝記』三巻九号

◎宇治朝顔園　一九〇〇『朝顔画報』第一号

◎丸山宏　一九九四「明治期における朝顔雑誌の創刊とその展開」『造園雑誌』五七－五

Ⅲ 宇治茶と茶業景観

中宇治の町と町家

清水重敦

はじめに

宇治市の中心市街地である中宇治は、平安時代以来の長い歴史を持つ町である。周辺に点在する茶畑とともに国の重要文化的景観に選定され、景観を生かしたまちづくりが進められている。この町は、平安時代に格子状の町割りがなされて貴族の別業地となり、鎌倉時代以降も交通の要所として栄え、遅くとも室町時代後期には宇治茶の生産と流通の拠点となるという、重層的な歴史を有している。歴史的な中心部は、宇治橋通り、県通り、本町通りの三つの主要な街路によって囲まれる三角形をなしており、街路沿いと街路内部に伝統的な町家や長屋、あるいは新しい建物が立ち並び独特の市街地景観をなしている。

中宇治の景観のうち、特に宇治橋通りの景観を構成する主要な要素である町家をよく見ると、少し変わった特徴が見られる。京都周辺によく見られる切妻造、平入のつし二階建て町家であるが、一階の庇が道路側溝を越えて深く通りに突き出し、まるで通りを覆うかのように見える（図1）。敷地も、短冊形の一般的な形状に見えるが、奥行方向にくの字に折れ曲がる形状のものが多く見られる。こうした特徴は、いかなる背景を持ち、中宇治の町にとっていかなる意味を持つのだろうか。この背景には、中宇治における長い重層的な歴史と、宇治茶の生産・流通の拠点であり続けた固有の生業の歴史が横たわっている。

本章では、景観の観点から中宇治の町と生業の歴史を読み解き、中宇治の町と町家の特質を明らかにしていきたい。

（図1）中宇治の町家

中宇治における土地利用の重層

●中宇治における二時期の土地利用

中宇治の町の歴史をひもとくと、主に二つの時期の土地利用が折り重なっていることがわかる。平安時代における貴族の別業地としての都市的な土地利用、そして主に室町時代以降における宇治茶生産の拠点としての土地利用である。平安時代には格子状の街区が形成されて貴族の別荘が営まれたが、その街路の痕跡は今日も残されている。宇治茶の生産拠点としての土地利用は、平安時代以来の県通り、本町通り、そして鎌倉時代以降開削の宇治橋通りという三角形をなす三つの主要道路沿いに茶問屋、茶農家が立ち並び、またその内外に抹茶の原料となる碾茶《てんちゃ》生産のための茶園が設けられるというもので、都市化が進んでいるものの、茶問屋街も茶園も現在に継承されている。

平安時代以来の歴史を持つ宇治にいくつもの歴史の層が折り重なるのには何の不思議もない。しかし中宇治におけるこれらの二時期の土地利用には面白い共通点がある。それは、貴族の別業地であった格子状の街区の範囲と宇治茶生産に関わる町場及び茶園の広がる範囲が、概ね一致することである。宅地と茶園という全く異なる土地利用がなぜ同じ場所において展開されたのだろうか。二つの要素が同じ場所に折り重なっているということは、これらの要素には何らかの関係性がある、ということであろう。この視点を持ちながら、中宇治の都市構造の変遷を振り返ってみたい。

●中宇治の歴史と都市構造の変遷

中宇治は、宇治川の渡河地点として古来より交通の拠点として認識される地であった（図2）。七世紀頃に初めて宇治橋が架けられたが、当時の橋は現在の位置ではなく、上流側の本町通りの東延長部に、塔ノ島を介して架けられたものと推定されている（杉本　一九九四）。

都市としての中宇治の勃興は、平安時代に遡る。平安前期より貴族の別業が営まれていたが、平等院が開創される一一世紀後半より本町通りと大和大路（現在の県通り）を軸に、条里制の土地区画を基盤とする格子状の街区が形成された（宇治市歴史資料館　二〇〇四）。同じ頃に宇治橋も現在の位置に移されたようである。

鎌倉時代になると、藤原氏の勢力減退とともに別業地が徐々に廃絶し在郷町化していく。鎌倉時代以降に宇治橋から格子状街区を斜めに貫く新町通り（現在の宇治橋通り）が開削され、この通りの両側に奥行き二〇間程度の短冊状の町割りがなされ、格子状街区に上書きされた。本町通り、県通り、宇治橋通りの三角形をなす街路で囲まれる現在の市街地形状がここに形成された（杉本 二〇〇六）。

宇治における茶生産も遅くとも鎌倉時代末期には開始されている。ただし室町中期までは本茶は栂尾《とがのお》茶のみで、宇治茶はそれに次ぐ評価だった（橋本 二〇一八）。応仁の乱以降、宇治茶は栂尾茶とともに本茶と評されるようになり、茶生産が隆盛を迎えたことがわかる。安土桃山時代には茶園を葭簀《よしず》と稲藁で覆う覆下《おおいした》茶園が構えられるようになり、今日に続く高品質な抹茶の原料となる碾茶の生産が始まった。

江戸時代には、安土桃山時代に台頭してきた宇治茶師により、幕府御用の碾茶生産が独占されるようになる。宇治茶師は、幕府御用の宇治の碾茶を独占的に製造販売する町人階層であるが、特権的身分として扱われた。茶師の台頭により、中宇治は宇治茶師が屋敷を

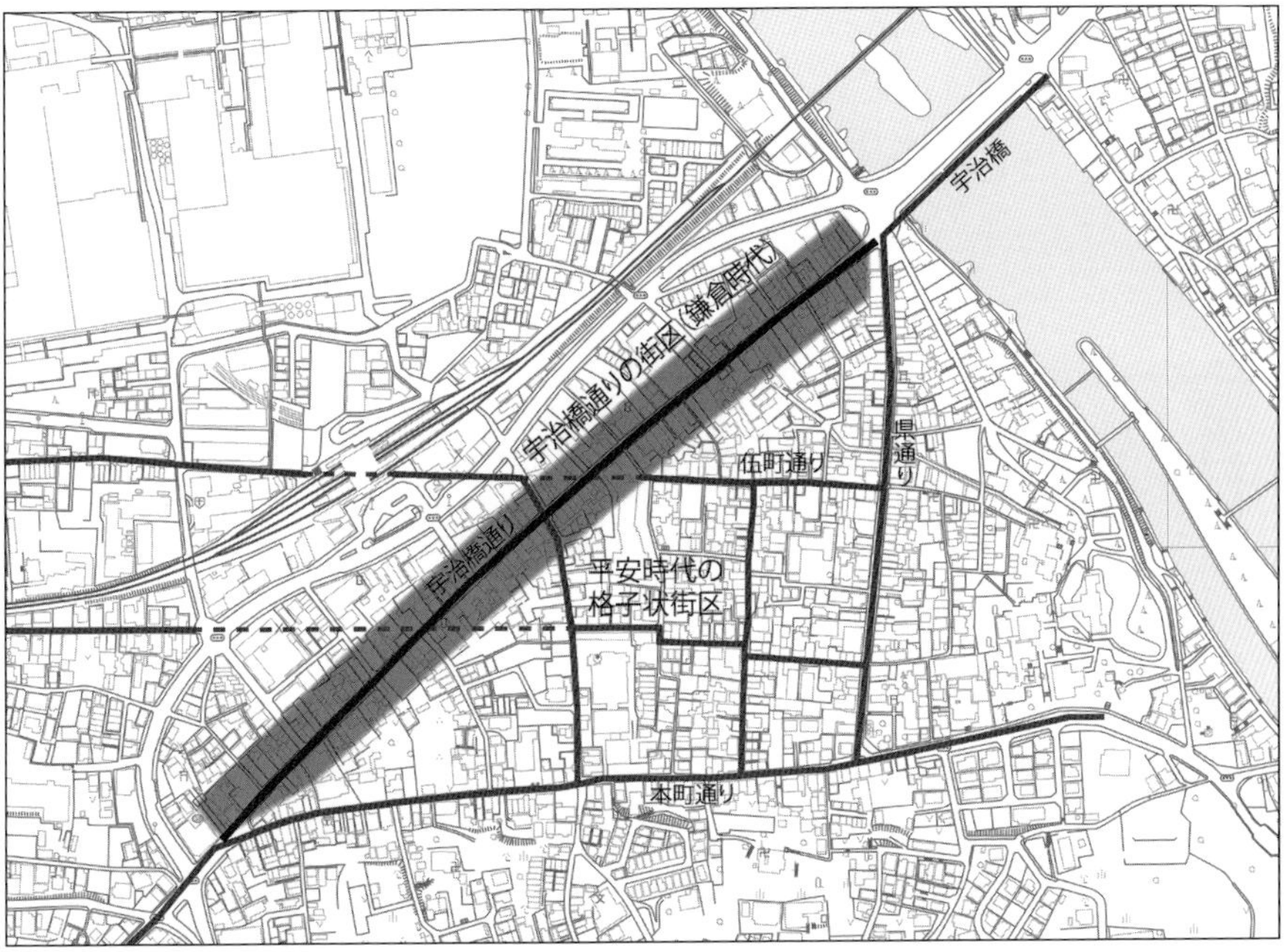

（図 2）平安時代の街路と中世開削の宇治橋通り

並べる町へと変貌する。この頃の都市景観は江戸時代中期の「宇治郷総絵図」に見られ、特に宇治橋通りは両側に大規模な茶師屋敷の並ぶ茶師屋敷街を形成していた（図8）。

幕末から明治時代になると庇護者や取引先を失った宇治茶師が衰退し、代わって広く一般に流通する茶を扱う茶商が台頭する。茶師屋敷が順次失われ、茶商や生活関連商店の町家が建ち並ぶ市街地へと変貌した。その後、鉄道の敷設、大規模工場の誘致、宇治川における水力発電による電化等により田畑の宅地化が進み、大正期以降、三角形街区内部の茶園、水田が徐々に宅地開発されていった。今日では三角形街区内では一区画のみに茶園が残されている。

●中宇治の地形・地質と土地利用

この歴史の中で特徴的な土地利用として抽出できるのが、平安時代の格子

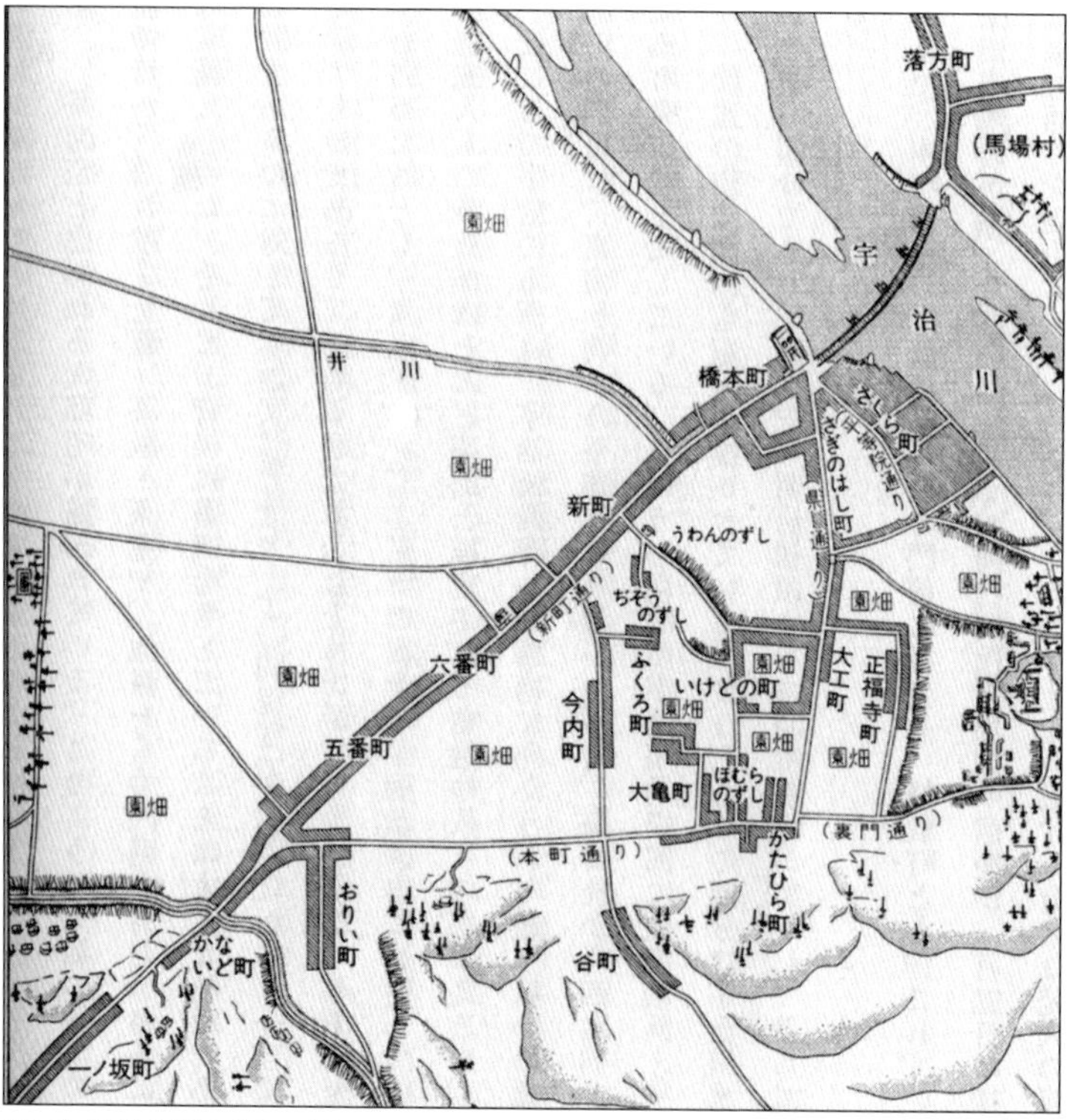

（図3）近世初頭の宇治の図（『宇治市史3　近世の歴史と景観』224頁より）

状街区における貴族の別業地と、応仁の乱以降活発化する宇治茶生産のための茶園及び市街地である。平安時代の格子状街区は、発掘調査によりその範囲が概ね知られるようになってきた（宇治市歴史資料館 二〇〇四、図2）。南北は県通りの中ほどより西へ延びる伍町通りから南の本町通りまでの間を中心に、東西は平等院から西へ、現在の三角形街区の範囲を越えて広がっていた。

鎌倉時代以降には、新たに開削された宇治橋通りと県通り、本町通り沿いに家屋が立つ街村となり、その周囲に茶園が経営されていった。絵図によって確認できる江戸時代初期には、三角形街路の内外に茶園が広がる様子が確認できる（図3）。

興味深いことに、これら二時代の土地利用の範囲は概ね一致している。中宇治の南にある丘陵から北へ三〇〇メートルほど、そして平等院から西へ一キロほどの範囲が双方の中心である。この範囲は、折居川と塔ノ川が折居丘陵から平地に流れ出るところに形成された扇状地の範囲とほぼ重なっている（図4）。

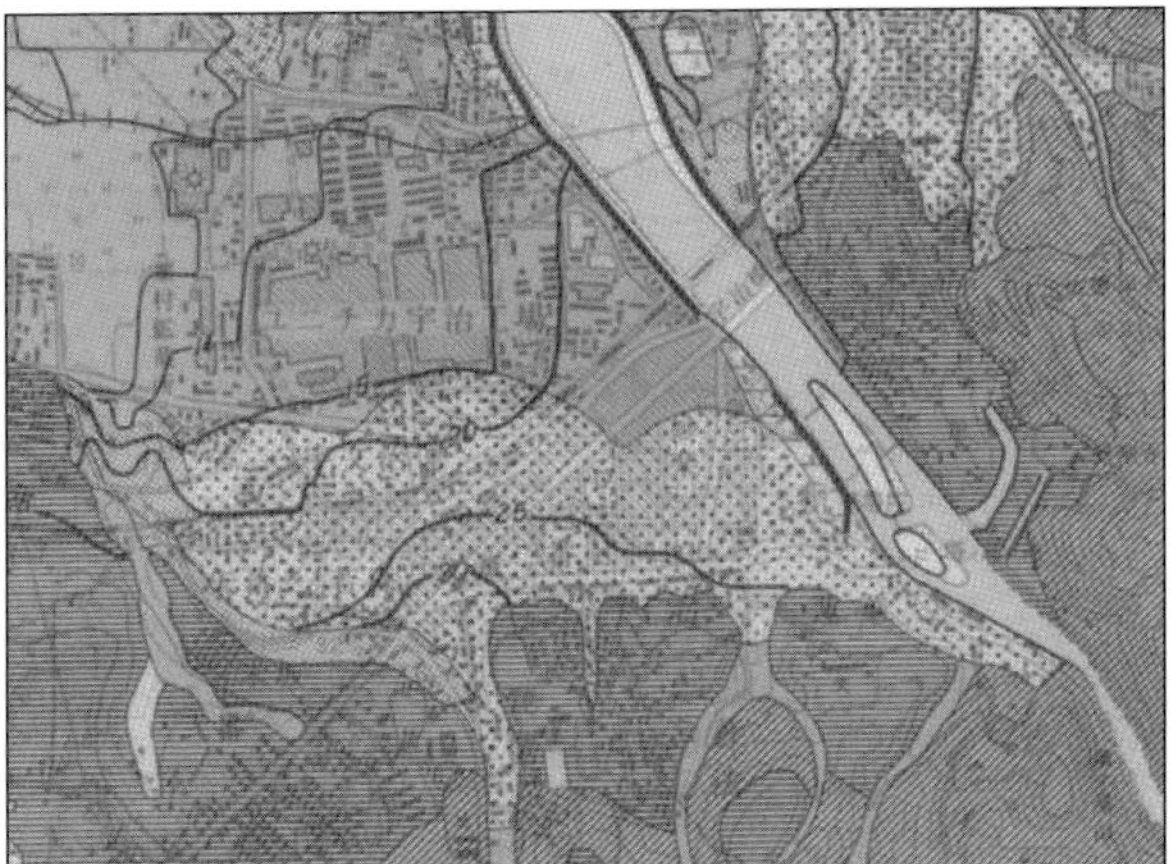
（図4）中宇治の地形（扇状地）（地理院地図より）

平安貴族の別荘には、発掘調査により複数の園池があったことが確認されている。園池の造営と管理には豊富な水が不可欠である。発掘された園池の底から地下水が湧き出るものもあり（杉本 二〇〇六）、伏流水の得やすい扇状地の地質ゆえにこの地が別荘経営の好適地となったものと考えられる。

扇状地はまた茶園の好適地でもある。茶の木は水はけのよい地を好むため、扇状地は茶園の立地に適している。また安土桃山時代に開始された覆下茶園は、茶園を葭簀と稲藁で覆うものであるため平坦地である必要があり、中宇治における緩勾配の扇状地は、まさに宇治茶栽培の条件に合致した地であった。また茶葉を加工する茶工場は茶園から近い場所にある必要があり、茶園の広がる中に三角形の街路に沿った街村が埋め込まれているという位置関係も合理的である。

この地の気象も、宇治川が丘陵から平地に出る口にあたることから川霧が発生しやすく、これらの土地利用に合致している。別業地らしい風流な景が得られるし、茶栽培には茶摘み期の降霜を避ける必要があるが、川霧の発生はそれを抑制するので機能的でもある。

中宇治は扇状地の上に築かれた町であり、そこでの人の営みは歴史を通じてその地質と独特の気象によって性格づけられたものであったと見ることができるだろう。

中宇治の町家

●中宇治の町家の特徴

次に中宇治に残る伝統的な形式を持つ町家を、この町の性格と関連づけながら見ていこう。

中宇治には多数の伝統的な家屋が残る。茶師屋敷としては、宇治橋通り沿いに長屋門を構えた旧茶師の上林春松家が現存する他、移築、改造されながらもかつての門が複数残されている。伝統的家屋の大多数を占めるのが町家である。宇治橋通り、県通り、本町通り沿いには町家が多数建ち並び、また、これらの道路に囲まれた三角形の街区内にも伍町通り沿いなどに町家が、その他の箇所に長屋が数多く建っている。町家の敷地は、間口が狭く奥行きが深い、歴史都市によく見られる形状のものが多く、通りに面して間口いっぱいに表屋を建て、背後に水廻りを突出させて座敷庭を構え、奥に土蔵を置くというごく一般的な建物配置を持つ。ただし敷地形状と表屋の形式に中宇治固有の特徴を見出すことができる。

敷地は奥行の形状が特徴的で、奥行が極端に深くかつ不整形な敷地が多い。特に宇治橋通りでは、通りに面した正面側は短冊状に割られた典型的な町家の敷地形状であるが、奥二〇間ほどでくの字に折れ、さらに奥で間口以上に広がる形状の敷地も多い。こうした敷地ゆえ、特に敷地の奥が多様に活用されており、また通りから奥へと通じる土間空間が充実している家が多い。土間の間口が広く、また敷居を取り払うか取り外し可能にし、荷車の利用が想定されている。生業に用いられる部分が充実していると言い換えられるだろう。

町家の表屋は、二つの類型からなっている（図5–1〜2）。

①京町家型：通り土間に沿って一列三室または二列三室の室が配置される、奥行きの深い平面を持つ。

②農家型：通り土間に沿って四室が田の字型に配される、奥行きの浅い平面を持つ。土間部分の屋根を一段切り下げるものが多い。

これらの類型が混在することは、中宇治が商業と農業がともに営まれる場であったことを示すものだろう。中心市街地でありながら茶業の中心でもあるという中宇治の性格をよく表している。あるいは宇治の在地の形式と京都の影響を受けた形式とが混在することを示すものかもしれない。

表屋において特徴的なのが、その表構えである。どの町家も一階の小庇が深く、町家というより農家のような趣である。昭和期に宇治橋通りがバス通りとなった際に軒先が切られた町家もあり、今では少しわかりにくくなっているが、本来は深い庇が連続的に道路に突き出す町並みだった。宇治橋通りにある町家では建物前に流れる道路側溝に橋状の蓋が掛けられているが、出入口前だけではなく出入口の下手のシモミセ部分にまで広く掛けられており、この深い庇下が広く利用できるようになっている。深い庇は、庇下の空間を積極的に利用していたことを示すものであろう。

特に注目されるのが出格子である。出格子は一般的に、太い柱を礎石上に立てて張り出し部の構造を形成するか、柱を細くして建物本体から片持ちで張り出している。しかし中宇治で幕末から明治初期の建設と思われる町家の出格子を見ると、太い柱を用いながらもその柱は地上からは立たず、建物本体の土台から道路に向けて腕木を張り出し、

(図5－1) 中宇治の町家 (①京町家型)

(図5－2) 中宇治の町家 (②農家型)

(図6) 中宇治の町家の出格子

その上に載せられている（図6）。この出格子の形式は伏見から宇治にかけての地域に時折見られるものであるが、宇治橋通りでは現存する主要な町家で複数見られ、中宇治の町家景観に個性を与える大事な要素となっている。

●敷地形状と利用方法の背景

中宇治の町家のこうした特徴は、町の個性との関係によって生まれ出たものと考えるべきだろう。宇治橋通りの町家の敷地が不整形なのは、宇治橋通りが平安時代の格子状街区より後に開削されたことによる。宇治橋通りは格子状街区から五〇度程度の振れを持つ。通りが開削された際、通りの両側に奥行きを揃えた街区が形成されたが、この街区の敷地背後に平安の街区が噛み合い、敷地奥でいびつな形状を持つ敷地が多数生まれたため、それらが表の敷地に取り込まれて不整形な敷地が誕生したものである。

本来の宇治橋通りの街区は、短冊状に均質に割られた商業向きの規模で計画されたものだったが、奥行きが増すことにより、製造の場が必要な茶業のための作業空間が確保され、町場で茶業を展開する素地となったと見ることもできるだろう。敷地の奥を利用するためには通路の確保が重要であり、必然的に土間空間が充実することとなった。

●町家と道路側溝の関係

次に町家の表構え、特に出格子についてであるが、このような特徴的な形式になる理由は、建物と道路側溝の位置関係の特異性にある。道路側溝は建物の雨落ちを兼ねるので、一階庇の軒先に揃えて通されているのが一般的である。そのため、側溝から建物の主体部までの間には半間程度の軒下空間ができる。しかし宇治橋通りでは道路側溝が建物の壁面に接する位置に通されており、庇の軒は側溝を越えて道路内に突き出している。この側溝の位置ゆえに、出格子の張り出し部がちょうど側溝上に来ることとなり、出格子を支持する柱を受けることができず、腕木を出してそれを受ける形式をとらざるを得ないわけである。側溝の側石は自然石を積んで作られており、この石積みがそのまま立ち上がって町家正面の基礎になっている箇所があるので、側溝と町家は一体として作られており、側溝を移動して道路部分を広げたものではないことがわかる。つまり町家を建てる際に、側溝に対して通常とは異なる位置関係となった結果が、現在の特異な通り景観であることになる。

なぜこのような側溝と町家の特異な位置関係が生じたのだろうか。そしてこのことは何を意味するのだろうか。それは中宇治における茶業の歴史と深い関係を持っているようだ。

茶業と町・町家の関係

●茶師屋敷街としての中宇治

江戸時代の中宇治は、幕府の庇護を受けて碾茶生産を独占的に行う幕府直轄領の宇治郷の中心市街地であった。碾茶生産を支配するとともに宇治郷の代官をも輩出したのが宇治茶師である。御物《ごもつ》茶師、御袋《おふくろ》茶師、御通茶師に階層化された宇治茶師の内の多数は、宇治橋通りを中心に中宇治の通り沿いに屋敷を構えた。茶師屋敷は、一般民家が間口五間程度までの規模であるのに対して、間口一〇間以上に及ぶものがほとんどで、中には二〇間を越えるものもあった。奥行きも宇治橋通りの街区を越えて深く延びた広い敷

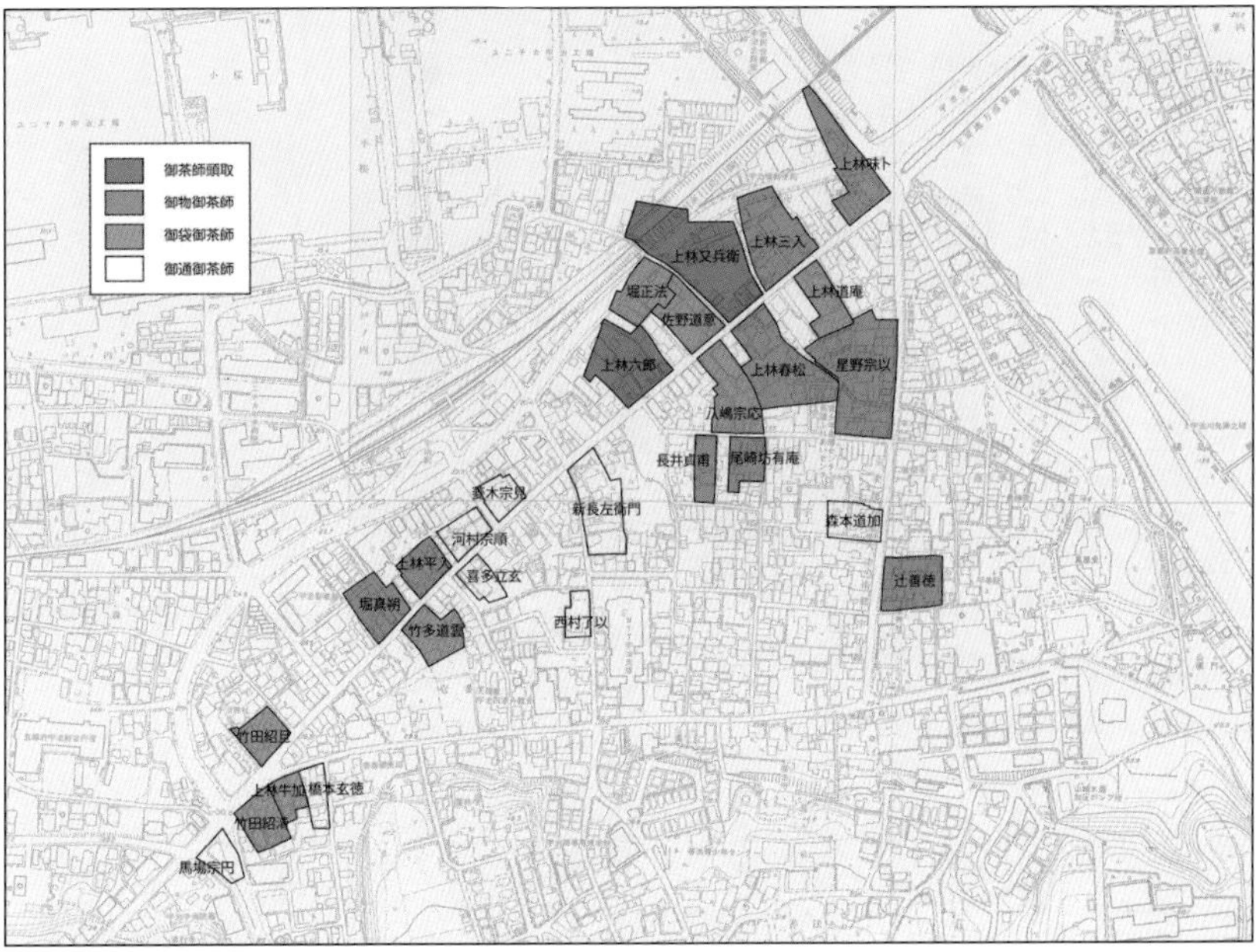

（図７）茶師屋敷の配置

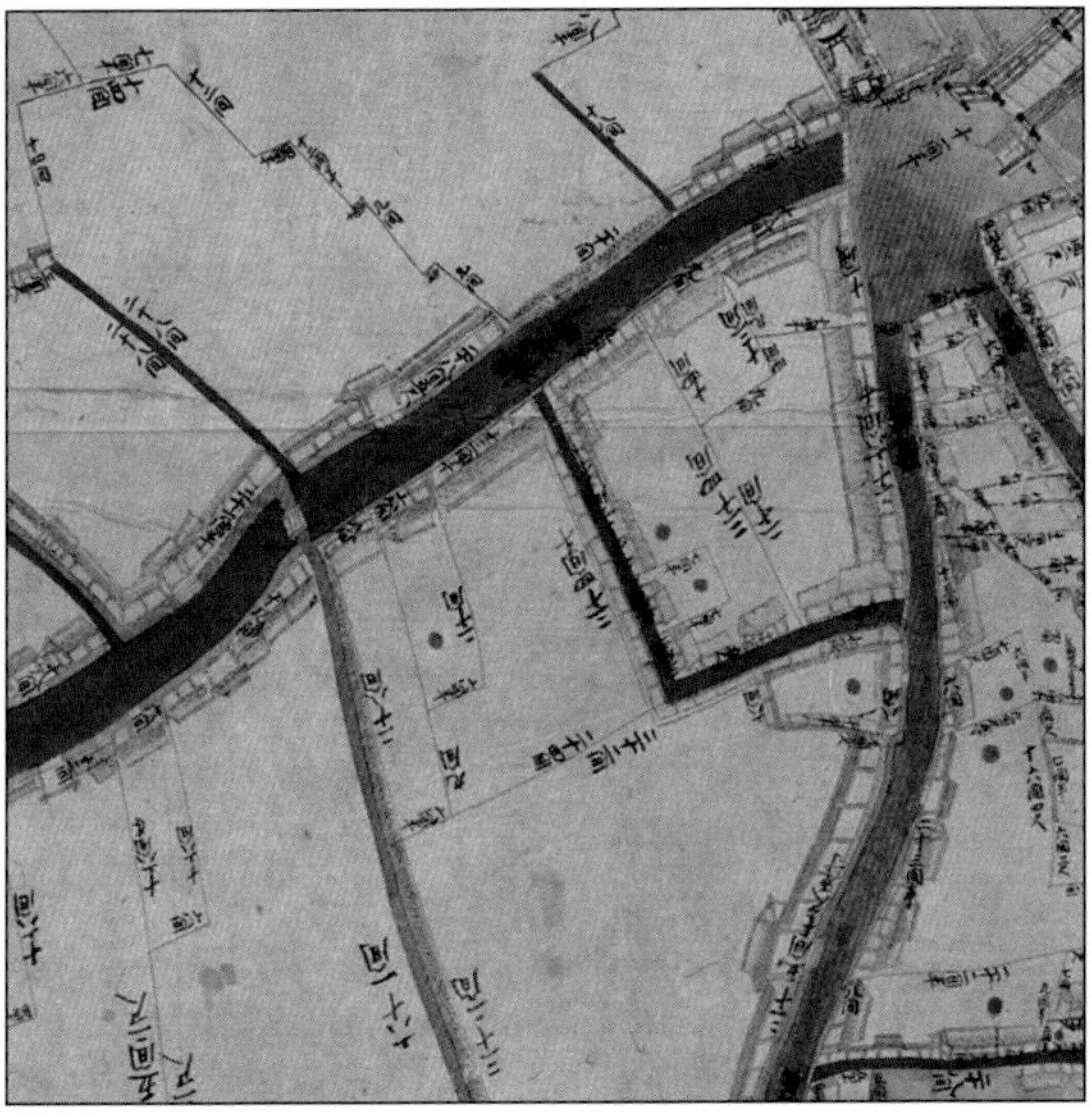
（図８）「宇治郷総絵図」における中宇治の茶師屋敷の表構え

地を構えていた。

　宇治橋通りには特に茶師屋敷が集中していた。近世後期における宇治橋通り周辺の茶師屋敷の位置と規模を、「宇治郷総絵図」と明治期地籍図から復元し、現在の都市計画図上に落としたものが図７で、宇治橋通りが茶師屋敷街というべき景観をなしていたことがうかがえる。

茶師屋敷街としての景観の具体相は、「宇治郷総絵図」から知ることができる（図8）。茶師屋敷は敷地外周を塀で囲み、通り沿いに門を開き、敷地内に独立して主屋や土蔵などを建てる、いわば武家屋敷に近い形式を持っていた。現在でも上林春松家にその構えがよく残り、宇治代官屋敷の門や他の茶師屋敷の長屋門も現存している。つまり塀と門が連続する通り景観だった。

●宇治橋通りの側溝と町家の関係の意味

宇治郷総絵図には道路側溝も詳細に描かれており、側溝が近世に遡るものであることがわかる。現状でも、側溝の石積み側溝がそのまま立ち上がって建物の基礎となっている箇所が多々見られ、位置も変わらないことがわかる。したがって宇治橋通りにおける側溝と町家の特異な位置関係は、その成立を江戸時代に遡らせて考える必要がある。

江戸時代の宇治橋通りは茶師屋敷が建ち並ぶ通りであり、当時においては側溝と敷地の関係は茶師屋敷の表構えである塀及び門と側溝との関係であった。現存する江戸時代建築である上林春松家の長屋門は、側溝に接して壁面が立ち上がっている（図9）。建物の軒はごく短いため、軒先は側溝内に納まり、側溝が門の雨落ちとして機能している。こうした関係は、現存しないものの塀が立ち並ぶ場合も同様であり、この側溝と建物の関係は、表構えの構造物の軒が短くなる茶師屋

（図9）上林春松家長屋門

敷の建築形式とよく合致するものであることがわかる。したがって建物と側溝の関係が特異に見えるのは、町家という建築類型に限ったものであることに気付く。

宇治橋通りの茶師屋敷は、明治維新以降、特権と取引先を失った茶師の没落に伴って徐々に減少し、入れ替わるように新たな茶業を行う茶商や日常必需品を取り扱う商店などの町家が建ち並んでいった。つまり町家は茶師屋敷と入れ替わるようにこの町に増えていったものであり、その際に通常とは異なる側溝との関係で町家が建てられていった、ということなのだろう。新たに建てられた町家は、茶師屋敷と壁面を揃えて建てられた。衰退しつつあった茶師と並び立つように町家が建てられていったのである。

町家の表には、町家の入口の幅を越えて側溝の蓋が幅広く設けられ、一階の庇も深く差し出されている。側溝が建物に接することで、道路側へと開かれる広い庇下空間が生まれている。ここは積極的に利用されたようで、商店や茶商では商品を陳列する場として使われ（図10）、茶業関連家屋では茶葉や製品を搬出入する際の荷捌き場として使われた。側溝と家屋の関係は、家屋と道路との間に固有の関係性をもたらした。

（図10）大正期における町家庇下空間の利用（個人蔵）

町家における側溝と建物の特異な関係は、この町に茶師屋敷街が形成され、それが近代に町家へと入れ替わっていく、固有の歴史を刻み込んだものであった。

●町と町家に表出する中宇治の個性

中宇治の町には、幾層もの歴史が堆積している。長い歴史を持つ町であれば、どこでも歴史が堆積するわけだが、中宇治はその堆積が一見無関係でありながら扇状地の地質を通して重なり合っているところが独特である。土地から立ち上がる町、というべき特性を持っている。歴史の重層とは、その町が不断に変化を重ねてきたことを意味するが、中宇治の町の変化は、無秩序に変貌を重ねるものではなく、各時代の層が互いに関係を持ちながら折り重なるものであった。

それを最も典型的に表す要素が、今に残る町家である。中宇治の町と町家の間には、互いの領分を守った静的な関係ではなく、互いに干渉し合うような動的な関係がある。町家が町に対して独特のふるまいを見せるかのような関係を持つところに、中宇治という町がその歴史によって培われた個性を読み取ることができる。

参考文献

◎宇治市歴史資料館　二〇〇四『宇治市街遺跡（宇治里尻5他）発掘調査報告書』（宇治市埋蔵文化財発掘調査報告書第五五集）宇治市教育委員会
◎清水重敦　二〇一一「中宇治地区の伝統的家屋」「伝統的家屋調査を通してみた宇治の文化的景観の特質」『宇治市文化財総合把握調査報告書Ⅰ（宇治・白川地区）』宇治市教育委員会
◎杉本宏　一九九四「宇治橋架橋位置変更と宇治街区の成立」『平等院旧境内多宝塔推定地発掘調査概報　第1次』（宇治市埋蔵文化財発掘調査概報二四）宇治市教育委員会
◎杉本宏　二〇〇六『日本の遺跡6　宇治遺跡群』同成社
◎橋本素子　二〇一六『日本茶の歴史』（茶道教養講座一四）淡交社
◎橋本素子　二〇一八『中世の喫茶文化　儀礼の茶から「茶の湯」へ』吉川弘文館
◎林屋辰三郎・藤岡謙二郎編　一九七三～一九七八『宇治市史　1～4』宇治市

Ⅳ　宇治茶の諸相と宇治の民俗行事

IV 宇治茶の諸相と宇治の民俗行事

宇治茶をめぐる三つの元素の物語

藤井孝夫

宇治茶は鎌倉時代初頭の抹茶の伝来を起点に、為政者との関わりや内発のイノベーションを通じて日本茶のブランドとなり、様々な販路の探索や技術の展開によってその品質とブランドを維持してきた。そのブランドが揺るぎなく維持されてきた背景には、栽培方法や肥培管理、製造、流通の多方面にわたり高い品質を確保しようとする強い思い入れとたゆまぬ努力があった。

たとえば、明治新政府の殖産興業の一環で茶業振興をねらいとした第一回製茶共進会が明治一二年（一八七九）に開催され、品質良好な茶を出品した京都府の茶農家も表彰された。ところが表彰されたのはそれだけではなく、煎茶《せんちゃ》の手採み製法技術である「宇治製法」に対して「特別賞」が贈呈され、賞金二〇〇円が下賜された。宇治の茶業家たちは大いに感激し、この賞金とともに各方面に募った寄付金で「宇治製茶記念碑」（図1）を建立した。記念碑は、もとは平等院内にあったが鳳凰堂の昭和修理に伴う境内の整備で平等院表門広場の現在地に移設されている。平等院を訪れた方は「宇治製茶記念碑」をご覧になったことがあるだろうか。まず、この記念碑の〝巨石〟の大きさに驚く、そしてその巨石を直線距離にして約一五キロメートル南方向の多賀村（現・綴喜郡井手町）から運搬してきたことにもっと驚く。この記念碑を訪れるたびに、当時の茶業者が宇治茶ブランドの維持に掛けた心意気を強く感じる。

また、江戸幕末から続く日本茶の輸出は、静岡県の躍進もあって明治期に急増したが、大正期には輸出不況による静岡茶の内需転換が懸念され、全国の主要茶産地にとって大きな脅威となった。同時に、輸出増進のため茶製造の機械化が進められていたが、不良な製茶機械を販売する者や一部の茶農家の粗製濫造がたたり、適正な生産体制の構築にはならなかった。この当時の京都府茶業界の対応が雑誌『京都茶業』にこと細かに記載されている。京都府茶業組合聯合《れんごう》会議所（現・京都府茶業会議所）の骨太方針「品質本位主義」にもとづき、京都府茶業研究所が京都宇治オリジナルの製茶機械を開発、京都府茶業組合聯合会議所が製茶機械の販売斡旋や機械使用の啓発を行った。国内需要の回復と輸出販路開拓のため大量生産の必要性が叫ばれ粗製濫造もやむなしというプロパガンダも横行する中、一貫して「品質本位主義」のもとに、栽培や製造、販売において京都府茶業界の統治がなされた。

（図１）宇治製茶記念碑

いかに品質を確保するのか、また向上させるのか、たゆまぬ努力は茶農家の日頃の栽培管理や荒茶製造の技術の中に多くを見ることができる。本章では、江戸時代の肥料革命と、昭和戦後になっての茶の生育不良や障害を例として、〝たゆまぬ努力〟が肥料成分の集積と副作用をもたらしたこと、そしてその解決に真摯に取り組んだことを紹介したい。茶樹の生育を支えた肥料成分には多くの元素があるが、本章では、宇治茶の品質向上に大きく関わった三つの元素に焦点を当てて、その動きについて確認をしたい。窒素とナトリウム、さらにマンガンを加えた、三つの元素の物語である。

物語の前に

●水田とチャとの関係

我が国では、鎌倉時代には二毛作が行われ、夏作に水稲を、裏作には麦などが栽培されていた。このように水稲を表作として裏作に異なる作物を栽培する二毛作は、高い肥沃度を維持できた水田土壌の特質によるものである。河川から水田に供給される潅漑《かんがい》水には、微量ではあるが肥料成分を含み、水田の表層土壌に少しずつ集積し、また水稲収穫後に水田に残される切り株や稲わらなどの有機物は、保水性が高くて酸素濃度が低い水田土壌の中では、微生物による分解が進みにくく土壌に残留・蓄積しやすい。これら灌漑水からもたらされる無機物や作物残さなど有機物の蓄積が水田土壌の肥沃度を維持してきた。

宇治茶の栽培に対して水田がもたらした恩恵は、稲わらと裏作の菜種栽培で得られる菜種油粕であろう。水田農業は主食である米生産が主目的であるが、副産物である稲わらや籾殻《もみがら》などが、農作物栽培の資材や生活物資の材料として利用されてきた。また、室町時代には水田の排水管理技術が発達して裏作での菜種栽培が盛んとなり、江戸時代には肥料として菜種油粕が大量に生産され、広域に流通するようになった。水田の恩恵の具体は、被覆栽培や土づくりに使用されてきた稲わら、もうひとつは肥沃な水田に集積された窒素が、裏作の菜種に吸収され、油を絞った後の残渣、菜種油粕を介して茶園に供給されてきたことである。

●被覆栽培

「宇治茶をめぐる三つの元素の物語」の前に、宇治茶の特徴づけに密接な関係のある被覆栽培について説明しておく必要がある。被覆栽培の発明が三つの元素の大移動のきっかけでもあり、「物語」になくてはならない情報である。

被覆の偶然と必然

現代の宇治で行われている主な被覆栽培には、茶園に設置された棚に葭簀《よしず》を張ってその上に稲わらを薄く敷き詰めて（わら振り）遮光する本簀《ほんず》被覆《ひふく》と（図２・３）、黒色の寒冷紗（化学繊維を編んだもので若干の光を通す）で二重に遮光する二段被覆がある。宇治では、平年で四月上旬に新芽が萌芽する。本簀被覆では、萌芽ののち新葉が数枚展開した頃から葭簀が展張され遮光率が五五～六〇％となり、その一～二週間後に葭簀の上に稲わらを敷き詰めて遮光度が九五％以上になる。二段被覆でも本簀被覆の葭簀に相当する黒色寒冷紗と、稲わらに相当する黒色寒冷紗を組み合わせて、本簀被覆のスケジュールと同様に作業する。

現代の茶づくりでは、被覆栽培は遮光による品質向上を狙ったものとの認識であるが、被覆を始めたきっかけは、霜の被害を防ぐために行われた。『日

(図 2) 葭簀を張った手摘茶
(提供：京都府茶業研究所)

(図 3) 覆棚上でのわら振り作業 (提供：京都府茶業研究所)

本教会史』（ジョアン・ロドリーゲス、一五七七年より約三〇年日本に滞在。一六二二年に執筆開始）には、

そして使用に供せられる新芽は、非常に柔らかく、繊細で、極度に滑らかで、霜にあえばしぼみやすく、害をこうむるので、主要な栽培地である宇治の広邑では、この茶の作られる茶園なり畑なりで、その上に棚をつくり、葦《あし》か藁《わら》かの蓆《むしろ》で全部かこい、二月から新芽の出始める頃まで、すなわち三月の末まで霜にあって害を受けることのないようにする。これから述べるような利益がそこからあがるためと、商取引が莫大なので、霜害を防ぐことに多大の金額を費やす。

と記載され、被覆栽培が霜の被害を防ぐためであり、またそれだけの防霜対策ができるほどに茶の販売収益が大きかったことがわかる。ジョアン・ロドリーゲスが宇治を見聞したのが織豊時代〜江戸時代初期とすると、それ以前から被覆栽培が行われ、生産された抹茶の販売が多くの利益をもたらしていたことがうかがえる。

（図４）茶摘み（『拾遺都名所図会』京都府立京都学・歴彩館所蔵）

霜は農作物の葉の表面に上空から白くて細かな氷の粉が降り注いだように見えることから、「霜が降る」、「降霜」という言葉が成立しているが、科学的には放射冷却による地表付近の温度低下によりもたらされる。放射冷却とは、昼間は太陽から受ける光が強いため地表は温められるが、夜は太陽光線がなくなり地

表から赤外線として熱が放出され続けるために地表は冷えることである。被覆することにより熱が地表から空中に放散することを防ぐ効果が得られる。ジョアン・ロドリーゲスが見た茶農家たちは、空から降ってくる霜を物理的に遮断しようとして被覆したのであるが、霜の原因への認識がどうあれ、被覆は必然的に防霜に奏功した。また、被覆は偶然にも宇治茶に大きな恩恵をもたらした。

被覆栽培で〝非茶〟を脱却

被覆栽培によって、茶葉に含まれるアミノ酸は太陽光に晒される露地栽培に比べて濃度の低下が抑えられ、玉露や抹茶が煎茶に比べてアミノ酸濃度が高いのはこのためである。光煎茶に渋味があるのは、太陽光の影響でアミノ酸が変換したカテキン類が多くなるからである。被覆されると光が制限されるため、チャはわずかな光を効率よく光合成に利用しようと葉緑素を増加させ、緑色が濃くなる。また遮光度にもよるが葉面積を速く拡大することから、葉厚は薄く葉脈の分布も粗くなる。被覆栽培の新芽が柔らかくて玉露では揉みやすく、碾茶《てんちゃ》（抹茶の原料）では新芽が薄く乾燥しやすく、葉脈が少なくて石臼で挽きやすいのはこのためである。これらの変化は加工原料としての良否にもつながり、玉露や碾茶の品質に大きく影響する。加えて、被覆により、煎茶にはない海苔の香りに似た覆《おおい》香《か》が醸成される。

中川致之著『茶の健康成分の発見の歴史』によると、鎌倉時代初期に中国から茶を伝えた栄西の著作『喫茶養生記』には、

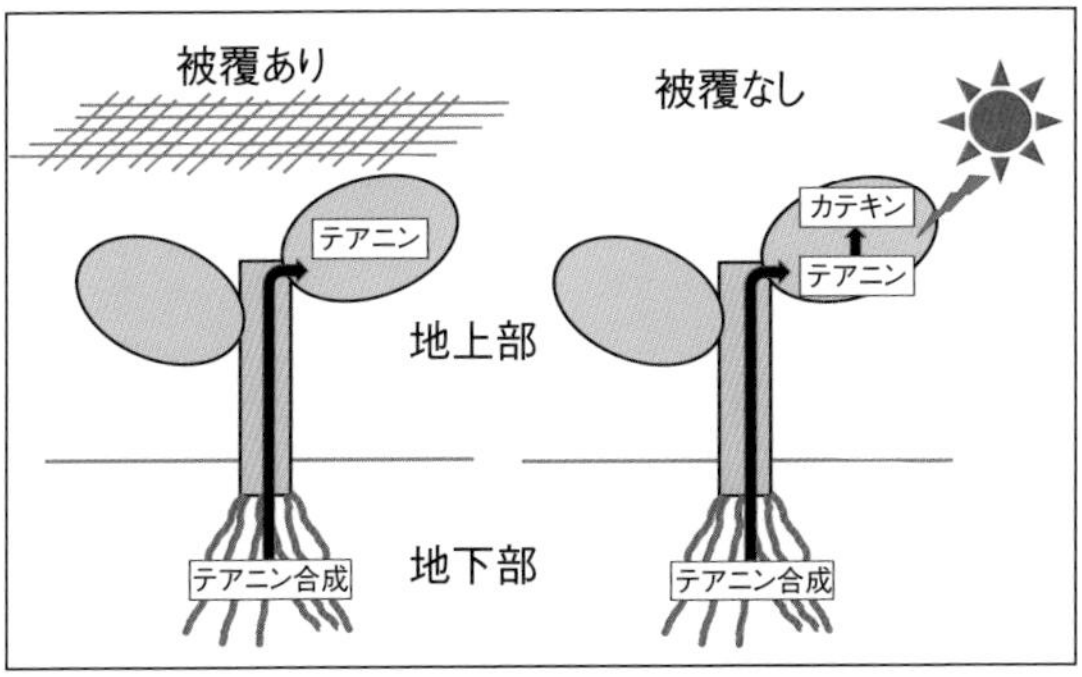

（図５）テアニンの転流とカテキンへの変換（藤井作図）

五味の養生は即ち外の治方《ちほう》なり。其の五味とは、酸味は、これ柑子・橘・柚等なり。辛味は、これ薑《はじかみ》・胡椒・高良薑等なり。甘味は、これ砂糖等なり。（中略）苦味は、これ茶・青木香等なり。鹹味《かんみ》は、これ塩等なり。

とあり、五つの味の中で、茶が苦味を呈するものとしている。一方、江戸時代の中期に三宅也来が著述した『萬金産業袋《ばんきんすぎわいふくろ》』では、

勢州（三重県）の川上茶はせんじての香り、茶の甘みまたとなき上品なり、江州《ごうしゅう》（滋賀県）の政所茶《まんどころちゃ》は匂い高くて味は甘し。

とあり、江戸時代には甘味のある茶が上品なものとして評価されていたことがわかる。

時代はさかのぼるが、南北朝時代の著作『異制庭訓往来《いせいていきんおうらい》』によると

我が朝の名山は栂尾をもって第一となすなり。仁和寺・醍醐・宇治・葉室・般若寺・神尾山はこれ補佐たり。その他、大和室尾、伊賀八島、伊勢河居、駿河清見、武蔵河越の茶、

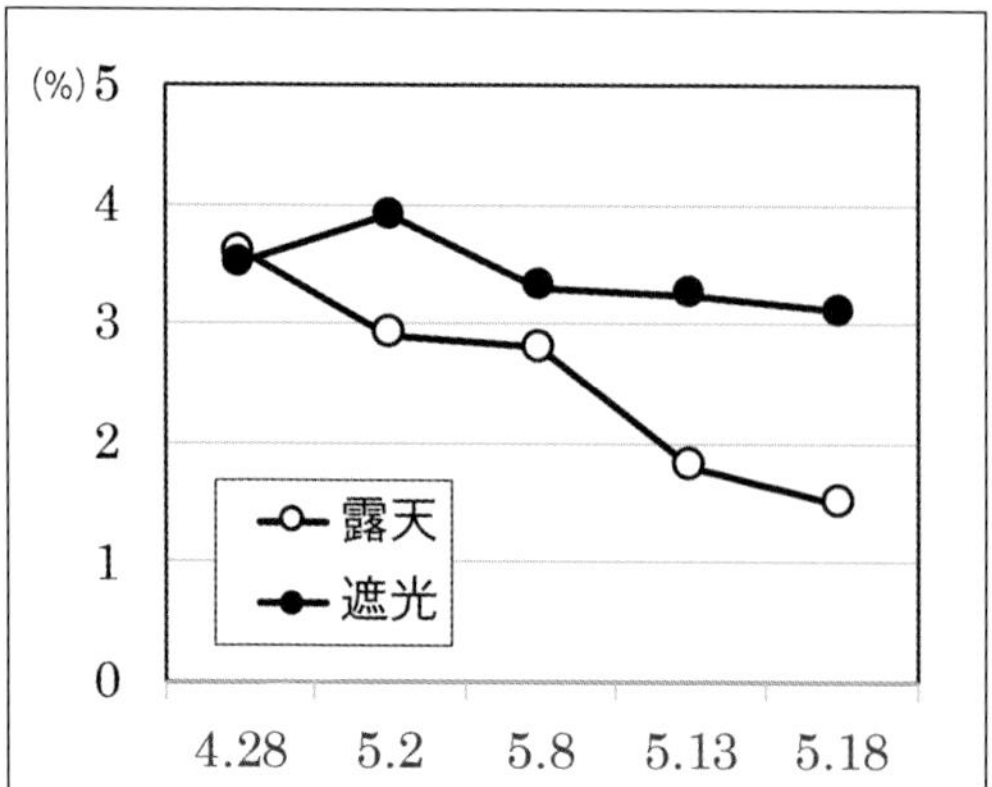

（図6）露天と遮光によるアミノ酸濃度推移の違い
（阿南豊正ほか『農芸化学雑誌』1974 年）

皆これ天下の指言するところなり。仁和寺及び大和、伊賀の名所を処々の国に比するは、瑪瑙《めのう》を以って瓦礫《がれき》に比するが如し。又、栂尾を以って仁和寺、醍醐に比するは、黄金を以って鉛鉄に対するが如し。

とされ、栂尾の茶は、他の茶産地の追随を到底許すものではないと断言している。何を指標としてこのような評価がされているのか不明ではあるが、栂尾茶以外の茶に対してあまりにも酷評である。このころ武将のあいだで盛んに行われた茶の味を飲み当てる闘茶会は「本非茶勝負」とも呼ばれ、栂尾茶を本茶、それ以外の産地の茶を非茶と区別して取り扱われた。「茶に非《あら》ず」とは随分な呼称である。なにはともあれ、この時点では宇治の茶も酷評され、ワン・オブ・ゼム の産地に過ぎなかった。

　南北朝時代から織豊時代にかけて、栂尾茶に追いつき追い抜き宇治茶が台頭していったのには、栂尾に比較して地理的に消費地に近いこと、栽培のための材料調達が容易であること、生産量を確保できることなどが理由として挙げられるが、本質的には被覆栽培であり、そこから製造される抹茶の〝おいしさ〟であったのではないか。

　宇治で生産される被覆栽培による抹茶の味が日本茶の味の嗜好性を決めたのか、そもそも本来日本人が持っていた嗜好性に抹茶の味が応じたのか定かではないが、現代に至るまで、甘味やうま味が指標となっ

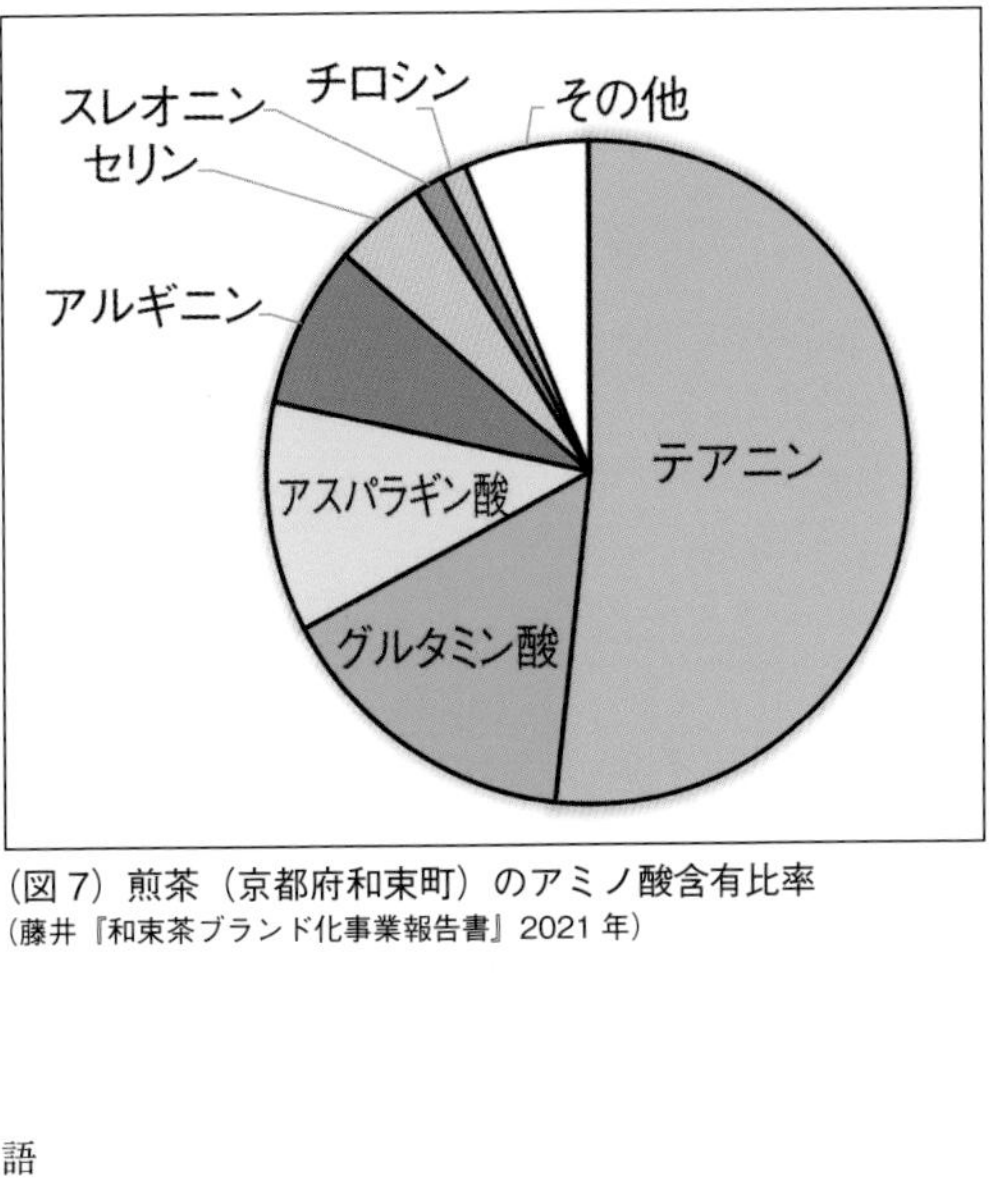

（図 7）煎茶（京都府和束町）のアミノ酸含有比率
（藤井『和束茶ブランド化事業報告書』2021 年）

て茶の品質の良否が評価されてきた。昭和二五年に京都府立茶業研究所の酒戸彌二郎により、玉露のような強いうま味がアミノ酸の一種テアニンであることが発見されて以降は、長年にわたり日本茶のうま味の本体はテアニンであり、日本茶の品質管理の指標となるとされてきた。ただし、近年、うま味の強さがグルタミン酸の約三〇分の一であることがわかり、うま味の本体はグルタミン酸とされている。テアニンはうまみ成分のポジションをグルタミン酸に譲ったが、少しテアニンを弁護をしておくと、最近はリラクゼーション効果や睡眠の質改善効果など多数の機能性が高く評価されている。

窒素の物語

農作物は窒素を積極的に吸収して茎の肥大や葉の展開を促し、子実や果実、葉や茎を収穫物として提供する。農作物にとって肥料成分の中では窒素の重要性が最も高く、多くの植物は、アンモニウムイオンや硝酸イオンの形態で根から吸収し、植物体内でアミノ酸に合成され、アミノ酸を原料として植物体内を構成するタンパク質や生体反応を担う酵素タンパク、遺伝子情報であるＤＮＡやＲＮＡなどが合成される。窒素は、植物体の生命維持になくてはならない元素である。

●チャと窒素の関係

（表 1）抹茶の等級と糞施用状況（『東洋文庫　本朝食鑑 2』より作表）

抹茶の等級	秋～翌春の糞の施用状況
白（しろ）	7～8回、臘月（12月）に最も多く施用
極詰（ごくづめ）	4～5回
別儀結（べちぎづめ）	4～5回
極揃（ごくぞろえ）	2～3回
別儀揃（べちぎそろえ）	2～3回
上揃	1回
煎茶（せんじちゃ）	1回

先に引用した『日本教会史』の中には、茶が製造された後に、等級や品位を区分する記述がある。等級は四種類あり、第一のものは〝極上〟で最高の茶であり、次には〝別儀《べちぎ》〟、〝極揃《ごくぞろえ》〟、〝別儀揃《べちぎぞろえ》〟であり、最近〝極上〟からさらに精選した〝白袋〟があるとしている。時代が下って、元禄一〇年（一六九七）に発刊された人見必大《ひとみひつだい》著の『本朝食鑑』によると、

> 苗が一尺に盈《み》ちるころ、初めて茶の根に糞《こえ》をする。糞は馬糞・夏草の類いである。根の辺りの土を発って糞を入れる。後一日経ってから土を覆う。苗が長くなってから三・四年経って芽をつむわけであるが、その摘芽の歳になると、人糞で培養《そだ》てる。

とあり、さらに茶の等級と糞の施用回数の関係が示されている。等級が上位のものほど糞の施用量が多く、遅くとも江戸時代初期には、肥料をより多く施用すると品質の高い抹茶が生産できるということを茶農家は認識していたのであろう。

江戸時代初期の肥料施用技術は糞の施用回数であったが、現代でも窒素を含む肥料の施用量の多さが茶の品質向上につながることがわかっている。図8は、容積約五〇〇リットルのコンクリート製ポットを用いて各試験区に窒素を面積一〇アールに換算して年間四五キログラム～二二五キログラム施用した試験の結果を示している。窒素施用量を増やすと一番茶新芽の重量は一三五キロ

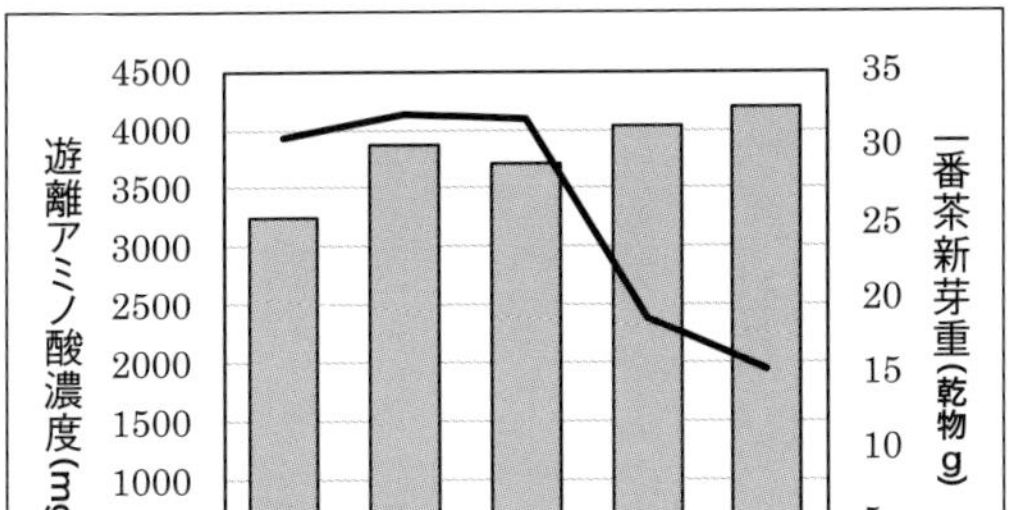

（図8）窒素施用量と茶葉窒素濃度・収量との関係
（藤井『茶業研究報告』1994年）

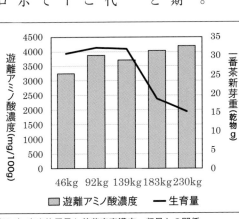

グラムでピークとなり、それ以上の窒素施用は茶樹の生育量の向上を望めないが、茶葉の窒素濃度は明らかに上昇している。窒素施用量を増やすと品質の高い茶の生産につながり、高価格で取引できれば肥料費の増加や新芽の減収を相殺してあまりある収益を得ることができるのである。ただし、近年は農業生産による環境負荷が周辺水系や公共水域に影響を与える可能性が指摘され、新たな施肥方法や施肥資材の導入により環境負荷の低減に適切な対策が講じられてきている。

●ソースとシンクの出現

江戸時代になって政情も安定して物資の広域流通も盛んとなり、遠方からも窒素を高濃度に含む肥料が持ち込まれる。高橋栄一著『肥料の来た道帰る道』によれば、肥料の流通は、農産物を販売する商業的農業の需要（シンク）とその農作物の生産に必要な肥料（ソース）が形成されて動き出したもので、一七世紀頃から江戸や京都・大坂など大都市への食料供給を行う近郊農家が、換金性の高い野菜類を生産するために肥料が流通していた。一五八〇年から一六一二年には各地で城下町の建設が進み、その城下町には非農家人口が増加したことが大きなシンク出現のきっかけとなったとしている。

代表的なソースは、まず漁獲された鰯《いわし》を乾燥した干鰯《ほしか》や、鰯や鰊《にしん》を熱して油を絞った〆粕《しめかす》、次に菜種から油を絞った菜種油粕である。それまで使用していた農地周辺の草（刈敷）など自給肥料は肥料成分含有量が低く品質も一定せず、それらを使用した農作物は収量が低くかった。窒素を多く含み施用効果の高い肥料が確保でき、換金性の高い綿や藍、茶などの農作物が栽培された。それまでの自給肥料に対してこれらの肥料は購入して使用することから金肥《きんぴ》と呼ばれた。

魚肥

近世のわが国で、代表的な魚を使用した肥料は干鰯であった。特に、房総半島の太平洋沿岸地域を中心に、鰯の漁獲後すぐに天日干しをした干鰯の他に、鰯や鰊の生魚を煮るか蒸すかして油を絞った〆粕であり、〆粕は干鰯に比べて高値で取引されたようである。油を絞ることにより、相対的に肥料成分の濃度が高くて肥料効果が大きかったためであろう。これらの魚肥は浦賀、江戸、関宿、境に立地した干鰯問屋を流通拠点として、関東地方や関西地方に出荷されていた。関東地方では、江戸の農業地であった江東区深川に肥料問屋が形成されて、近郊農家に供給された。

大坂でも魚肥の取引市場が展開し、一八世紀に主な取引肥料が西国産・関東産干鰯であったが、一九世紀に入ると北海道産魚肥の移入量が増大した。取引先に応じて様々な問屋が現れ、これらの肥料の需要が高い畿内や瀬戸内の綿花、菜種栽培地に近い大坂が肥料流通の集散地として重要な役割を果たした。もちろん換金性の高い宇治茶栽培にも供給されたであろう。

菜種油粕

菜種油は江戸の街の夜を明るくした。江戸時代は先述したように城下町を中心に非農家人口が増加し、大都市では行灯の燃料である灯料の需要が増加した。江戸時代における灯料の必要性は肥料産業にも影響を及

（表2）肥料の窒素、リン酸、カリ含有率（『肥料便覧　第5版』1997年より引用）

単位：%

	チッソ（N）	リン酸(P205)	カリ（K20）	備考
菜種油粕（圧抽）	5～6	2	1	保証成分
大豆油粕	7～6	1～2	1～2	保証成分
綿実油粕	5～7	1.5～2.8	1.0～1.5	保証成分
干魚肥料粉末	6～9	5～6	0	保証成分
草木灰	0	2～4	6～7	
硫酸アンモニウム	20.5	0	0	保証成分
過リン酸石灰	0	14～17	0	保証成分（水溶性）

ぼした。はじめは〆粕を作る際の油が使用されたが、臭くて煙が出るので、しだいに植物油に需要が移っていき、その代表格が菜種油である。政情の安定に伴う大都市の繁栄は、「悪臭のない明るい夜」を欲して灯料の需要が増加し、そのシンクに対して農村部では菜種の栽培によりソースが形成された。

この菜種油の絞り粕である圧搾《あっさく》菜種油粕を利用して、換金性の高い綿花や藍の栽培が行われた。ちなみに、現代使用されている菜種油には圧搾製法と圧抽《あっちゅう》製法という二つの油分取出法がある。圧搾製法は菜種に圧力をかけて搾油し、油粕には約八％の油分が残る。圧抽製法は圧搾製法と抽出を組み合わせた方法で、圧搾製法で搾油した後、その残渣から有機溶剤（ヘキサン）を使用して油を抽出するので油粕には約二％の油分しか残らない。菜種の含油率が約四〇％なので、圧搾製法では抽出率が約八〇％、圧抽製法では約九〇％である。精油産業から見ると圧抽菜種油粕の方が抽出率は高く利益にかなうのであるが、抽出効率の低い圧搾菜種油粕も生産されている。その理由は、油分が多い圧搾菜種油粕はやや分解が遅くて肥料の効果が長く持続することから、それに適応したタバコや永年性の農作物に使用されてきて、現代も需要があるからである。チャでは、圧搾菜種油粕しか流通していなかった時代から菜種油粕を使用しているので、肥効の点で圧抽菜種油粕は異なる肥料であるとの認識が強く、菜種油粕と言えば圧搾菜種油粕のことである。天然物なので製造会社により肥料成分含有率が微妙に異なるが、おおよそ窒素が五・五％、リン酸が二％、カリウムが一％であり、窒素含有率が高くリン酸、カリウムのバランスが取れた肥料である。

●黄金ルートの出現

江戸は多くの人が居住する世界屈指の大都市であるが下水道はなかった。ヨーロッパの都市では、糞尿は街角に投棄されるがままで、悪臭を放ち地中にしみ込んで井戸水を汚染し、疫病の原因にもなった。その対策として大都市では下水道がつくられたのである。江戸では糞尿による悪臭や疫病発生に悩まされたという記録もない。これは江戸の下肥（ソース）と周辺の農村地帯（シンク）との間に、ヨーロッパには見られない〝黄金ルート〟が機能していたからである。

江戸時代の江戸や京都では、人口の集中により、都市から排出される人糞尿が下肥として農村に運ばれ、農村ではこの有効な肥料を使用して換金作物を生産した。先に述べた干鰯と菜種油粕との違いは、液体の人糞尿はハンドリングが難しく遠方への輸送が困難なことから、比較的狭い範囲での流通にとどまったことである。

織豊時代にもこのような流通があったと見え、イエズス会の宣教師ルイス・フロイス（一五三二年～一五九七年）の『日欧文化比較』（一五五八年刊）には、ヨーロッパ人と日本人の間の生活様式や風俗の違いが記録されている。屎尿に関して「われわれは糞尿を取り去る人に金を払う。日本ではそれを買い、米と金を支払う。」、「ヨーロッパでは馬の糞を菜園に投じ、人糞を塵芥捨場に投ずる。日本では、馬糞を塵芥捨場に、人糞を菜園に投ず。」とある。

宇治茶に大いに関係するのは京都の人糞尿である。山崎達雄

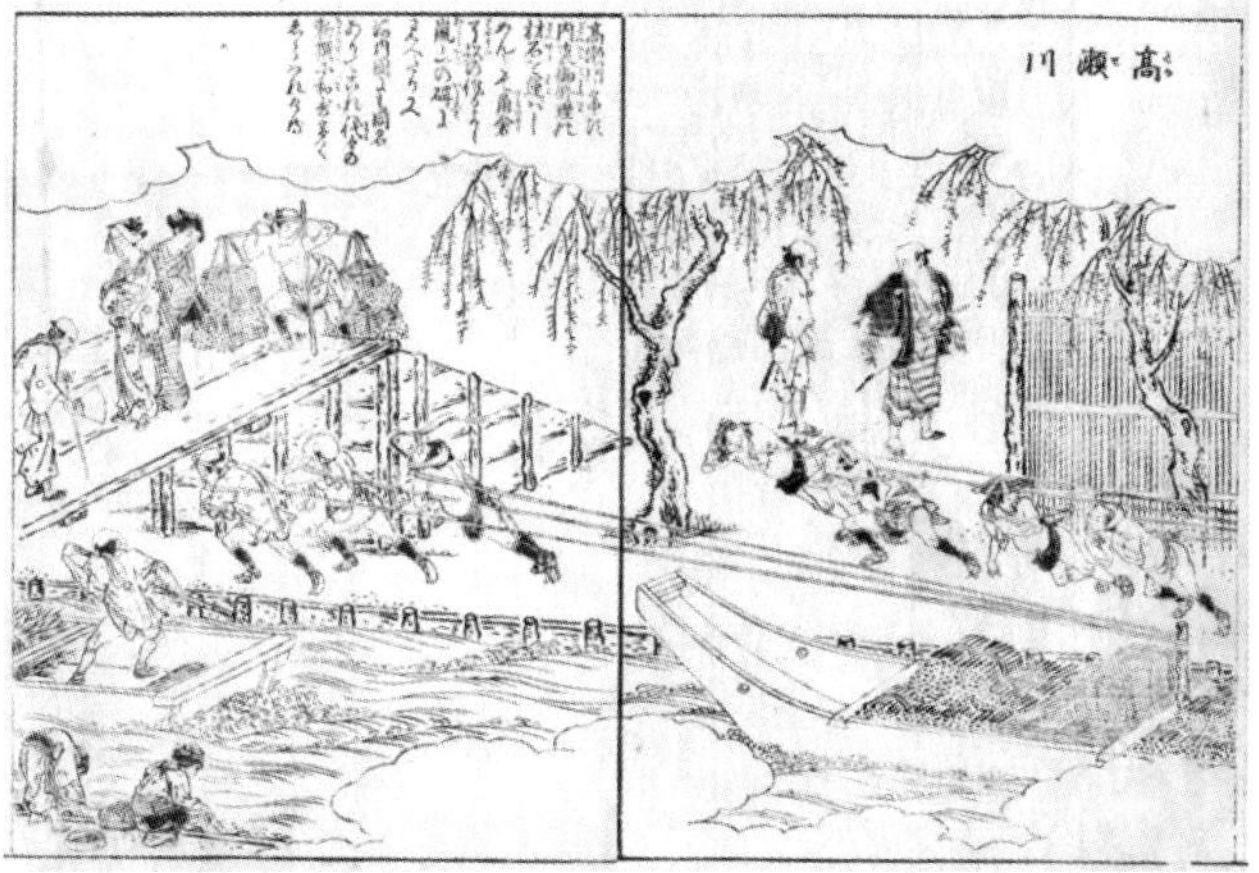

（図９）高瀬川『拾遺都名所図会』（国際日本文化研究センター所蔵）

著『洛中塵捨場今昔』によると、慶長九年（一六一四）に角倉了以による高瀬川開削をきっかけに、高瀬川沿いや上鳥羽村（現・京都市伏見区）などにあった屎問屋を通じて遠くは摂津・河内（現・大阪府）の村々まで運ばれ、肥料として広く利用されていたという。明治初期には高瀬川沿いにあった屎問屋を通じて乙訓、宇治、八幡など京都南部に運ばれた記録があり、江戸時代を通じて、京都市街と宇治は、ソースとシンクを結ぶ〝黄金ルート〟で結ばれていた。そのシンクはもちろん茶園である。人糞尿は、窒素やリン酸、加里を含み、現代の肥料取締法で分類されるところの液状肥料であり、肥料効果が速く現れる速効性肥料である。

政府が明治一四年に農芸化学教師として農学校（明治一五年に駒場農学校と改称、現・東京大学農学部）に招聘したドイツ人、オスカル・ケルネルが果敢に同時代の人糞尿の成分分析を行っている。社会の階層、職種により食するものが異なり、それが人糞尿の成分濃度に明白に反映されている。魚や肉など高タンパクの食事が多いであろう軍人では窒素濃度が飛び抜けて高く、農民が最も低かった。遡って江戸では屎尿取扱業者の間で、人糞尿をその品質により次のように五段階に分け、価格も区別した。上等品は「勤番」と呼ばれる大名屋敷勤番者のものや、「辻肥《つじごえ》」と呼ばれる市中公共便所のもの、中等品は「町肥」と呼ばれ普通町家のもの、下等品は「タレコミ」と呼ばれ尿の多いもの、最下等品はお屋敷囚牢獄、留置場のものであった。品質

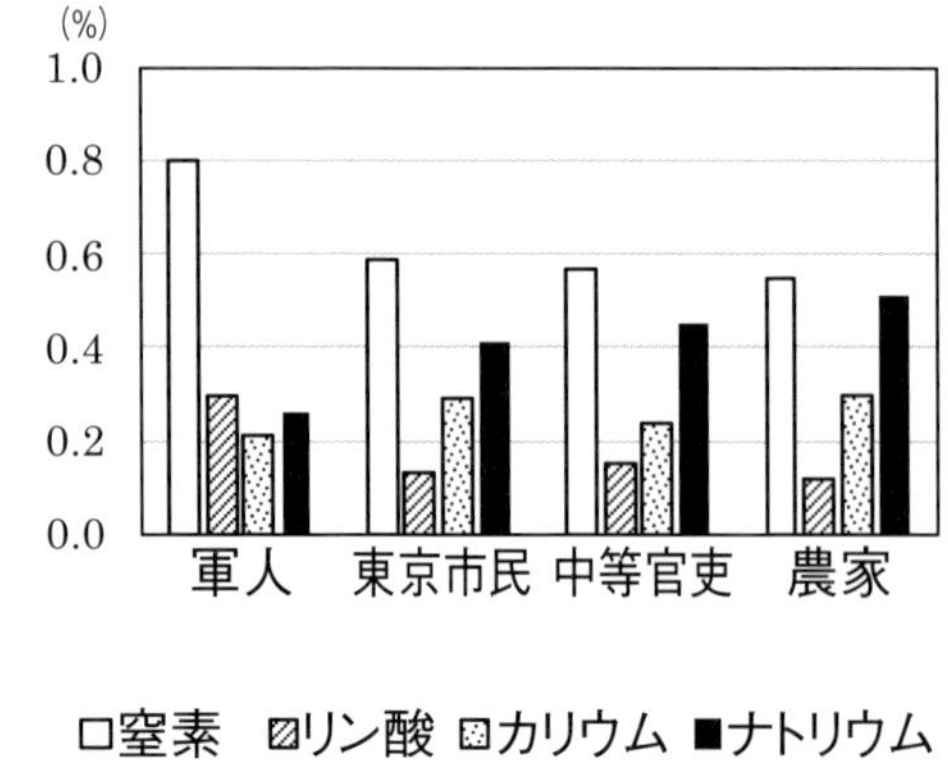

（図 10）明治初期の日本人屎尿の無機成分
（黒川計『日本における明治以降の土壌肥料考　上巻』1975 年より引用）

の判断はおそらく肥料効果の大きさによるのだが、肥料効果の大きさは窒素濃度に依存していたのではないか。いずれにしろ人糞尿も窒素濃度が高い液状の肥料であったことに違いはない。

江戸時代の宇治では、速効性のある人糞尿とゆるやかに肥料効果が発現する緩効性の菜種油粕や干鰯を組み合わせて使用したと考えられる。新芽の成長が盛んなときには速効性の肥料を施用し、それ以外の時期には長期間肥料効果を切らさないよう菜種油粕、干鰯が用いられた。これらの下肥市場は、明治、大正を通じて、屎尿問屋が汲み取り業者になるなど変化はあったが、大きな変化もなく日露戦争後の中国からの大豆粕輸入時においても大豆粕より廉価で、なんと言っても速効性肥料で灌水不要であることから、昭和になっても液状の肥料として需要は大きく、遅くとも昭和三〇年代までは流通、使用されていた。

（図 11）西本願寺前を通行する下肥運搬車（1954 年頃）
（植田憲司ほか『戦後京都の色はアメリカにあった！』2021 年より引用）

●チャの好物はアンモニウムイオン

チャにとって人糞尿が有効であったのは、その窒素濃度が高いということだけではなく、窒素の形態がチャの養分吸収に適していたからである。窒素はタンパク質やアミノ酸に含まれこれらは有機態窒素である。一般的に、植物が吸収できるのは無機イオンであり、窒素を含む無機イオンにはアンモニウムイオンと硝酸イオンがある。大部分の農作物が硝酸イオンを好んで吸収する好硝酸性植物であるが、アンモニウムイオンを特異的に好んで吸収する好アンモニア性植物が存在する。イネとチャ、ブルーベリーなどがそれである。好硝酸性植物では、吸収した硝酸イオンが体内で還元（酸素を奪われる、あるいは水素が結合する）してアンモニウムイオンに変換され、アンモニウムイオンがグルタミン酸に変換されて、様々なアミノ酸、タンパク質に合成される。これらの農作物では、アンモニウムの体内滞留が生体反応のリスクにつながるので、わざわざエネルギーを使って硝酸を吸収して、体内で還元してアンモニウムイオンに変換、滞留させずにアミノ酸合成につなげる。一方で、好アンモニア性植物は、吸収したアンモニウムイオンをエネルギー使用せず直接にアミノ酸合成に用いることができる。これは、これらの植物がアンモニウムイオンの体内滞留リスクを緩和する能力を備えているからであろう。人糞尿に含まれる窒素は、その臭いからもわかるようにアンモニウムイオンが多くを占めており、チャが貪欲に窒素を吸収できる、もってこいの肥料だったのである。

ナトリウムの物語

塩《しお》は陽イオンであるナトリウムと陰イオンである塩素イオンがイオン

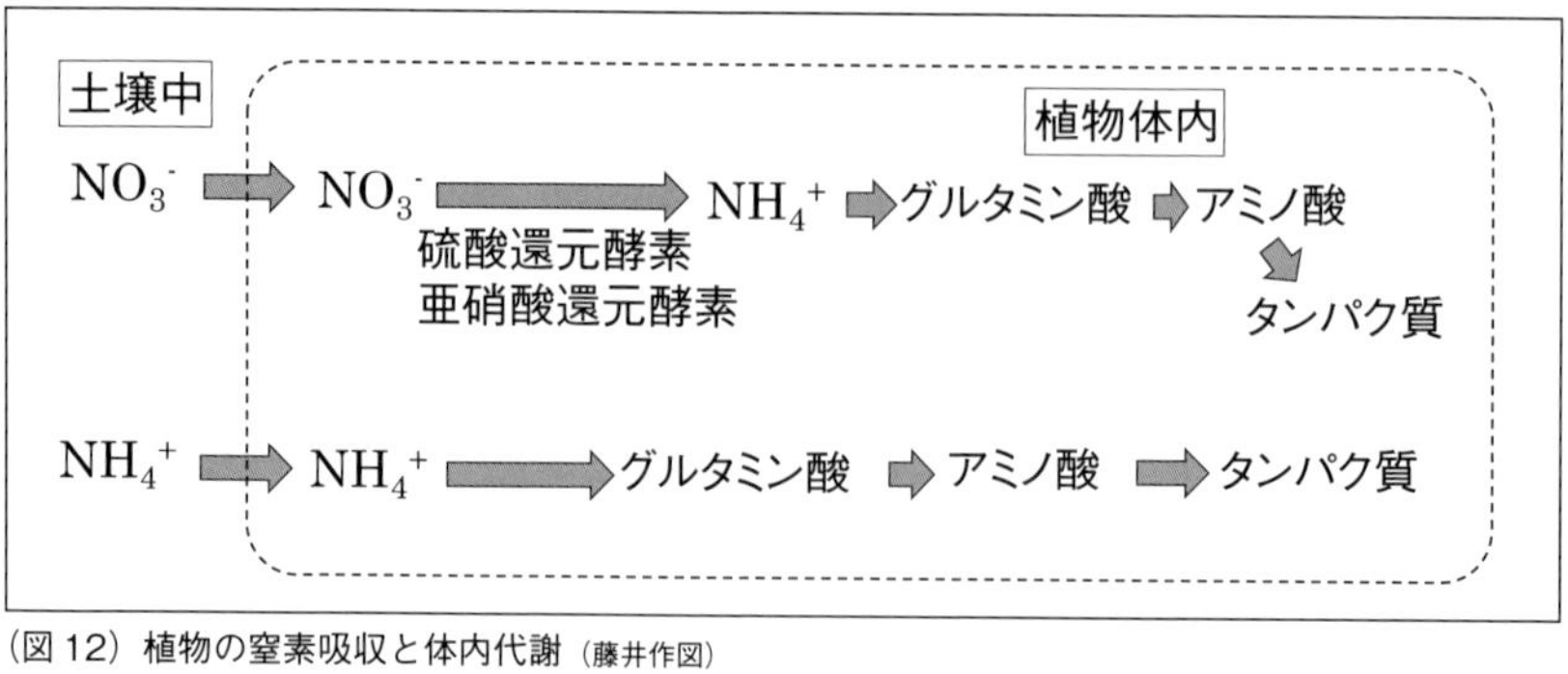

（図 12）植物の窒素吸収と体内代謝（藤井作図）

結合して存在している。ナトリウムは、漬物などの塩蔵食品や調理での味付けなど日本人の食生活にはなくてはならないものである。ナトリウムは、体内の水分バランスや細胞外液の浸透圧を維持しているほか、筋肉の収縮、栄養素の吸収・輸送などにも関与するなど生命活動を維持するために必須の元素である。一方で、植物にとってのナトリウムの役割は何であろうか。現在、植物の生育には一七の元素が必須であるとされている（必須元素）。その元素がなければ植物は生育が十分でなく次世代に命をつなぐことができない。これらの元素には当然ながら窒素やリン、カリウムが含まれるが、ナトリウムは含まれていない。ただ、一部の植物、ワタやテンサイ（ビート）、海浜や汽水域などに生息する塩生植物はナトリウムを必要とする。ナトリウムはすべての植物が必要とするものではなく必須元素には該当しないが、一部植物に必要な元素として、有用（有効）元素と称される。

（表3）茶園実態調査の結果

茶園の等級	面積（町）	比率（%）	備考
優良茶園	291	20	樹勢強健旺盛にして一番茶のみにて収量覆下100貫以上煎茶130貫以上のもの
普通茶園	493	33	発育普通にして一番茶のみにて収量覆下60貫以上煎茶80貫以上のもの
衰弱茶園	491	33	樹勢衰え収量覆下100貫以下煎茶80貫以下にして施肥耕作により回復の見込みあるもの
荒廃茶園	184	12	全く荒廃し収量覆下40貫以下煎茶50貫以下にして回復見込みなきもの
未成茶園	36	2	蒔付10年以内或いは台刈後5年以内にして生育良好のもの
合計	1497	100	

（大杉繁ほか『茶業組合50周年記念講演論文集　山城地方に於ける荒廃茶園の研究（第一報）』1935年より引用。注：覆下：玉露やてん茶を生産する被覆茶園。台刈：株元ちかくまで、古い茎や枝を除去して茶樹を更新すること。町：面積の単位で、1町は約1ha）

ナトリウムの物語は、大正期の荒廃茶園の改善対策から始まる。茶園の荒廃といっても、管理が行きとどかずに茶園が荒廃していることを意味するのではなく、精力的に手厚く管理しているにもかかわらず茶園の生育が不良となる茶園のことである。そのような茶園の荒廃がいつ頃から発生し始めたのか定かではないが、遅くとも明治後期には潜在的な荒廃現象が進行しており、大正期に大きく顕在化したのではないか。明治後期に約二〇〇〇町歩であった京都府の茶園面積は、大正末期には約一五〇〇町を推移しており、茶園の荒廃が急激な面積減少の原因のひとつと考えられる。

「荒廃茶園」が当時の宇治茶関係者にとってどれほど深刻な問題であったのか、その対策への力の入れ方でわかる。

『京都茶業』（第八巻第一号、大正一五年）の記事「茶園実態調査施行について」で、当時は京都府技師であった田邊貢（京都府茶業研究所の初代所長）が、

（表 4）荒廃茶園調査での施用肥料と施用量（単位：貫 / 反）

資料採集地名	茶園の状態	肥料の種類と施用量（貫／反）					
		菜種粕	人糞尿	綿実粕	荏胡麻粕	鰊粕	京都府奨励配合肥料
宇治町御廟	荒廃	40	600				
宇治町御廟	樹齢若く良好	40	600				
小倉村中畑	荒廃		760		48		
小倉村東山	園良好なるも土壌は荒廃茶園と似る	180	800				
小倉村北山	園良好なるも土壌は荒廃茶園と似る	128	800				
小倉村北山	荒廃	32	1000				
小倉村若林	荒廃		900	50			40
小倉村西山	荒廃		600	50			
宇治町影山	荒廃		600	40			
宇治町影山	上記と同一茶園なるも比較的良好		600	40			
小倉村寺内	荒廃		600	50			
小倉村寺内	上記と同一茶園なるも比較的良好		600	50			
小倉村寺内	荒廃		1000	60			
小倉村寺内	上記と同一茶園なるも比較的良好		1000	60			
宇治村木幡	荒廃						90
宇治村木幡	園良好なるも土壌は荒廃茶園と似る	161					
宇治村木幡	園良好なるも土壌は荒廃茶園と似る					73	
宇治町若森	荒廃						90

（吉江修司・阪本登「山城地方に於ける茶園荒廃に関する研究（第三報）」『日本土壌肥料学会雑誌』第 14 巻第 1 号、1940 年より筆者作成）

京都府より各郡市長に依命通牒が発せられ、府会議所、各郡茶業組合、郡市農会にその援助が依頼された。全府下で統一的に大正十五年二月一日より一ヶ月で所在地、反別、茶種、収葉量、等級を調査する。

と寄稿しており、荒廃茶園の改善を目的として京都府内の茶園実態調査が実施された。この調査には京都大学農学部、京都府、茶業組合聯合会議所が共同してあたり、京都府の全茶園面積の約六〇%にあたる約九〇〇ヘクタールの茶樹や茶園土壌調査が敢行された。

実態調査の結果、山城地方では一八四ヘクタールの荒廃茶園と四九一ヘクタールの衰弱茶園が存在し全面積の四五%に達した。特に、町村別には宇治村や宇治町、小倉町（現・宇治市）の荒廃が最も著しく面積も広いことが明らかとなった。

創設（大正一二年）間もない京都大学農学部土壌学研究室の主要研究テーマのひとつが「宇治地方の荒廃茶園の改良」で、同研究室の大杉繁農学博士と京都府茶業研究所が共同して原因究明を行った。大杉博士の研究状況は『京都茶業』で随時報告され、昭和五年時点では、

茶園土壌は酸性土壌であるが茶園の荒廃とは関係がない。樹齢とは関係があり、老園に荒廃が多い。堆肥施用や土壌殺菌で生育佳良となる。

との見解を示している。原因の一端に近づきつつあったが、この時点では具体的な改善対策を提示できず、さらなる研究が必要であることがわかる。その後、大杉の研究を引き継いだ、川口桂三郎や服部共生らに

よって、戦後になって土壌の下層に重粘層が生成されていることが茶園の荒廃に密接に関係することが推察され、かつ重粘層の生成には茶園に施用される資材中のナトリウムイオンの影響が大であることが明らかとなった。共同研究機関である茶業研究所も当時の報告書に

宇治地方荒廃茶園土壌断面には中間に粘土が集積した重粘層が認められる。重粘層には石灰（カルシウム）、ソーダ（ナトリウム）の比率が高く、透水性が悪く土壌粒子が分散して、重粘層及びその下層の酸素欠乏を来たし、土壌水の垂直移動を困難ならしめるものと思われる。（昭和二五年茶業研究所彙報）

と記載している。

茶園荒廃の直接原因は、粘土の多い重粘層が下層に形成され、硬くて水はけが悪くなった土壌が茶園の生育に悪影響を及ぼしたことによる。さらに重粘層が形成されたのは、ナトリウムイオンの影響で土壌の団粒構造が破壊されて土壌が単粒化し、細かな粘土粒子が下層に集積したことによることが明らかとなった。

前項で、オスカル・ケルネルによる人糞尿の調査結果の中で、高タンパク食で窒素濃度が高くなることを説明したが、もう一つ注目すべきものがナトリウム濃度である。人糞尿中の窒素とナトリウムは相反する関係にあり、農家などタンパク質が少ない食生活では、必然的に食塩の摂取が多い食事メニューであったことがうかがわれる。

茶園の荒廃原因がナトリウムイオンであり、ナトリウムイオンを供給したのが人糞尿であることが明ら

かになったが、疑問が残る。江戸時代初期から宇治の茶園には継続して人糞尿が施用されているにもかかわらず、二百数十年間茶園の荒廃が問題とされなかったのだろうか。この疑問に答えるならば、江戸時代初期の京都の人糞尿は高タンパクの食習慣を持つ都市住民であり、窒素の肥料効果を確保する施用量ではナトリウムイオンの弊害が小さかったのではないか。明治〜大正期には人糞尿運搬の利便も高まり、また人糞尿の由来も都市住民に限らずソースが拡大し、人糞尿の施用量に大きな変化がなくともナトリウムイオンの施用量が潜在的に増加し、茶園荒廃の顕在化が進んだのではではないか。

京都府全茶園の約六〇%の実態調査を実施した後二十数年を経て問題が解決したのであるが、その間、京都府茶業研究所では、茶園土壌の酸度矯正（ピーエッチをチャの適性域になるよう石灰などを施用すること）や土壌消毒、堆肥や緑肥施用、施肥試験など土壌の性質を改善する試験や、台刈などによる樹体の更新や仕立てなど茶樹の健全化を目指した試験も行われた。結果的に、これらの試験は問題解決には直接結びつかなかったものの、適切なたとえかわからないが、中世ヨーロッパで行われた錬金術が様々な金属の特徴を明らかにしたように、茶樹や茶園土壌に多くの知見をもたらし、その後の研究や技術開発に効を奏したのではないか。

未完のマンガン物語

マンガンも窒素と同様に一七の必須元素のひとつである。植物が光合成を行うときに二酸化炭素を炭素化合物に変換するのに不可欠であり、体内での炭水化物や有機酸、窒素など、代謝反応に関わる酵素に含まれる。

土壌中では主に陽イオンとして存在し、水田土壌のように酸素が少なく還元的な環境では水に溶けやすく、すなわち植物に吸収されやすく、逆に酸素が豊富な畑地では水に溶けにくい形態となる。また、土壌ピーエッチに依存して溶解度が変化し、酸性が強いほど水に溶けやすく、アルカリ性域では溶けにくくなる。

初めての仕事は「チャの生育障害の改善」

著者が一九八六年に京都府立茶業研究所に赴任した際に、前任者から「チャの生育障害の改善」という研究課題を引き継いだのが、このマンガン物語の始まりである。一般に農作物の生育障害は、気温や日照など気象に起因するものや、土壌の水分状態や養分の過不足など土壌環境に起因するものがある。引き継いだ研究課題の中には複数の「生育障害の改善」があり、そのひとつに「チャの網目状黄化葉の発生防止対策」という小課題があった。網目状に葉が黄化するというのは葉脈が緑を残すにもかかわらず、葉脈に挟まれた部分が黄化するものであり、葉菜類では鉄やマグネシウムの欠乏が原因となって発生しやすい。

調査を進めると、夏季~秋季には網目状黄化葉や編目が不鮮明な黄化症状が、特定の品種に発生しており、特に高級碾茶の原料となる品種〝あさひ〟と碾茶や玉露に適した品種〝さみどり〟での発生事例が多かった。

先に述べた荒廃茶園での調査では、土壌や管理状況が類似した荒廃茶園と健全茶園を比較して原因を導き出そうとしたように、本調査でも

（図 13）網目状黄化症状（宇治市　品種：“あさひ”）

宇治市内の網目状黄化葉発生茶園（以下、障害茶園と記載する）と近隣の網目状黄化葉が発生していない茶園（以下、健全茶園と記載する）において、茶園土壌や茶樹の葉の試料採取を行いそれらの無機成分濃度を調査した。

その結果、〝あさひ〟、〝さみどり〟共通に、障害茶園の土壌のマンガン含有量が多く、茶葉のマンガン濃度が高かった。また、複数の障害茶園の茶葉中鉄濃度は、土壌のマンガン含有量が多くなるにしたがい低下する傾向にあった。

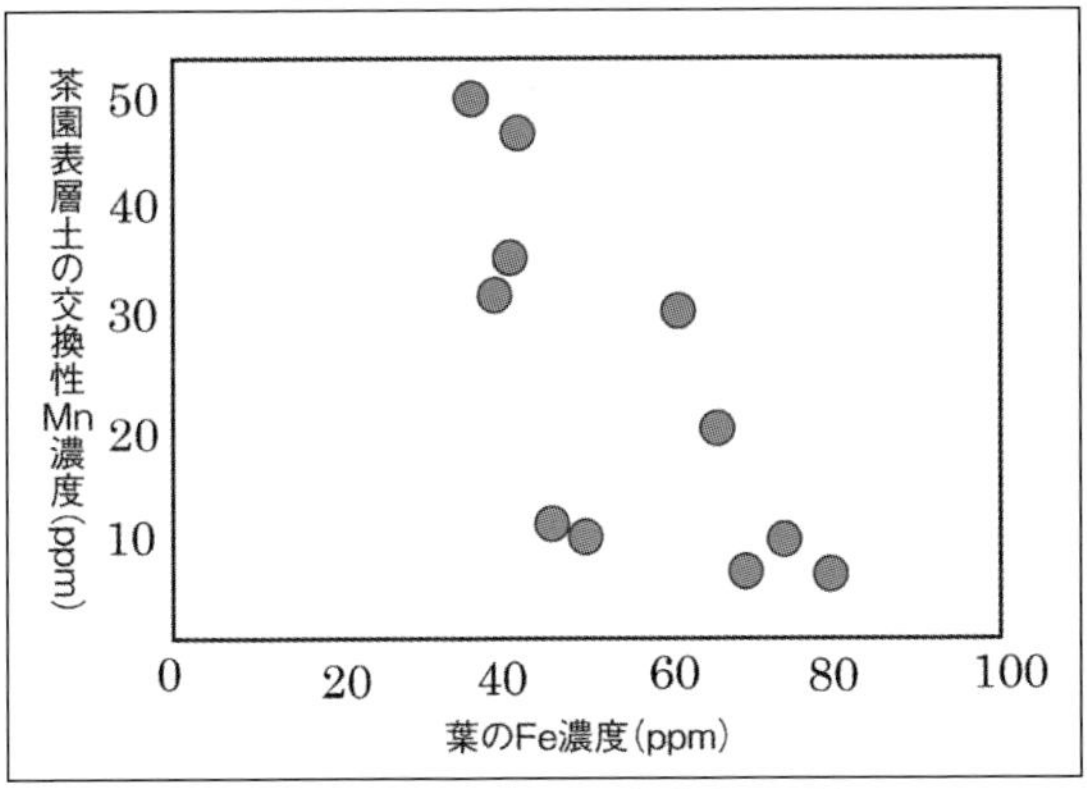

（図14）土壌のマンガン濃度と茶葉の鉄濃度の関係
（藤井「茶樹の網目状黄化葉発生とその原因」1989年）

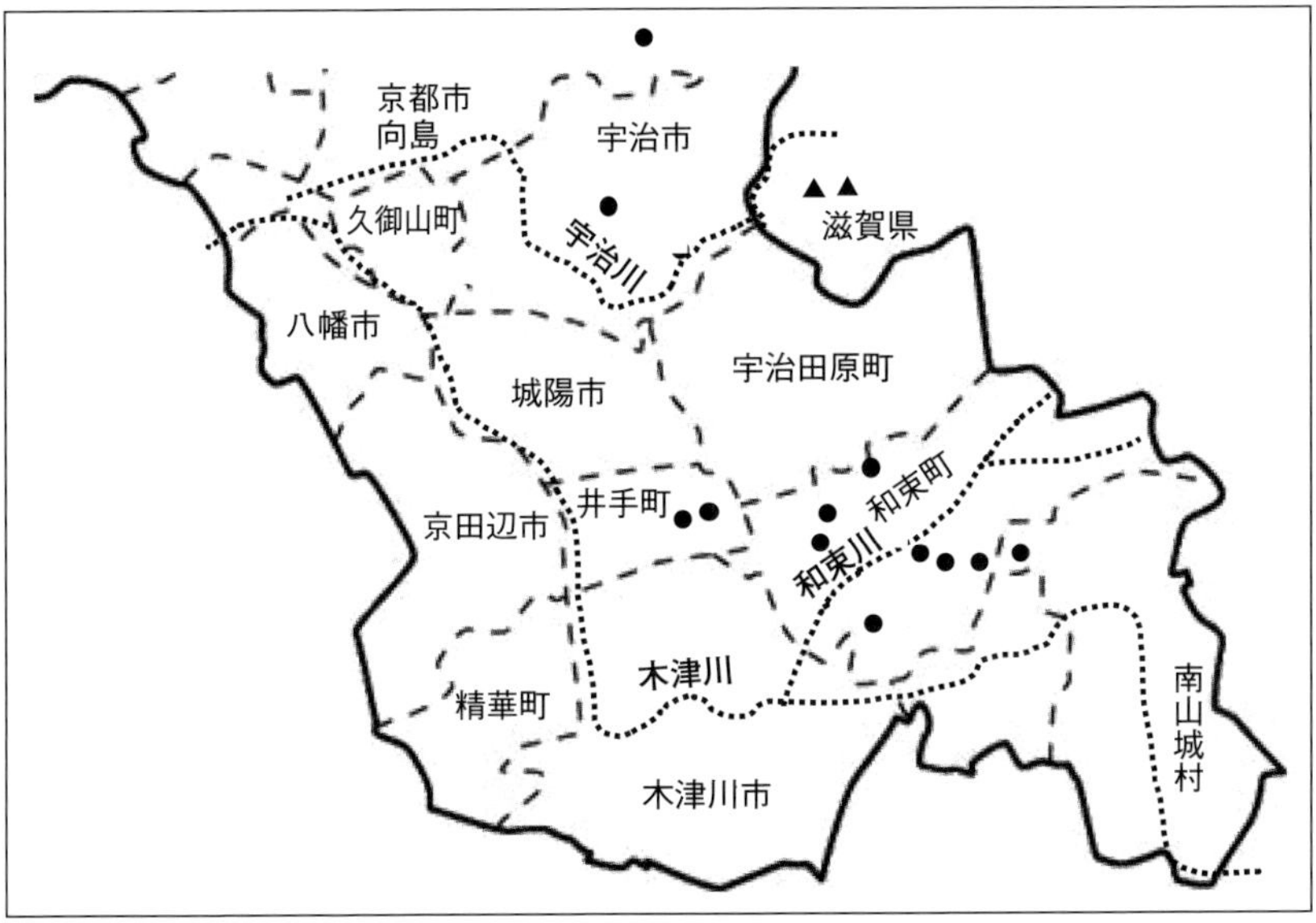

（図15）京都府山城地域のマンガン鉱山跡（松下進『日本地方地質誌　近畿地方』1971年より作図）

これらの結果から、網目状黄化葉の発生原因は、マンガンを土壌から過剰に吸収したことによって鉄の吸収や樹体内での移動が妨げられ、茶葉に充分な鉄が供給されず欠乏症を発生した可能性が強くなった。

仮説を立てる

これで問題解決かというとそうではない。まず、宇治においても日本のガリバー品種〝やぶきた〟は品種茶園の三割程度を占めている。疑問一、なぜ宇治では品種〝やぶきた〟に網目状黄化葉の発生が認められないのか。また、障害茶樹と健全茶樹が同じ茶園内に存在したり、障害茶園の土壌が近接した健全茶園と種類が同じであり同じ生産者が同様な土壌管理をしている事例が何件もあり、疑問二、なぜ障害茶園だけが土壌中のマンガン濃度が高いのか。

疑問一に関しては、宇治市ではなく京都府南部の相楽郡和束町の茶園にその答えが見つかった。宇治市では見られなかった〝やぶきた〟の網目状黄化葉が和束町で見つかったのである。茶葉のマンガン濃度は、障害茶園の〝あさひ〟や〝さみどり〟の約三倍で、土壌中のマンガン濃度も高かった。〝やぶきた〟は〝あさひ〟や〝さみどり〟に比較して、茶葉中のマンガン濃度が高くても、鉄の吸収や葉への移動が強く妨げられることはなく、網目状黄化葉を発生への耐性が強いと考えらる。

しかし、この茶園で、なぜこんなに土壌のマンガン濃度が高いのか、その理由は和束町は昭和戦前期から昭和四〇年代まで、マンガ

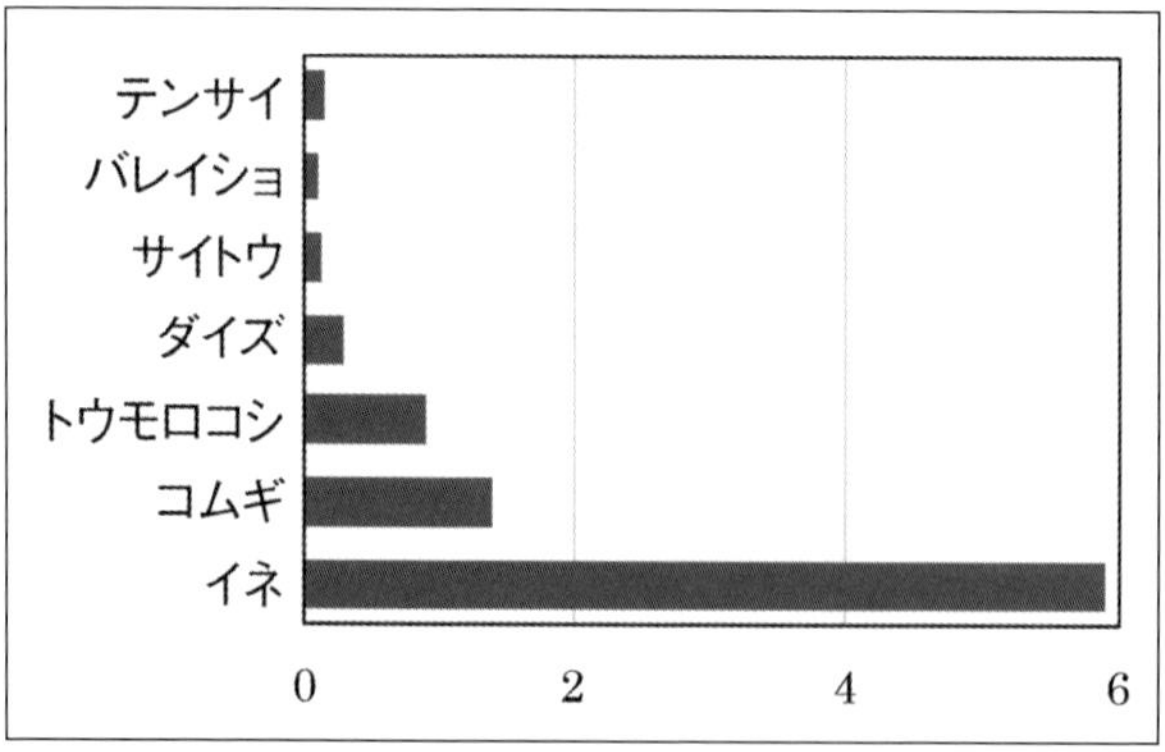

（図16）農作物のマンガン濃度（田中明「作物種間の養分要素の吸収量及び収穫指数の比較」1985年　日本土壌肥料科学雑誌）

ン鉱山が運営されており、この茶園の場所はかつてのマンガン鉱脈探索のための試孔跡に近く、土壌のマンガン濃度が高かったと考えられる。疑問二に回答することは、その当時の著者には及びもつかなかったが、その後数十年を経てある考えに行き着いた。この仮説の検証ができれば、マンガンの物語は終了するのであるが、やや空論に近いことをお許し願いたい。

　仮説のポイントは、稲わらを介してマンガンが宇治の茶園に移動したということである。仮説の根拠として、宇治川の流域には、宇治市を含め上流の滋賀県にも中小規模のマンガン鉱山が存在したこと、マンガン鉱山を含むマンガン鉱脈の地層の一部は、数千万年の長きにわたって風化、浸食、運搬され、宇治川流域や京都市伏見区の巨椋池干拓地にもその痕跡を残しているかもしれないこと、巨椋池干拓地には水田が広がり水稲の副産物の稲わらが茶園の被覆資材や土づくり資材として使用されていることなどである。一般的に、水田土壌は還元的（酸素が少ない）であり、水稲は水に溶けたマンガンを多く含む土壌で栽培されるため、そのマンガン濃度は他の農作物の中で最も高い。茶の生産者は、良い品質の茶ができる茶園あるいは茶樹には特に手をかけて本簀被覆を行い、より強い遮光環境を得るためより多くの稲わらを使用したのではないか。これらの稲わらは、一番茶が収穫されたのちには、茶園の株元や畝間に敷き詰められ、時を経て分解し稲わらに含まれているマンガンなど無機成分が茶園土壌に蓄積する。一般的に茶園に投入される稲わらの量は一〇アールあたり五〇〇キロ

（図17）“覆いこぼち”後の稲わら処理（提供：京都府茶業研究所）

グラム～六〇〇キログラムである……。

元素の物語はつづく

宇治茶の品質は、大小様々のイノベーションにより時代を経るごとに進化を遂げてきた。一五世紀の被覆栽培発明や江戸時代初～中期の肥料革命、黄金ルートの開通などの出来事があり、これらが品質を変えた画期的なイノベーションの一部である。出来事の前後で抹茶の味や香りが異なっていたことは確かであろう。鎌倉幕府の三代将軍源実朝の二日酔いのため栄西が点てた抹茶を起点に、織豊時代に千利休が豊臣秀吉に点てた抹茶、つぎに江戸中期にお茶壺道中で宇治から徳川将軍に献上された抹茶と、時代が下るにしたがって、味や香り、色が大きく様変わりしたはずである。

このような抹茶の味や香りの追求が元素の移動と集積を誘導し、人糞尿のナトリウムのように長期間は潜在していたものが、副作用として突然現れる。潜在期間にはその兆候を目にすることも感じることもできない。時間スケールの長さが大きく異なるが、メソポタミア地方には前三〇〇〇年紀前半にはティグリス川・ユーフラテス川流域では農耕が始まっていた。もともと降水量が少ないエリアであったが、レバノン杉が生い繁るアルメニア高原の水涵養能で豊かな農業を展開していた。しかし地中海を航行する船舶などの建設のためレバノン杉が伐採され、しだいに水が枯渇し農業生産の環境が緩やかに劣化していった。最後は、一三世紀のフビライ・ハンの侵攻で農業水路が壊され、農業生産の跡形が消滅した。農業環境の劣化が数百年単位で緩やかに動いていることを、ヒトは感じることが難しいのである。

現代も使用される菜種油粕、その原料である菜種はその約九割をカナダから輸入している。元素は日本国内におさまらず、グローバルに動いている。また、日本の食料自給率が三八%（二〇二一年農水省発表）ということは、六二%の食料が海外から輸入されていることになり、その一部は食品加工などを経て、肥料に加工されている。元素に原産地名は表記していないが、世界各地から窒素やリンが食料の姿で日本に流入しており、菜種油〝粕〟と同様に、その一部が、農地に施用され農作物栽培に使用されている。

宇治茶の品質向上の動きはとどまることはないだろう。新たな栽培法や製造法、新たな用途開発で次のイノベーションが引き起こされるかもしれない。新たな味や香りが市場に支持されれば生産技術が普及してひと回りして、またその次のイノベーションを待つことになる。イノベーションの形がどうであろうと、チャにとっては窒素やリン酸などの肥料成分は重要であり、養分のシンクであることに変わりはない。メソポタミア文明は一三世紀にフビライ・ハンの侵攻でその農業水路が破壊されるまで、農地環境の劣化に気がつかなかった。幸い宇治茶産地は、産地崩壊の危機を近代科学の力で回避することができた。イノベーションの展開によるシンクの持続性と、出自がめまぐるしく変わるが途切れることのないソースの存在があるかぎり、元素の物語はつづくであろう。

参考文献

◎ 阿南豊正ほか　一九七四『茶葉の化学成分に及ぼす光の影響』
◎ 植田憲司ほか編集　二〇二一『戦後京都の「色」はアメリカにあった！』京都文化博物館
◎ 江馬務ほか　一九六七『日本教会史　上』（大航海叢書 第一期第九巻）岩波書店

◎大杉繁・吉江修司　一九三五『茶業組合五〇周年記念講演論文集　山城地方に於ける荒廃茶園の研究（第一報）』　茶業組合中央会議所
◎大津透ほか　二〇二二『もういちど読みとおす山川新日本史（上）』山川出版社
◎岡田章雄訳・注　一九六五『日欧文化比較』岩波書店
◎川口桂三郎・服部共生　一九五一「荒廃茶園土壌の改良に関する研究」『日本土壌肥料学雑誌』第二二巻第一号
◎黒川計　一九七五『日本における明治以降の土壌肥料考　上巻』全国農業協同組合連合会
◎京都大学百年史編集委員会編　一九九七『京都大学百年史』京都大学後援会
◎京都茶業研究会　一九一九―一九四〇『京都茶業』京都府伏見京都茶業研究会
◎京都茶業研究会　一九二七『京都茶業』第九巻第二号　京都府伏見京都茶業研究会
◎京都茶業研究会　一九二六『京都茶業』第八巻第一号　京都府伏見京都茶業研究会
◎京都府立茶業研究所　一九五〇『業務彙報』京都府立農業試験場茶業研究所
◎京都府茶業百年史編纂委員会　一九九四『京都府茶業百年史』河北印刷株式会社
◎小林新　二〇一八「肥料技術の現在・過去・未来（1）江戸時代の下肥流通から近代肥料産業の勃興まで」『日本土壌肥料学雑誌』第八九巻第二号
◎小林新　二〇一八『江戸時代から現代につながる人間の営みと肥料の深い関係』（グリーンレポートNo.584）全農　営農・技術センター　肥料研究室
◎高橋英一　一九九一『肥料の来た道帰る道』研成社
◎田中明　一九八五「作物種間の養分要素の吸収量及び収穫指数の比較」『日本土壌肥料学雑誌』第五六巻第三号
◎伊達登・塩崎尚郎編著　一九九七『肥料便覧　第5版』農文協
◎中川致之　二〇〇八『茶の健康成分発見の歴史』株式会社光琳
◎中西聡　一九九七「幕末・明治期畿内肥料市場の展開」『経済学研究』第四七巻第二号　北海道大学
◎『日本土壌肥料学雑誌』第一四巻第一号、一九四〇
◎『日本土壌肥料学雑誌』第二二巻第一号、一九五一
◎『日本土壌肥料学雑誌』第五六巻第三号、一九八五
◎『日本土壌肥料学雑誌』第八九巻第二号、二〇一八

◎『日本農芸化学会誌』第四八巻第二号、一九七四
◎日本の地質「近畿地方」編集委員会編　一九八七『日本の地質6　近畿地方』共立出版
◎林屋辰三郎ほか編注　一九七一『東洋文庫　日本の茶書1』平凡社
◎人見勇雄訳注　一九九七『東洋文庫　本朝食鑑2』平凡社
◎藤井孝夫　一九八九「茶樹の網目状黄化葉発生とその原因」『茶業研究報告』七〇Supplement号
◎藤井孝夫　一九九四「菜種油粕多量施用時の土壌養分状態と茶樹の生育」『茶業研究報告』八四Supplement号
◎古田悦造　一九八七「江戸干鰯問屋の魚肥流通における地域構造」『東京学芸大学紀要　第三部　社会科学』第三九号
東京学芸大学紀要出版委員会
◎松下進　一九七一『日本地方地質誌　近畿地方』朝倉書店
◎山崎達雄　一九九九『洛中塵捨場今昔』臨川書店
◎吉江修司・阪本登　一九四〇「山城地方に於ける荒廃茶園の研究（第三報）」『日本土壌肥料学雑誌』第一四巻第一号

コラム 5

普茶料理

佐藤洋一郎

本書に「普茶料理」のコラムが載るのは、それが宇治を中心とした京都府南部地域で発展した料理形式だからであろう。隠元《いんげん》禅師が今の宇治市に黄檗《おうばく》宗の萬福寺を開いたのが一七世紀中盤である（図）。そしてこの時持ち込んだ料理形式が普茶料理になったといわれる。普茶とは茶の文化を普く広める、くらいの意味だろうか。

よく知られるように普茶料理は動物性の食材や「五葷《ごくん》」と呼ばれる強い香りをもつ植物性の食材を使わない一種の精進料理である。精進料理の現在の体系は中国由来であるが、上田純一（二〇一一）によれば日本列島には修験道など仏教以前からの肉食禁忌の思想があり、現在の精進料理も仏教思想とこの思想のハイブリッドであるとみるべきである。普茶料理は、隠元が持ち込んだ料理体系を今に伝えるものであるが、同時に「中国文化の香りがし日本の山野に生まれた自然の産物を調理し、すべての衆が佛恩に応え報いるための料理」（黄檗宗大本山萬福寺ウェブサイト https://www.obakusan.or.jp/eat/ 二〇二二年九月二二日閲覧）とあるように上述の日本の思想を取り込んでできたものと解すべきであろう。

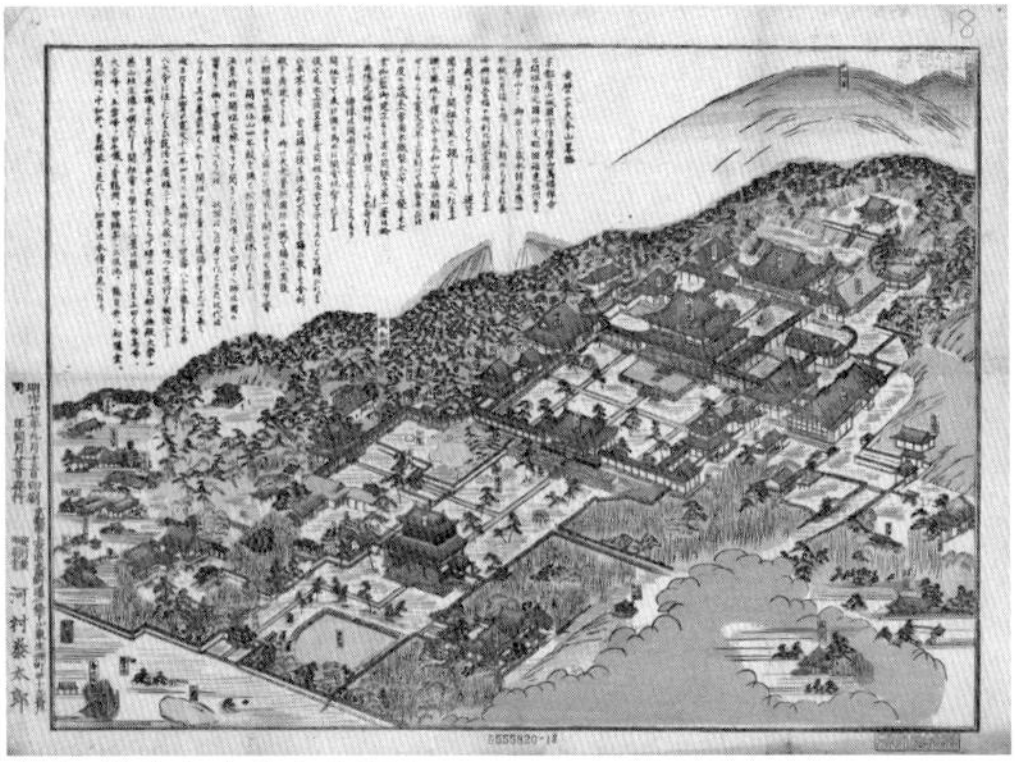

（図）黄檗宗大本山萬福寺（「池田遥邨氏旧蔵京都関係絵図類」No.18、京都府立京都学・歴彩館デジタルアーカイブ）

精進料理の展開ともどき料理

臨済宗や曹洞宗などの宗派では食はそれ自体が修行とされる。精進料理は本来、修行僧の修行の食であり、また炊事も修行の一環であった。それが、寺院側の積極的な普及活動もあってしだいに民間にも広まった。寺院側も調理の部分を外注するようになり、精進料理を出す料理屋が登場するようになった。やがてはその形式が一種の流行となって社会に定着していった。今でも、法事の際には精進料理がふるまわれる習慣が一般に残っているが、それもまたこうした流れに乗るものといってよいであろう。

普茶料理の場合はどちらかというと食を楽しむものととらえ、料理の美観を大切にしたものともいえる。普茶料理の場合、その形式の一つである「もどき料理」が大きな特徴としてクローズアップされる。もどきは、動物性の食材を模して造られるもので、豆腐や蒟蒻などを巧みに料理して「鶏のから揚げ」や「鰻の蒲焼」にそっくりな外観をだすものもある。「楽しむ」意味はここにも表れている。精進料理は、味が淡白、満腹感が得にくいといった評価をされることが多いが、もどき料理は、少なくとも視覚の上では満足感を与えている。普茶料理は、黄檗宗の寺院だけでなく全国にそれを専門に出す料理屋がみられる。ただし精進料理の料理人のなかには「もどき」という発想自体が精進の思想に外れるものとして距離を置く考え方も根強くある。

台湾素食

普茶料理を含む精進料理は、近年の地球環境に対する関心の高まりから、注目を集めるビーガニズムとも呼応しあい世界的に大きな流行の波をおこしつつある。その中で最近注目されるもののひとつに台湾の「素食」がある。素食は「粗食」とよく混同されるがそうではなく精進料理である。私が体験したそれは、キノコ類を多く使うほかは日本の精進料理と大きく違わず、ごま油のたくみな利用で十分な満足を得ることができた。中でも蒟蒻の生レバーもどき、車麩の豚の三枚肉そもどきなどは、芸術品といってよいほどの出来栄えであった。美しさ、おいしさを追求しているという点では、台湾素食は普茶料理に近い位置づけにあるといえるだろう。

環境思想と普茶料理のこれから

普茶料理をはじめ精進料理は食材の生産、調理などの面で環境負荷を小さくすることが期待されている。最近のSDGsといった環境思想の広まりは肉食への躊躇を大きくし、欧米でも肉食を忌避、あるいは減らす方向への指向性が強まりつつある。その一環として、ビーガニズムや菜食主義が浸透しつつあるが、最近は昆虫食、あるいはダイズなどの植物性食材を用いた代用肉（編集肉、ダイズミートなど様々な呼び方がある）の普及も進んでいる。

現代の健康志向が、普茶料理はじめ精進料理などを拡大しつつあるともいえる。それらは、いかにも科学技術の粋を凝らしたまったく新しい食材であるかに言われてはいるが、——そして技術的にはそうかした面もあるかもしれないが——発想からすればもどき料理の域を出るものではない。むしろかえって、ダイズなどが少数品種の大規模栽培されることで生じる環境負荷の大きさをきちんと評価する必要があるように思われる。

普茶料理は、食の楽しみという観点から精進料理のラインナップにあって多くの人に受け入れられやすい要素をもつ。今後は、環境負荷の軽減の面からさらに広まってゆくとも考えられよう。

参考文献

◎上田純一　二〇一一『足利義満と禅宗』法蔵館

宇治のまちの文化資源の持続性
―コロナ禍における地域民俗行事から考える―

森　正美

コロナ禍において、多くの無形文化遺産が危機に直面している。「新型コロナウイルスと無形文化遺産」プロジェクトは、「古典芸能分野では公演の延期、中止を余儀なくされ、また稽古も困難な状況が長く続く事態となり、祭りや神事などの民俗芸能も簡素化して行う、あるいは開催を見合わせるといった例が相次いだ」（山梨 二〇二一、二頁）と述べている。多くの地域ではコロナ禍以前から、人口減少や担い手不足、ライフスタイルや価値観の変化により、無形文化遺産の維持とくに地域の祭りや民俗芸能などの継承に課題を抱えていた。そこにすでに二年以上の新型コロナ感染症の影響によって事態は深刻化し、地域民俗行事の存続にまで影響が生じ、地域文化は継承の危機に直面している。

今回、世界遺産や重要文化的景観を有する宇治市中宇治地区を対象に、コロナ禍の状況についてアンケート、インタビュー、参与観察などの調査を実施した。行事内容継承や伝承母体の弱体化などコロナ禍での厳しい状況やその中での工夫がみえてきた。筆者がこれまでに実施した地蔵盆（森二〇〇三、二〇〇四、二〇〇五、二〇〇六）や宇治神社祭礼（森 二〇〇七）の研究成果に加え、今回の調査をもとに、宇治のまちの貴重な文化資源である民俗行事の継承と持続性について考えてみたい。

民俗行事とコミュニティの現状と課題

●新たな「文化財」概念と民俗行事

宇治市では「歴史まちづくり法（二〇〇八）」に基づく「歴史的風致維持向上計画」が策定されている。この計画では、地域のモノ、生業、風景、行事などを動態的かつ一体的に捉える「文化的景観」が中心的な文化財概念である。県《あがた》神社の「大幣《たいへい》神事」を担う「大幣座」も保存母体として、宇治の歴史的風致に不可欠の要素であることが認定されている。

一方、「改正文化財保護法（二〇一九）」では、文化財をただ保護するだけでなく、積極的に「活用」し保存していくという方向性が盛り込まれた。その方針や具体的方策を定める「文化財保存活用地域計画」を自治体単位で策定し、地域ぐるみで文化財の保存活用を進め、地域の文化行事の担い手確保やその持続性を実現しようとするものである。宇治市では計画は未策定で、本章で扱う地蔵盆や祭礼は文化財指定を受けておらず地域主体で維持されてきた行事であり、それらの存立基盤は地域住民とそのコミュニティに委ねられている。

●中宇治地域のコミュニティの現状と課題

本章で取り上げる各行事は、担い手の特性が異なる。地蔵盆は、主に町内会単位で実施される。神社祭礼の場合には、通常「氏子組織」がその役割を担う。宇治神社の祭礼は、旧宇治郷（現・中宇治地区）の一番から一〇番までの「番組」（なお、九番は欠番なので、番組は九つ）とよばれる組織によって担われている。一方、県神社は元々平等院の守護社として設立された神社であり、地理的なエリアに付随する氏子を持たない。そのため、県神社の祭礼は「講」や「奉賛会」、現在は「木の花会」という賛助組織によって担われてきた。組織特性によって抱える課題や工夫は異なるが、少子高齢化や地域コミュニティの希薄化などは、すべての組織の課題である。

日本の多くの自治体同様、宇治市でも少子高齢化が進行し、人口減少にも歯止めがかからない。宇治市の人口は約一七万九〇〇〇人（二〇二〇年）で、高齢化率は三〇％である。二〇四〇年には高齢化率は四〇％を超えるとされている。さらに中宇治地区は二〇一七年ですでに高齢化率が三〇・六％と宇治市内の他の地域に比べて高く（宇治市高齢者保健福祉計画 二〇一八、七頁）、地区内の小学校の児童数も減少の一途を辿っている。

筆者はこれまで宇治市のコミュニティ活動の実態調査をし、活性化策を検討してきた（森 二〇二〇）。地域行事の担い手である町内会・自治会などの地縁組織への参画意識低下が長年の課題となっており、加入率は一九八八年の七六％から二〇一六年六八％、二〇年には六〇・三％に減少している。もちろん全世帯の約六割が加入している地域組織は他にはなく、町内会・自治会が地域の中心的な組織である。しかし二〇一三年九月に実施した「町内会・自治会長アンケート」「地域コミュニティ意識調査」では、ライフスタイルの変化や価値観の多様化によって地域活動への関心が薄れ、役員負担が重いなどの課題がみえてきた。地域活動の「メリットがわからない」という回答も二二・七％存在した。

二〇一一年の東日本大震災直後、宇治市でも町内会・自治会加入率が上昇した。地域のつながりは、災害時など隣人間の互助が必要な時に再認識される。だが「メリットがあるかないか」を基準に判断するなら、住民にとっては民俗行事の価値を評価することは難しいだろう。だが、地域行事と地域への愛着醸成という観点からは、地蔵盆や祭礼など地域行事への参加経験や関わりは、ふるさとの記憶と風景となるはずである。また地域に移住してきた住民にとっては、住民同士の交流や地域文化にふれる機会となり、地域と関わる核となるだろう。

中宇治における地域民俗行事と担い手組織

●地蔵盆

地蔵盆の実施主体は基本的に町内会であり、毎年持ち回りで役員たちが準備実施を担う。八月二四日の地蔵の縁日を中心に、週末の一日か二日間実施されるが、最近では少子化の影響や準備負担などの理由から日数が短縮されている。地蔵盆は、子の健やかな成長を願う行事のため、子ども会などが実施協力することもある。開催場所として以前は当家と呼ばれる当番の自宅で持ち回り開催していた町内もあったが、現在では集会所や駐車場、空き地などで実施されることがほとんどで、地蔵盆の週末にはあちこちでテントが張られる。会場には、子どもたちの名前が記された提灯がかけられ、その年に生まれたり引っ越してきた子どもの名前で、「仲間入り」の印として町内の子どもたちに配られるお菓子やおもちゃが供えられる。行事としては、「念仏」「数珠繰り（数珠回し）」など宗教的内容もあるが、子ども向けのゲームやレクリエーション、大人も楽しめる福引きや親睦会など、町内ごとに多彩で工夫をこらした内容で、大人にとっても住民の大切な交流機会になっている。

町内の地蔵（祠）は、日常は町内の住民によって交代で世話されている。地蔵が冥途への道案内だという信仰から、早逝した子や生まれてこられなかった水子などの供養の願いが込められており、主に女性たちによって細々と守られてきた。生活の最も身近な場所にあり、日々の願いや祈りを受け止める存在でもある。地蔵の祠には、線香や水、花などが供えられる。女性の念仏講である「尼講」という組織をもつ町内もある。尼講は、月に一〜二度集まり、ご詠歌を練習し談笑する社交の場となってきた。だが近年では、女性のライフスタイルの変化から加入する若い世代がおらず、高齢化により途絶える町内も多い。

●宇治神社の祭礼

宇治神社は、元々応神天皇の離宮跡に所在するとされ、応神天皇の皇子であった菟道稚郎子命を祭神とする。明治元年（一八六八）に分離するまでは「宇治上神社」と一体で「離宮八幡」「離宮社」などと呼ばれていた。本殿は三間社流造の檜皮葺で、鎌倉時代の建立とされ、明治三五年（一九〇二）に、国の重要文化財に指定されている。宇治橋通りと本町通りの交差点には、宇治神社御旅所がある。宇治神社の主な祭礼は、二月三日星祭（節分祭）、五月八日神幸祭、六月八日還幸祭、七月七日の七夕祭である。神幸祭と還幸祭は宇治地区全体を神輿が巡行する大規模な例祭であり、とくに六月八日の還幸祭は午前中に実施される県神社の大幣神事と合わせて宇治地区の重要な祭礼となっている。先に述べたように、この大祭を担うのは、一番から一〇番までの番組に分かれている氏子組織である。これらの番組は、祭を担当する都度、特定のエリア内の複数の町内会によって組織される。

宇治神社の花房宮司のお話によると、神社という宗教組織の性質上、町内会などに対しては任意協力の依頼しかできない。現代では、そもそも「氏子」という概念が住民にあまり浸透しておらず大変苦労しているそうである。宇治神社の氏子組織の単位は、基本的に町内会と重なっている。そのため、毎年交代する町内・自治会長に対して、様々な年中行事への理解を得るのも大変難しい。中宇治地域で慣例的に行われてきた家内安全・町内安全を祈願する町内会単位での親睦的行事「お千度」なども縮小されてきているという。直近一〇〜一五年の間に、町内全員で実施していた行事が役員のみになり、内容や形式も簡素化されつつある。以前の「お千度」は、神社の社務所に子どもたちも集まり賑やかであったが、現在は「お千度」の実施数も少なく、子どもの参加もなくなってしまったという。寺院は、檀家であれば盆、彼岸、法事などの機会に関わり続けられるが、神社の場合は七五三、初詣などに訪れる場所としては認識されていても、「氏子」としての帰属意識を持つことは難しく、自らが氏子組織を支えているという認識は薄れてきているそうだ。

このような状況の町内会が、例祭の担当年のみ番組単位で奉賛会を立ち上げるので、神社がその活動をサポートすることになる。一方、継続的に宇治神社の活動を支援する組織として、「桐原会」という組織がある。構成員は約二〇名とあまり多くないが、日頃から行事を手伝い、従来神輿巡行時には担ぎ手の配置の助言や難所での舵取りを担ってきた。現在は会員の高齢化により、活動内容が限定されている。加入のきっかけは、神輿担当のつながりからや各町内会の「宮係」の経験などであったが、今はそういう係もなくなり若いメンバーの勧誘も難しくなっているそうだ。

例祭を支える神輿の担い手も、少子高齢化の影響を受けている。二〇一〇年にすべての番組の奉賛会で今後の継続について話し合う会合を持った。その結果、祭礼日を固定の五月八日と六月八日から、五月と六月の第二日曜日に変更し参加しやすくした。また同時に、巡行経路について見直しを行い、すべての番組の全エリアを回るのを止め簡略化した。現在は御旅所から本町通り、宇治橋通り、県通りの三つの通りのエリアは必ず回るという条件を付けてそれ以外の径路は任意である。また東日本大震災の年には、被害者への配慮から賑やかな巡行をせず神輿をトラックに乗せて移動させたそうだ。その後二〇一五年の六番組の担当の際に、担ぎ手の確保が難しいということから「京都神輿愛好会」というボランティア団体に依頼し、以来一〇〇～一二〇人の応援を得ている。愛好会メンバーは、各地の神輿を担いでいる慣れた方々なので大変助けられているという。神輿巡行の際には、神輿の組み立てから準備作業が進められる。二〇〇六年に筆者が調査した際には、専属の神輿師が細やかに飾りの修繕や準備を整えていた。現在はその方が亡くなり後継者不在のため、京都神輿愛好会からの紹介で修繕依頼もしているそうだ。

宮司も、神社の行事について少しでも理解を広げたいと思っているが、そのような機会もほとんどない。コロナ禍では住民と直接接する機会が減っており、そもそも人が集まる機会がない。宇治神社直近の一番組奉賛会では、子ども神輿を実施している。その地域では近年戸建て住宅開発により子育て世代の人口が増加している。実際神社にも、神輿に参加したいがどうすればよいかといった新規住民からの個別の問い合わせが寄せられることもある。ただ新規住宅地では住民がまず町内会を組織し、その上で奉賛会に参画するかどうかを決定するため、神社は新規住民の中に理解者が増えることを願うに留まっている。

祭礼での神輿の担い手減少については、外部団体の支援はありがたいが、地元でも支える仕組みを作りたい。そのために、責任者は各番組奉賛会に依頼するが、担ぎ手は希望者が番組所属に関係なく参加できる形式への変更も検討しているそうだ。宇治神社においても、時代の変化の中で、様々な方策を工夫しなんとか苦境を乗り越えようとしている。

●県神社の祭礼

県神社は木花開耶姫《このはなさくやひめ》を奉祀し、関白藤原頼通《よりみち》の平等院建立にあたり同院総鎮守となり藤原氏の繁栄を祈誓した。明治維新までは大津市の三井寺円満院管理下にあったが、維新後、神仏分離令によりその管理を離れ今日に至っている（県神社ホームページ）。毎月五日が月嘗祭で、一月五日の初あがたには子ども神輿が巡行する。六月五日には大祭として県祭が開催される。五月から御幣作成を始め一か月の行事が続く。県祭はコロナ禍以前、祭礼当日に周辺の通りを埋め尽くすように屋台が並ぶ大変賑やかな祭であった。直後の六月八日には大幣神事が開催される。大幣神事は中宇治一帯を巡行する疫病祓いの行事であり、平成二四（二〇一二）年三月、宇治市初の「無形民俗文化財」に指定された。

県神社には、元々関西一円に「あがた講」があり、田鍬宮司は五〇年前県神社に着任以来、御札と手土産を持参して、姫路、摂津などの講元と役員宅を、毎年多い時は一週間で五〇か所訪問してきた。それらの講の方々は、元々県祭に参拝にきていたが、そういう講が急減し復活もできなくなったという。京都市伏見区の藤森神社も五日が月嘗祭で、以前は藤森神社に参ってから宇治の県神社に参るのが一つのコースだった。初あがたにお参りに来る「講」もあった。北河内（現在の枚方や交野周辺）の講が多く、お参りに来るとかやくご飯とおひたしを供していた。最後の「初あがたの講」が北河内の樟葉近くの船橋地域にあったが、二〇二一年九月に講元が亡くなり消滅したそうだ。

子ども神輿の始まりは定かではないが、江戸時代から続いてきた長い歴史があるという。元々は小学校高学年男子だけの参加で参加者が集まらなくなった時期もあった。現在は、小学校ＰＴＡの地域委員に依頼をし、連携して児童の参加を促している。参加してくれた子ども会に一定の寄附をする形式に五〇年前に変更し、積極的に子ども会が関わってくれるようになった。その後、子ども会だけでは継続が難しくなり「子ども神輿会」を作り現在の小学校との連携に切り替えていった。今も子ども会に寄附したり、参加する子どもたちにも図書券やおやつを配ったり工夫し、五〇名程度の参加者が継続している。コロナ禍で二年間中止しているので、落ち着いたら再開したいとの意向を持っているという。

地域外の「講」が、平成五～六年頃（一九九三～九四）に急激に消滅し、講からの収入が絶たれてしまった。そこで作られたのが「木の花会」である。木の花会は、氏子のない県神社を支えるためそれまでに存在していた「県神社保存会」を母体に組織された。現会長の上田邦夫氏の父親が初代会長だったが平成九年（一九九七）に急逝され、その後二人の会長を経て現在上田氏が会長を務めている。会長、副会長、会計、事務局長、幹事で約二〇名、会員は約三〇〇人である。会員は宇治地区中心だが、幹事のネットワークで地域にこだわらず会員を募っている。その会費収入によって、例祭の実施や境内の修繕維持などを行っている。会員に対しては、年に二回『あがたの杜』という会報を配布している。

平成一六年（二〇〇四）に、見解の相違などにより外部からの構成員による「奉賛会」が県神社から離れた。その代わりに木の花会幹事などの呼びかけでメンバーを募り約三〇名で構成される「凡天講」が設立された。凡天講は現在約五〇名だが、趣旨に共感する人が集まっていて、中宇治以外の宇治市内からのメンバーが多い。『あがたの杜』一一号（二〇一一）掲載の「梵天講・講長（当時、現在は梵天渡御実行委員長）の谷口修氏の言葉」には、「ジムの仲間が梵天の担い手を募集していたので、祭好きの自分としてはすぐに仲間と一緒に参加することに決めた。どうせ参加するなら梵天の制作から竹の割込、長柄の取り付けにと参加してまいりました」とあり、共感から参加し当日の参加者としてだけではなく、梵天制作にも関わる担い手になっていった様子が端的に示されている。このように、県神社では志に共感する担い手を地元中心に増やしていった。

木の花会は、現在、幹事が会費、境内献灯料、常設献灯料などを集めて回り、行事費用をなんとか賄っている。コロナ禍で大祭が実施されていないので献灯料などの協力を得るのが難しい側面もある。令和四年（二〇二二）は三年ぶりの県祭の挙行ということもあり寄附集めにも力が入った。新たな動きもある。梵天講の若手から年間を通じて神社の活動に関わりたいという声があがり二〇一九年に「開耶会《さくやかい》」という新たな会が生まれた。

さらに、大幣座が平成二四年（二〇一二）に宇治市の無形民俗文化財指定を受けたことは大変意義深いと田鍬宮司は評価する。神事継続の財政的見通しが立ったことに加え、多くの地元の若手が加入してくれ、担い手不足と高齢化の課題に光明が差したという。文化財として評価されることで、身近な地域行事について理解が深まり、それまで閉鎖性のあった大幣座内部からの神事継続のための認識の高まりが重なった結果、若手メンバー増加という良い方向に進んだとのことである。

ここまでの変遷をみると、元々外部の「講」組織に支えられていた県神社の活動が、「講」組織の減少や関係性の変化により、危機に瀕したことがわかる。しかし県神社では、独自の氏子を持たないことから逆に自由な発想で賛同者や担い手を増やし組織を再編することで、現在は宇治市内の会員を中心に支えられる地元重視のあり方に変容し継続している。

コロナ禍における行事の実施状況

二〇二〇年二月末からコロナ禍が広がり、京都府においては四月以降初の緊急事態措置による外出自粛、イベント開催自粛、施設使用制限が要請された。通院、食料買い出し、出勤など、生活維持に必要な場合を除き不要不急の外出が禁止され、五月二五日に解除されるまで一か月半続いた自粛期間には、あらゆる社会的機能が停止した。二〇二一年も状況は期待されたほど改善せず、各種行事は非常に厳しい状況に置かれていた。コロナ禍における祭礼などの実施状況について、宇治神社宮司の花房義久氏、県神社宮司田鍬到一氏、県神社木の花会会長上田邦夫氏に教えていただいた。また二〇二一年五月二九日の県祭準備、六月五日祭礼当日の参与観察も実施し、梵天講の皆様からもお話をうかがった。

●アンケートからみえた地域行事の実施状況

宇治市でも、二〇二〇年四月の緊急事態宣言に際し、「規模の大小、屋内・屋外に関わらず、開催の自粛を要請します」と明記された通知が宇治市から町内会・自治会長宛に出された。コロナ禍で地域行事も厳しい状況に置かれており、その実態を調べるため、宇治市鳳凰大学講義の受講生（六〇歳以上の宇治市民、回答数四六名）に協力いただきアンケートを実施した。回答者の居住地は中宇治に限定されず宇治市全体に分散していた。

地域行事があるという回答が七三・九％で、最も多かった行事が地蔵盆（二二件）で、運動会が一六件、夏祭りが一二件、公園清掃が六件、リクリエーションが五件などであった。行事実施状況については、二〇二〇年度は、「実施しなかった」が五八・七％、「縮小、内容を変更して実施」が三四・八％で、合わせて九三・五％、「従来通り実施した」は〇％だった。二〇二一年も「実施しなかった」が五四・三％「縮小、内容を変更して実施」が三四・八％で、「実施しなかった」と合わせて八九・一％であり、あまり状況は回復していなかった。実施上の工夫としては、二〇二〇、二一年度ともに、地蔵盆では役員だけでお念仏を実施するなど、少人数・短時間で実施されていたことがわかった。また地蔵盆は子ども向けの行事のため、お菓子と図書券などを配布したという回答も多かった。それ以外の地域行事、たとえば公園清掃も役員だけでの実施や業者に委託したという回答もあった。

コロナ禍での行事実施の苦労では、「密をさけること（七九・四％）」「飲食ができないこと（三八・二％）」があげられた。一方、「行事の準備などの負担が大きい（三二・四％）」「行事の担い手が減少している（三八・二％）」「行事の参加者が減少している（二九・四％）」などの回答は、コロナ禍以前からの地域活動の課題と重なっている。コロナ禍以降への影響については、「コロナを機に必要・不必要が明確に出来て良かったかもしれない。断りにくい、言い出しにくいことが言えるようになった。簡素化しやすい」という意見もあったが、「コロナが終息しないと大勢が集まれない。この二年間で町内会を退会される方が多く、町内会そのものが成り立っていかないのではと心配しています」「コロナを機にもっと衰退していく。一回縮小したら皆それに慣れてしまい、復活はありえない」など、地域行事の存続を危惧する意見が多かった。「高齢者の一人、二人世帯が多くなり継続は無理。自分も含め地域のつながりは残したいが、高齢化で役員のなり手がない現状が心配」と地域コミュニティの弱体化を案じる意見もみられた。

●宇治神社の祭礼

宇治神社は、二〇二〇年は春の大祭では「御霊」だけを神職が御旅所に移し神事だけを実施し、役員が参列することもかなわなかった。二一年度も、祭礼や巡行など「密」が生じる可能性のある部分は中止し、神事だけが行われた。六月五日に宇治神社御旅所で「幣渡祭」を営み、同神社のご神体から御霊を移した唐櫃を前に祝詞を奏上し玉串を捧げ、一三日に、御霊を神社へ移す還幸祭を簡素に執行したという。

宇治神社では、二〇一一年に震災の被害者に配慮し、巡行を取りやめ神輿をトラックで移動させた。その際の担当が二番組であった。宇治神社の氏子組織では九年に一度神輿巡行の担当が回ってくるが、二〇二〇年のコロナ禍による最初の中止の年の担当も二番組であった。結果的に、二番組は二回連続一八年間巡行を担当しないことになった。巡行を担当しなかったからといって、翌年に担当が繰り延べになるわけではなく、次回担当はさらに九年後となる。このような事態が生じると、ただでさえ九年に一度の巡行の準備や手順などを伝承することが難しいのに、さらにノウハウを伝承することは難しくなる。神輿巡行のためには、神輿の組み立てや準備、巡行のための警察での道路の使用許可申請、巡行径路の決定やスケジュール調整、必要物品や予算の管理、役割分担などの細々とした実務がある。空白期間がこれほど長期になることの弊害を花房宮司は大変案じている。

二〇二一年の担当は三番組奉賛会で、二〇二二年の担当はすでに四番組奉賛会に移っている。コロナ禍の先行きが見通せない中、宇治神社から四番組の方々にお願いしているのは、巡行実施の可否に関わらず、巡行を実施する際と同様の準備を進め様々な準備の手順を番組内で継承してほしいということだそうだ。宮司へのインタビューの際に、以前筆者が学生たちと一緒に作成した調査報告書をお見せしたが、そこに記載されている詳細な祭礼の巡行ルートや準備の様子などの記録が大変貴重であるとのことだった。番組では、関係者が経験に基づき相談しながら進めていくことが多いが、共有経験が長年欠如してしまうような現在の状況では、書かれた記録の存在が重要であり、筆者が学生と作成した報告書のような記録も役立つことが改めて分かった。民俗行事についての記録作成は、実践内容の固定化や標準化に繋がる懸念もあるが、これほどまでに民俗文化を継承するコミュニティの紐帯が弱体化してくると、そのマイナス効果よりもプラスの役割が大きいと感じた。

●県祭と大幣神事

県神社の場合には、二〇二〇年六月五日午前一〇時に「朝御饌の儀」、午後五時からは「夕御饌の儀」の神事を営んだが直会は実施しなかった。六月八日の大幣神事の巡行は実施せず、神事を執り行ったあと宮司たち数人で、巡行するエリアの四つの辻に出かけお祓いをした。田鍬宮司によれば、「そもそも大幣神事自体が疫病祓いのための神事なので、コロナ禍ならなおさらお祓いが必要だと考えた。できる方法を工夫して、最低限のお祓いではあるが実施したいと考えた」とのことであった。二〇二一年も同様であった。

このように、神輿の巡行、梵天渡御など、神事以外の祭礼の一連の行事が執行されることがない状態が二年続いていることに、県神社の田鍬宮司も大きな懸念を抱いている。祭の中断は、地域文化の継承に大きな障害となるからだ。二年連続で梵天渡御や大幣神事が実施できておらず、梵天制作や大幣づくりの技術継承も難しくなるかもしれない。せっかく梵天会や大幣座などに若手メンバーが加入し行事の担い手の目途がたったところでコロナ禍になり、従来の担い手が高齢化していく中で、実際の祭礼に必要な技術を継承する機会がなくこのままでは問題だと考えているという。たとえば、縄の結び方ひとつをとっても、実地でやってみないと具体的なコツのようなものは伝わらず、神社境内での限定的な実施でもできることをやりたいと話してくださった。

県神社では、様々な活動が途絶えてしまうことへの危機感から、できることは少しずつやり続けようという意識を強く持っている。二〇二二年元旦には、木の花会、凡天会、開耶会のメンバーによって、大晦日から年越しの「抹茶ぜんざい」の振る舞いが実施された。近隣の神社がイベント中止を発表する中で実施直前まで迷ったそうだが、抗原検査をし、振る舞いには使い捨て容器を使うなど徹底した感染予防を施しながら実施した。

新しい取組も始められている。神社書院を活用した「ほうじ茶と抹茶のお香づくり」教室や、地元ゆかりのアニメ「響け!ユーフォニアム」の御朱印帳を導入し、若い世代への訴求力を高める努力などもしている。これらの情報をtwitterなどでも配信しており、多様な工夫でこれまでとは違う新たな層の人々とつながる方法を模索している。

コロナ禍の二年間の中止を経て、二〇二二年には三年ぶりに県祭の梵天渡御が開催された。六月五日の祭礼を前に、五月二九日の午後、梵天講の方々によって祭の神輿の依代となる梵天が制作された。二年間の休止の間に、それまで梵天制作に携わっていた年配の方々が後進に道を譲っていた。渡御の全体を取り仕切る梵天渡御実行委員長、神輿の取り回しなど担ぎ手をまとめる梵天講長共に交代していた。梵天講のメンバーは比較的若返りしており、はじめて梵天制作に関わるという方もいた。そのため梵天のパーツとなる御幣の束を順に組み合わせ形を整えていく作業をしながらも、バランスや組み合わせる手順などいろいろな調整が必要になる場面が多く、これまで経験を重ねてきた実行委員長や経験のあるメンバーが細かく指示を出していた。はじめて参加したメンバーも声を掛け合いながら力を合わせて作業を進めていた。

神輿の組み立ての際には予想外のトラブルもあった。三年間使われず蔵に入っていた神輿の担ぎ棒の目地に木の油が詰まってしまい、上手く組み合わせることができなかったりするなど、作業に大変手間取っている様子が目にみえてわかった。毎年使用していたら起きないようなトラブルの発生に関係者も困っていた。神輿の完成写真は一部あるが、それをみても組み立て方法がわかるわけではなく、実際にやりながら試行錯誤して経験者が後進に伝えていくという過程であった。二年間の休止で梵天講を引退した高齢のメンバーもいて、メンバーの若返りは良い点でもあるが技術継承にとって二年間の中断は重く、もし今年も開催できていなかったら、さらにその状況は深刻化したのではないかと考えさせられた。

六月五日の県祭当日の神事のあとの直会での神社総代の挨拶では、「コロナ禍で実施が危惧されたが実施できて大変喜ばしい。観光協会が四月に「さくらまつり」を実施してくれたので県祭もやると言いやすかった」と感謝が述べられた。コロナ禍において、他の地域行事との兼ね合いも意識し実施の決断に苦慮したことがひしひしと伝わってきた。

(図 1) 三年ぶりに新調された梵天

(図 2) 梵天渡御にちなんで奉納された銘酒

六月五日から六日にかけ

（図 5）新旧の梵天講長、旧梵天講長は 2022 年から実行委員長

（図 3）神社総代による直会での乾杯

（図 6）コロナ禍以前（2019 年）の辻での梵天のぶん回し（宇治市歴史まちづくり推進課提供）

（図 4）県神社境内だけで実施された梵天渡御（2022 年）

（図 7・8）三年ぶりに催行された大幣神事（2022 年 6 月 8 日、宇治市歴史まちづくり推進課提供）

ての真夜中の梵天渡御には、一定数の見学者が境内を訪れた。高齢の方が家族と訪れ参拝する姿があるかと思えば、ご当地ゆかりのアニメ「響け！ユーフォニアム」のキャラクターに扮した姿で神事を見学している方もみられた。屋台が出る例年は地域一帯歩くことも困難なほどにぎわうので、その状況とはまったく異なるが静かに祭を味わう人々の姿があった。一方、境内でのグッズの販売やろうそく代金の回収、行事記録のための写真撮影など祭を支える細かな作業は、地元のＮＰＯ「ちはやぶる会」のメンバーや地元有志の方々が協力して携わっており、地域行事に関与する人々の緩やかなネットワークの存在を確認することができた。

六月八日には県神社が執り行う宇治市の無形文化財である「大幣神事」も、三年ぶりに催行された。コロナ禍の二年間は、疫病退散という神事の役割だけでも維持しようと、宮司と数名の関係者で中宇治地区の四つの辻のお祓いをすることだけを続けていたが、二〇二二年は従来の形式で行列を伴う神事を実施した。待ちわびた多くの見物客が集まり、コロナ禍での疫病退散をともに願った。大幣神事を担う「大幣座」という組織が保存会の形式をとるようになり、神事も宇治市の文化財指定を受けることで、担い手の確保、神事を維持するための補助などの基盤が安定したことがこの行事の持続性を担保することにつながっている。

「文化関係人口」による文化資源の持続性創出にむけて

宇治のまちでは、地域行事の地蔵盆、宇治神社や県神社の行事は、担い手不足やコロナ禍という課題に直面している。宇治神社には、地域に根ざした氏子組織があり、担い手の持続性という意味ではその基盤は盤石に思えた。だが実際には宗教行事への理解不足やライフスタイルの変化により担い手不足に苦労してきた。地元の氏子組織に加えて外部団体の助力を得て祭礼を継続し、現在改めて近隣地域から担い手確保を目指そうとしている。担い手確保の過程は「地元→地元＋外部→形を変えた地元＋一部外部」と変遷している。

県神社は、逆に地元氏子組織を持たず、宇治以外の地域とくに河内や摂津などの「講」に属する信者が神社を支えてきた。しかしこのような信者組織が弱体化、消滅していく状況に直面し、新たな賛助組織を立ち上げ中宇治という地域にこだわらず信奉者を募っていった。また子ども神輿の例のように、子ども会や小学校など性質の異なる組織とも連携し行事を継続することで、結果として地域に根ざした持続性を生み出すことに成功している。さらに、宇治市の文化財指定という形で行政支援を取り付け、大幣神事という重要な民俗行事の継続性を担保することに成功した。またコロナ禍ではあるが、体験教室開催やSNS等での発信など、新たな層の共感を得ようと工夫している。その輪は、「外部→広い範囲の地元賛助者→広い範囲の地元賛助者＋学校や団体→広い範囲の地元賛助者＋学校や団体＋行政→近隣の賛助者の増加→観光客や若者などへ拡大」と広がってきた。

一方「地蔵盆」は、各町内会に運営方法や担い手確保が委ねられているが、町内会が該当地域住民による地縁組織であるため、外部から担い手を募ることは難しいと考えられる。地蔵信仰という核となる価値観への意味づけも変化し、町内会・自治会も高齢化や役員不足などの課題を抱えていて困難な状況である。ただ信仰の側面とは別に、地蔵盆が地域コミュニティの紐帯を維持する年中行事としての役割も担っていることを考えると、地域文化の継承のために継続していく必要がある。

筆者の経験に基づけば、学生と一緒に中宇治地域の地蔵盆の調査を実施していた二〇〇三年から二〇〇七年、そしてその後も、複数の町内会から地蔵盆の手伝いや子ども向けの企画実施の協力依頼が届いていた。担い手不足の町内会にとっては、数名の大学生でも参加して子ども向けの企画を運営してくれるだけで大助かりだとずいぶん感謝された。

同じ宇治での京都文教大学地域連携学生プロジェクト「宇治☆茶レンジャー」の活動も、茶農家、茶商、そして子どもや大人と、多様な属性の人々を「宇治茶」の魅力でつなぐイベントや活動を一二年間継続している。学生たちが初心者として、茶業者ではない立場で、継続的に宇治茶に関わることで、地域文化としての宇治茶の魅力を継続的に共有・再生産することに貢献している。活動参加者は多世代であり、シニア世代でも実際にイベントのスタッフとして関わり、改めて宇治茶ファンになった方々が存在する。生涯学習的な枠組みでの発信も、共感者を育てるのにはとても有効である。地域文化・行事に関わるきっかけさえあれば、関心を持ち、参加する共感者は一定得られるのである。

以上のように考えると、地域行事の持続性確保には、従来の担い手という枠組みに固執するのではなく、柔軟に外部を受け入れる工夫が必要であることがわかる。そのためには比較的、排外的な性格を持つ地域民俗行事に対する基本的な姿勢を捉え直す必要がある。また外部に開くというと、観客として関心を持ってもらうことを想定しがちであるが、関与の度合いが高いほど人々の関心は高まるので、いかに関心を持つ人々が地域民俗行事に参加できる仕組みを作るかという点が重要であろう。

その意味では、文化庁が推進する「地域文化財総合活用推進事業」は注目に値する。「我が国の「たから」である地域の多様で豊かな文化遺産を活用した、伝統芸能・伝統行事の公開・後継者養成、古典に親しむ活動など、各地域の実情に応じた特色ある総合的な取組に対して補助金を交付することで、文化振興とともに地域活性化を推進すること」を目的とし、「地域文化遺産活性化事業」を実施している。（文化庁ホームページ）。京都府では、二〇二〇年に「京都府文化財保存活用大綱」が策定された。そこでは、①文化財の指定等による保護の促進、②文化財の保護体制の強化、③文化財保護を支える技術等の継承、④文化財の地域的な保存・活用の促進という基本的方針が示されている。

京都市では、文化庁「京都文化遺産」の認定を受け、二〇二一年七月に「文化財保存活用地域計画」として「未来を創る京都文化遺産継承プラン～京都市文化財保存活用地域計画」を策定した。図9が、京都市の計画に示されている「担い手」イメージである。市民、研究者だけでなく、企業、観光客、ファンまでも含んでいる。さらにそのホームページには、京都市へのふるさと納税で、「文化財保護」を指定することで文化財保護活動に参加できることも示されている。

このような多様な参加方法の発想は、地方創世の動きの中で地域外の人々に地域の持続性をサポートしてもらおうとする「関係人口」への働きかけに近いものである。「関係人口」とは、地域住民である「定住人口」と、観光客などの訪問者である「交流人口」に加えて、継続的に地域と関わる人々のことをさす。「文化」を中核に据えて、地域外からも地域に継続的に関与する人々の存在を「文化関係人口」と捉えることで広がる可能性があるのではないだろうか。宇治市の地域行事の持続性を保つために、このような「文化関係人口」を、従来の担い手当事者から地元を中心に身近な理解者や共感者に

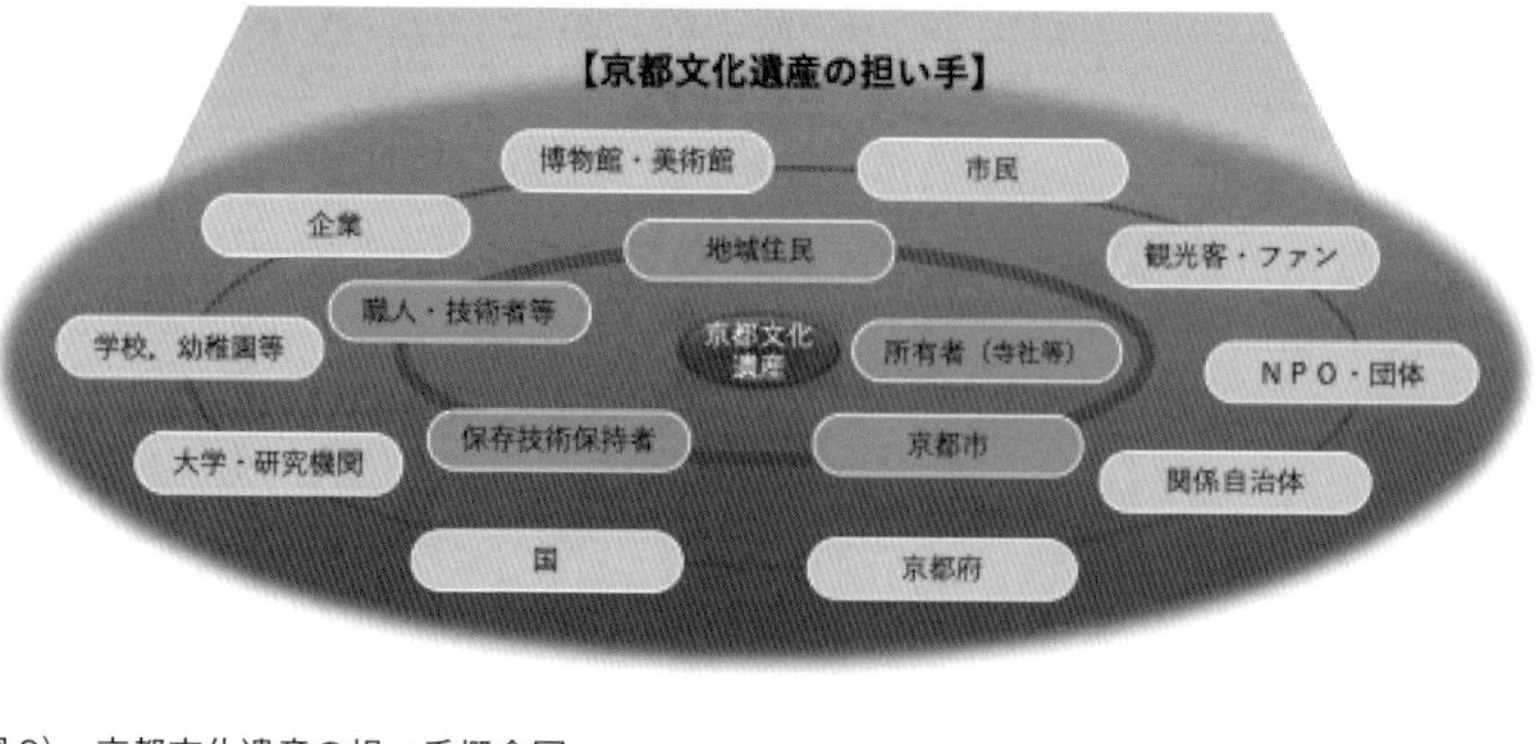

（図9）　京都文化遺産の担い手概念図

広げ、さらに地域外からサポートしてくれる人々を呼び込んだり、これまで関心を持たなかった若い世代にも広げたりしていく必要があるであろう。

宇治市では、まだ「文化財保存活用地域計画」は策定されていない。今後新たな考え方に基づく「文化財保存活用地域計画」を策定するか、現行の「歴史的風致維持向上計画」に、「文化財保存活用地域計画」の趣旨をくんだ内容を組み込むなどして、地域文化、地域行事の持続性を確保していかなければならない。同時に次世代育成と地域文化継承の取組を連動させる必要がある。幸い宇治市では、小中一貫教育の総合学習で、全校で「宇治学」を展開している。公教育で神社や寺院での行事を扱うことには難しい点もある。しかし、生活の場にある地域民俗行事を地域資源のひとつとして捉えれば、宇治学という地域協働学習を通じて、小学生の頃から地域文化に触れる可能性が広がる。学校での学びを通じて地域文化に触れた小中学生が、将来地元の宇治で地域行事の担い手になってくれるかもしれない。そして宇治を離れても、子どもの頃に培った地域文化への理解と共感が継続すれば、ふるさとを応援し続ける「文化関係人口」になってくれるかもしれない。教育現場での取組は、先の長い地道な挑戦であるが、地域資源の持続性の確保にはそのような長期的な視点が求められている。

おわりに

コロナ禍における行事の中断によって、地域行事＝地域文化資源の継承に大きな危機が生じている。地域民俗行事は実践的に継承されるものであり、行事が実施されないと伝承母体となる担い手組織が地域行事の実際を継承する機会が奪われ、文化継承ができなくなる。宇治神社、県神社の両宮司は、コロナ禍による行事の中断に大変な危機感を持たれていた。そして実際に再開された県祭を調査し、二年間のブランクの重さを目の当たりにした。実践内容の継承ももちろん、一旦参加しなかった高齢のメンバーなどがそのまま引退するという流れもあった。コロナ禍が完全には収束していない状況では、感染への不安から地域行事への参加を躊躇する向きもまだまだある。町内会の地蔵盆などのように持ち回りで担当する行事は実践内容の記憶すら失われてしまうのではないかと懸念される。

コロナ禍と経済活動の両立という議論があるが、文化活動、地域活動も経済活動と同様に重要である。地域のアイデンティティ維持、地域資源の持続性の維持のためには地域民俗行事はある意味「不要不急」の側面を有しているのである。

そのためには、県神社の担い手組織の展開が示すように、宇治における地域資源の持続性のためには、外部の共感者を得ながら、その担い手となる「文化関係人口」の輪を広げていくことがひとつの可能性となる。そして行政も文化資源の評価や教育などを通じて、幼い頃から地域文化に共感できる人材育成を支援していくことが大切であり、官産学民が協働した地域文化資源の持続的継承に向けた仕組みを今後も継続していかなければならない。

参考文献

◎あがた神社木の花会　二〇一一「あがたの杜」一一号

◎あがた神社木の花会　二〇二〇「あがたの杜」第二六号

◎宇治市　二〇一八「宇治市高齢者保健福祉計画・第7期介護保険事業計画」

◎宇治市教育委員会　二〇二一『宇治市文化財総合把握調査報告書Ⅰ（宇治・白川地区）』

◎宇治市自治振興課「令和二年四月二四日　町内会・自治会長宛文書」

◎京都市　二〇二一『京都市文化財保存活用地域計画』

◎京都府　二〇二〇『京都府文化財保存活用大綱』森正美編著

◎森正美編著　二〇〇三『うじぞー二〇〇三：中宇治地域のお地蔵盆』京都文教大学人間学部

◎森正美編著　二〇〇四『うじぞー二〇〇四：中宇治地域の地蔵盆』京都文教大学人間学部

◎森正美編著　二〇〇五『うじぞー二〇〇五：中宇治地域の地蔵盆』京都文教大学人間学部

◎森正美編著　二〇〇六『うじぞー二〇〇六：中宇治地域の地蔵盆』京都文教大学人間学部

◎森正美編著　二〇〇七『わっしょい宇治：宇治神社例祭フィールドワーク実習報告書』京都文教大学人間学部

◎森正美　二〇〇七「地域で学ぶ、地域でつなぐ—宇治市における文化人類学的活動と教育の実践—」『文化人類学』七二（二）、日本文化人類学会、二〇一－二二〇頁

◎森正美　二〇二〇「地域コミュニティの課題と可能性」森正美編著『実践！防災と協働のまちづくり—住民・企業・行政・大学で地域をつなぐ—』ミネルヴァ書房、一－一四頁

◎山梨恵美子　二〇二一「特集：新型コロナウイルスと無形文化遺産　趣旨」『無形文化遺産報告』一五号、一－一二頁

執筆者紹介

I　宇治橋・宇治川・宇治別業

金田　章裕（きんだ　あきひろ）
京都府立京都学・歴彩館館長、京都大学名誉教授。専門は歴史地理学。
著作／『古地図で見る京都』（平凡社、二〇一六年）、『平安京―京都―都市図と都市構造』〔編著〕（京都大学学術出版会、二〇〇七年）ほか。

杉本　宏（すぎもと　ひろし）
京都芸術大学芸術学部教授。専門は考古学・歴史遺産学。
著作／『宇治遺跡群―藤原氏が残した平安王朝遺跡―』（同成社、二〇〇六年）、『平安京とその時代』〔共著〕（思文閣出版、二〇〇九年）ほか。

家塚　智子（いえつか　ともこ）
宇治市源氏物語ミュージアム館長、宇治市歴史資料館館長。専門は日本中世史、日本文化史。
著作／『初めての源氏物語　宇治へようこそ』（宇治市文化財愛護協会、二〇一五年）、「『七十一番職人歌合』にみる音楽表現と『源氏物語』」（田鍬智志・上野正章・アンドレア・ジョライ編『雅楽のイロイロを科学する本』日本伝統音楽研究センター研究報告一三、京都市立芸術大学日本伝統音楽研究センター、二〇二一年）ほか。

II　中・近世の宇治と巨椋神社

川口　成人（かわぐち　なると）
日本学術振興会特別研究員（PD）。専門は日本中世史。
著作／『鎌倉幕府と室町幕府―最新研究でわかった実像―』〔共著〕（光文社、二〇二二年）、「都鄙関係からみた室町時代政治史の展望」（『日本史研究』七一二号、二〇二一年）ほか。

森下　衛（もりした　まもる）
京都府立京都学・歴彩館副館長。専門は日本考古学。
著作／「恭仁宮の諸問題」（『条里制・古代都市研究』二五号、条里制・古代都市研究会、二〇一〇年三月）、「恭仁京の東北道について」（『難波宮と古代都城』同成社、二〇二〇年六月）ほか。

上杉　和央（うえすぎ　かずひろ）
京都府立大学文学部准教授。専門は歴史地理学。
著作／『地図から読む江戸時代』（筑摩書房、二〇一五年）、『歴史は景観から読み解ける―はじめての歴史地理学―』（ベレ出版、二〇二〇年）ほか。

中西　大輔（なかにし　だいすけ）
京都府立京都学・歴彩館京都学推進課。専門は日本建築史。
著作／「大仏瓦師福田加賀の柊原移転について」（『日本建築学会計画系論文集』第七七七号、日本建築学会、二〇二〇年）、「賀茂別雷神社における箱棟の採用」（『建築史学』第七七号、建築史学会、二〇二一年）ほか。

Ⅲ　宇治茶と茶業景観

坂本　博司（さかもと　ひろし）
元宇治市歴史資料館館長。専門は日本近世史。
著作／「茶業」（『茶の湯をまなぶ本　改訂版　茶道文化検定公式テキスト　1級・2級』淡交社、二〇二一年、第九章）、「茶カブキと茶歌舞伎」（『淡交』九六五号、二〇一九年三月）ほか。

清水　重敦（しみず　しげあつ）
京都工芸繊維大学デザイン・建築学系教授。専門は日本建築史、文化遺産論。
著作／『建築保存概念の生成史』（中央公論美術出版、二〇一三年）、『辰野金吾』〔共著〕（ミネルヴァ書房、二〇一五年）ほか。

Ⅳ　宇治茶の諸相と宇治の民俗行事

藤井　孝夫（ふじい　たかお）
京都先端科学大学バイオ環境学部特任教授。専門は土壌学、植物栄養学。
著作／『日本茶の魅力を求めて』〔共著〕（大河書房、二〇〇五年）、『茶大百科Ⅰ』〔共著〕（農文協、二〇〇八年）ほか。

佐藤　洋一郎（さとう　よういちろう）
京都府立大学文学部特別専任教授、京都和食文化研究センター副センター長。専門は食人類学。
著作／『京都の食文化』（中央公論新社、二〇二二年）、『米の日本史』（中央公論新社、二〇二〇年）ほか。

森　正美（もり　まさみ）
京都文教大学学長、総合社会学部教授。専門は文化人類学、東南アジア地域研究。
著作／『実践！　防災と協働のまちづくり―住民・企業・行政・大学で地域をつなぐ―』〔編著〕（ミネルヴァ書房、二〇二一年）、『職場・学校で活かす現場グラフィーダイバーシティ時代の可能性をひらくために』〔共著〕（明石書店、二〇二一年）ほか。

あとがき

本書の目的と構成は、これまで既刊の『京都を学ぶ』シリーズにおける方針を基本的に踏襲し、宇治の特徴ある文化資源を発掘して、それを紹介することを主眼とした。従って、既刊の六冊と同様に、網羅的・目録的な紹介を目指したものではないが、本書にご執筆いただいた研究者の視角は、多様な文化資源に注目を向けることとなった。それらを、次のように四部に分けて収載した。

Ⅰ「宇治橋・宇治川・宇治別業」では、まず八世紀の宇治郷・宇治橋・宇治津を紹介し、ついで発掘調査を踏まえた平安時代の宇治と藤原氏の諸別業について整理していただいた。さらに絵巻や歌枕・名所図などの宇治を描いた絵画資料を取り上げた。これらに加えて、平等院の極楽浄土の表現と、橋姫の変化についてのコラムを加えた。

ついでⅡ「中・近世の宇治と巨椋神社」の対象は、まず中世後期の宇治・宇治田原における戦乱や都市・城郭であり、近世の宇治郷総絵図に描かれた宇治郷の分析をこれに続けた。また、建築そのものに目を転じて、建築史から見た巨椋神社を取り上げた。歴史上何回にもわたって展開した宇治の合戦についてもコラムを加えた。

さらにⅢ「宇治茶と茶業景観」は、なんと言っても宇治を代表する茶がテーマである。濃茶・薄茶・煎茶などについての宇治茶業史と、その生産の中心である中宇治の町と町家についての記述である。茶業の主役であった茶師については、有名な上林松壽をコラムで紹介した。

Ⅳ「宇治茶の諸相と宇治の民俗行事」では、まず宇治茶をめぐる窒素とナトリウム・マンガンという三つの元素の物語が語られる。元素と史料で語られる茶と茶業の歴史に注目していただきたい。この章には独特の和食である普茶料理についてのコラムも寄せていただいた。締めくくりは、地域民俗行事からみた、宇治の文化資源の持続性である。コロナ禍における文化資源一般についても思いをはせることができる。

くりかえしになるが、本書で取り上げた事象は、宇治の文化資源のごくわずかな例でしかない。「はじめに」で述べたように、取り上げた範囲も現代の宇治市より広いが、旧宇治郡については南の一部を対象としているに過ぎない。しかし、本書を契機としてさまざまな文化資源の様相に関心を向けていただくことができたなら、本書の目的の大半を果たしたことになる。

本書の出版をお引き受けいただいたナカニシヤ出版に、とりわけ編集実務を御担当いただいた石崎雄高氏にも、改めて深謝したい。また、研究会の運営と本書の編集実務についてコーディネーターとしてご尽力いただいた、京都府立京都学・歴彩館（京都学推進課）の吉岡直人、中西大輔、杉本弘幸、松浦智博、林奈緒子各氏にも、末尾ながらお礼申し上げたい。

なお表紙カバーに用いた、独特な鳥観図風の地図は、吉田初三郎による『宇治名勝御案内　附宇治川ライン』（田中本店、一九三〇年）の宇治付近の部分である。並べた現在の宇治の写真と比べていただきたい。

京都学研究会代表　金田章裕

編集委員
金田章裕・上杉和央

コーディネーター
吉岡直人・林奈緒子
中西大輔・杉本弘幸
松浦智博

京都を学ぶ【宇治編】──文化資源を発掘する──

2023年3月25日　初版第1刷発行　　定価はカバーに表示してあります

京都学研究会 編
編集委員　金田章裕・上杉和央
コーディネーター　吉岡直人・林奈緒子・中西大輔・
杉本弘幸・松浦智博
発行者　中西　良
発行所　株式会社ナカニシヤ出版
〒606-8161　京都市左京区一乗寺木ノ本町15番地
電　話　075－723－0111
FAX　075－723－0095
振替口座　01030－0－13128
URL　http://www.nakanishiya.co.jp/
E-mail　iihon-ippai@nakanishiya.co.jp

落丁・乱丁本はお取り替えします。ISBN978-4-7795-1732-7 C0025

装丁　草川啓三
印刷・製本　ファインワークス